U0330116

欧诺弥亚译丛

不列颠古典法学丛编

EUNOMIA

帝国的辩解

——亨利·梅因与自由帝国主义的终结

Alibis of Empire :

Henry Maine and the Ends of Liberal Imperialism

[美]卡鲁娜·曼特娜（Karuna Mantena） 著

何俊毅 译

华东师范大学出版社

华东师范大学出版社六点分社　策划

欧诺弥亚译丛·总序

近十余年来，汉语学界政治法律哲学蔚然成风，学人开始崇尚对政治法律生活的理性思辨，以探究其内在机理与现实可能。迄今为止，著译繁多，意见与思想纷呈，学术积累逐渐呈现初步气象。然而，无论在政治学抑或法学研究界，崇尚实用实证，喜好技术建设之风气亦悄然流传，并有大占上风之势。

本译丛之发起，旨在为突破此等侧重技术与实用学问取向的重围贡献绵薄力量。本译丛发起者皆为立志探究政法之理的青年学人，我们认为当下的政法建设，关键处仍在于塑造根本原则之共识。若无此共识，则实用技术之构想便似空中楼阁。此处所谓根本原则，乃现代政法之道理。

现代政法之道理源于对现代人与社会之深入认识，而不单限于制度之塑造、技术之完美。现代政法世界之塑造，仍需重视现代人性之涵养、政道原则之普及。若要探究现代政法之道，勾画现代人性之轮廓，需依傍塑造现代政法思想之巨擘，阅读现代政法之经典。只有认真体察领悟这些经典，才能知晓现代政法原则之源流，了悟现代政法建设之内在机理。

欧诺弥亚（Εὐνομία）一词，系古希腊政治家梭伦用于描述理想政制的代名词，其着眼于整体福祉，而非个体利益。本译丛取其古意中关切整体命运之意，彰显发起者们探究良好秩序、美好生活之要旨。我们认为，对现代政治法律道理的探究，仍然不可放弃关照整体秩序，在整体秩序之下看待个体的命运，将个体命运同整体之存续勾连起来，是现代政法道理之要害。本译丛对现代政治法律之道保持乐观心态，但同样尊重对古典政法之道的探究。我们愿意怀抱对古典政法之道的崇敬，来沉思现代政法之理，展示与探究现代政法之理的过去与未来。

本译丛计划系统迻译、引介西方理性时代以降求索政法道理的经典作家、作品。考虑到目前已有不少经典作家之著述迻译为中文，我们在选题方面以解读类著作为主，辅以部分尚未译为中文的经典文本。如此设计的用意在于，我们希望借此倡导一种系统、细致解读经典政法思想之风气，反对仅停留在只言片语引用的层面，以期在当下政治法律论辩中，为健康之政法思想奠定良好基础。

译丛不受过于专门的政法学问所缚，无论历史、文学与哲学，抑或经济、地理及至其他，只要能为思考现代政法之道理提供启示的、能为思考现代人与现代社会命运有所启发的，皆可纳入选目。

本译丛诚挚邀请一切有志青年同我们一道沉思与实践。

欧诺弥亚译丛编委会

二零一八年元月

目　录

中译本导言

自 18 世纪中期始,英国工业革命在大机器的轰鸣声中高歌猛进,英国的经济实力空前提升,其经济结构也相应地发生了转变,使得重商主义理论及其影响下的帝国政策的经济基础遭到了严重的侵蚀和破坏。1783 年《巴黎和约》签订,英国正式承认美国独立,标志着第一英帝国的解体,曾盛极一时的重商主义也相继趋于衰竭。自由贸易作为一种替代性的理论资源开始崭露头角,并逐渐发展成为第二帝国的理论基础,进而影响了新帝国的帝国政策。随后,英国的政治家、自由主义理论家及其传教士发明了自由贸易与传教事业相结合的"教化使命"(civilizing mission),他们已不再满足于商业扩张和资本输出;通过文化和宗教输出,进而教化和改进愚昧落后的非欧洲世界的原住民成了他们在新时代的宏伟目标。这种关于帝国的辩护模式被称之为"自由帝国主义"(liberal imperialism)。

这种辩护模式坚持认为帝国的统治对原住民社会是有益的,并且同时将之视为欧洲文明国家的使命和责任。他们认为需要在殖民地建立一个"好政府",即创建一种旨在改进臣属种族生活的统治形式,这将帝国的道德辩护与自由主义的改革纲领交织在了一起。这种认识加速了干涉主义政策在殖民地的推行,促进了帝国对殖民地政治、经济、社会、文化和宗教等领域的干涉和改造,很大程度上加速了原住民社会原有社会结构的瓦解，为原住民社会秩序的混乱埋下了毁灭性的种子。

19 世纪上半期，英国的工业革命正在以前所未有的速度和力量向前推进，正是凭借这种空前的繁荣，英国人的民族自信，乃至整个欧洲在文化、政治和经济上的优越感空前膨胀。所有这一切使得英国人产生了对帝国统治下的原住民的同情和怜悯，这其中必然蕴含着某种居高临下的教化心态。例如，19 世纪中期，卡莱尔就曾旗帜鲜明地宣称，欧洲人要比非洲人聪明，劣等民族应当驯服于优等民族。正当这种民族优越感日益强劲，整个英格兰沉浸在一片喜庆傲慢的氛围中时，噩耗却在帝国的另一头传来："印度爆发了全面的兵变"。

1857 年 5 月 9 日（星期六），那天早晨，和煦的阳光从东方洒向兵站的练兵场，密拉特旅的战士们被集合起来，注视着他们的85 位战友戴着沉重的脚镣手铐，被带进囚牢。据说他们是因为拒绝为新引进的步枪装填子弹而遭受惩罚的。第二天，当他们的英国军官都去教堂时，兵站的所有三个印度兵团奋起反抗。他们释放了囚犯，杀死了几位试图阻止他们的军官，并且高呼"让我们向德里前进！"

1857 年初，英军改进装备，引进了一批新的后膛装填的埃菲尔德式步枪，在装填枪管之前，士兵须先咬掉弹药筒的末端。当时军中传言，新派发的弹药筒是靠动物脂肪润滑的，由于士兵须用嘴咬掉弹药筒的末端，因此印度教徒和穆斯林教徒都有可能遭到亵渎：如果润滑油是牛油做的，那么就亵渎了印度教，如果是猪油做的，就亵渎了穆斯林。就这样，子弹还未上膛就引发了冲突。

兵变爆发后仅仅两个月，马克思就在《来自印度的消息》中对此次事件予以定性，"这些事实甚至能使约翰牛也相信，他认为是军事叛乱的运动，实际上是民族起义"。1857 年印度兵变对英国的帝国观念和帝国政策产生了极大的影响，它直接促成了英国在印度的统治策略的重大调整。1858 年 11 月 1 日,维多利亚女王发表声明,明确否认英国有"将文明的信念强加于我们的海外臣民之上的权力和意愿"。从此,收回了东印度公司在印度的统治权,直接由王室派总督管辖。由于曾经强制推行西方的价值观激起了原住民的极端不满情绪,它的第一届政府以史为鉴,明确提出以不干涉主义作为英国统治的指导原则。

印度兵变标志着帝国政治历程中一个动荡不安、狂暴激烈的十年的开始。在这段时期,帝国版图上爆发了一系列重大的起义,如新西兰的毛利战争、牙买加的莫兰特湾叛乱和爱尔兰的芬尼安起义,它们一道促成了当地叛乱和帝国根基动摇的险恶预兆。鉴于当时危机重重的氛围,一大批维多利亚时期的重要思想家开始反思自由帝国主义及其改革计划的正当性,著名的法学家梅因无疑是这一思潮中的翘楚。

在梅因看来,印度兵变无疑是"整个盎格鲁—印度历史上最为重大的事件"。对不列颠而言,这场叛乱是一个粗暴野蛮的警示,是一个使其理想归于幻灭的事件,动摇了它在帝国事业上日益增强的自信。梅因同意上述关于兵变的宗教解释,并认为兵变是对英国意识系统的一次冲击,不仅是因为兵变发展为暴乱的空前速度和规模,而且是因为它似乎出于一种神秘的情感。他认为印度社会和宗教情感的持久存在及其力量,尤其是"种姓情感",没有得到英国政策制定者(尤其是自由主义改革者)的重视。梅因强调叛乱乃是一种与认识相关的失败;它从根本上来说是一种"知识匮乏"的标志。他写道,"我不能对如此广博的问题做出明确的断言,因为我们对印度原住民的宗教和社会信念的考察仍十分浅薄。但是,我坚持认为,对其拥有准确的知识是必要的,事实上也正是这一错误引发了印度兵变。"

曼特娜(Karuna Mantena)的《帝国的辩解》(*Alibis of Empire*：*Henry Maine and the ends of liberal imperialism*)曾于 2011 年荣

获耶鲁大学麦克米兰中心（The MacMillan Center）史密斯国际图书奖（Gaddis Smith International Book Prize）。作者系耶鲁大学政治科学系助理教授，本书由塔克（Richard Tuck）和梅塔（Pratap Bhanu Mehta）指导的论文计划发展而来，它是作者耗费十多年的心血进行思考、研究和写作的最终成果的展示。作者在本书中揭示了帝国意识形态的前世今生，她挑战了这一观点：维多利亚时期的帝国观念主要是通过自由主义的"进步"和"文明"观念证成。在她看来，那一时期的法学家梅因是发起这一挑战的关键人物，他的社会和法律理论，是对先前自由帝国主义理念和政策的深刻反思，也是对晚期帝国观念及其实践的最具影响力的表达。伴随着对自由帝国主义理论的批判，帝国意识形态开始从"教化使命"的道德辩护转向了对原住民社会的"自然"需要的关注和适应。这一意识形态的重新定位与人类学和社会学理论的发展密切相关，梅因是这一智识星群中的中心人物，他的作品影响了现代人类学和社会学学科的发展，同时也对晚期帝国意识形态和统治实践产生了重大影响。

　　国内学界对梅因的关注由来已久，他的部分核心著述已有中译本面世，其中《古代法》早在 1959 年由商务印书馆出版发行。然而，关于梅因的研究尚处于起步阶段，国内学界的研究仍局限于对其《古代法》及其中的"从身份到契约"这一格言的抽象、空洞的重复阐述，或是通过与萨维尼的比较来揭示其历史法学的标签，或是讨论他对即将来临的民主时代的忧思。至今，国内学界对梅因的理解和探究依旧是脱离时空的文本演绎，梅因基本上还被当作一个枯燥无味的法律史专家来对待。《帝国的辩解》一书将梅因的法学、社会学和人类学理论的帝国语境和盘托出，并揭示了他的思想理论对晚期帝国思想路线和统治策略的塑造。它向我们展示了一个丰富鲜活，并且具有现实政治关怀的思想家的形象，这为我们更为准确、全面地理解梅因提供了极好的指引，同时也有助于防止我们对梅因思想的抽象的、空洞的、片面的理解。

　　基于对印度兵变之起因的解释和判断,梅因开始强调应首先从"社会"的视角来理解和解释原住民社会的性质。梅因认为对当代印度社会和政治制度(尤其是印度村社—共同体[village-communities])的研究,将精确地阐明雅利安社会过去的历史,因为印度社会是一个停滞的社会,它阻止了早期阶段制度的发展,从而保存了它们的古老性格。印度代表了欧洲"活生生的"过去,"可能再没有哪个国家的习俗比印度的习俗更为稳定的了"。然而,在梅因看来,"从身份到契约"(个人不断地取代家庭而成为民法的基本单元)的演进历程,在英帝国统治的铁蹄之下被戏剧性地加速了。原住民社会的内在融贯性和结构完整性,随着与现代制度和观念的接触而遭到了愈发严重的破坏。印度村社—共同体的活力和习俗基础,随着现代法律权利、绝对财产权和契约自由等观念的引入而迅速瓦解。实际上,对梅因而言,瓦解进程的加速对帝国统治的稳定造成了重大影响。

　　同时代的许多进化论人类学家(如摩尔根)继续保留了 18 世纪原始—野蛮—文明的三位一体,并试图严格地划分文明演进的等级阶段。与他们不同,梅因倾向于用传统社会/现代社会这一二元模式去划分社会。在梅因看来,无论是通过身份关系调整的社会,还是通过契约关系调整的社会,它们都是整齐有序且结构严谨的整全社会。于是,梅因勾勒的这幅巨型画卷展现的并不是一个将所有社会分等级安置的文明阶梯,而是一个各有界限的社会并排存在的空间领域。由此,不同的社会形态的独立存在应该获得其正当性,不同的文化、习俗、制度和宗教也都应当获得应有的尊重和宽容。

　　经过详尽的考察,梅因得出如下结论,印度村社—共同体作为一种传统社会模型,从某种重要的意义上而言是自给自足的,并且能够进行"自我行动"、"自我管理"和"自我组织"。在这个意义上,他将传统社会视为一个整全社会,为以保护和保存原住民社会的传统和习俗为导向的晚期帝国意识形态提供了理论基础。首先在后兵变时期的印度，后来在东南亚和非洲殖民地，"原住民社会瓦解"的想象，在晚期帝国政策的语境中被充分调动了起来。帝国行政官员（如莱尔、克罗默勋爵、戈登和卢格德勋爵）以梅因所阐释和发展的传统社会理论为基础，逐渐阐明了一套关于间接统治（Indirect Rule）的政治理论，这套理论在制度上植根于分权政策，并且与世界多元主义存在规范性关联。

随后，作者考察了法典编纂这一聚讼纷纭的问题。通过分析梅因在印度法典编纂的广泛争论中的介入，详细阐明了他独特的历史法学标签在法典编纂领域所具有的理论和实践意涵。拿破仑战败之后，德国历史法学派的领军人物萨维尼于 1814 年发表了《论立法与法学的当代使命》。萨维尼批判了在德国制定统一民法典的建议，认为当时法学科学的发展显然不能够担当此任。与萨维尼一样，作为英国历史法学派代表人物的梅因也对在英国制定一部良好的成文法典的实践可能性表示怀疑。梅因问道，"有人能够将关于现存法律的精确知识与完整的立法表达的需要和对法律分类原则的熟稔结合在一起吗?"在《罗马法与法律教育》（1856）中，梅因显然给出了否定的回答。因此，梅因建议将罗马法研究设置为维多利亚时期法律教育的核心内容，从而为英国法律人提供一般的法律原则所需的推理模式和专门术语。梅因在许多实质性的方面受到了萨维尼的影响，但在一个重要的方面却与萨维尼分道扬镳了。萨维尼认为，法典编纂只是不成熟和衰落的产物，总是出现于法律的基础和渊源最不稳定的历史关头。在民族繁荣的鼎盛时期，在它的法律科学最具影响力的时期，对法典化的需求并未被感知到。相比之下，《国法大全》是衰退时期的产物，它试图努力恢复和复兴古典时代失落的法律科学。然而，梅因却认为法典编纂不仅是"人类努力追求的最崇高和最值得的目标"，而且正如罗马法史所表明的，它对于法律进步也是不可或缺的。

如果说，梅因在19世纪50年代时还认为英国法典化的前景是暗淡的，那么他的印度经历则使他对印度和英国的法典化前景充满了信心。哈里森（Frederic Harrison）指出，英国不能够仅仅依靠向海外派驻"我们的法官或律师"进行管理，必须设计出一套使得那些缺失法律训练的帝国管理者易于理解和操作的法律体系。因此，简化和整理英国法律的实践需要，必然驱使英国的法学家将英国的法律变得更为系统化和条理化。梅因认为，就印度而言，问题不单单是协调法律与当前社会进步状态之间的关系，因为帝国统治已经从根本上打乱了经过编纂的印度法及其习惯法的自然演进。当地法要么变得更加严格，要么被高等法院任意引入的普通法信条取而代之。在梅因看来，普通法体系就其自身而言已是如此得不可救药，以至于需要一个彻底的解决方案："唯一的疗治在于统一的、简单的、编成法典的法律的颁布，并在最大程度上以最佳的欧洲模型为基础"。在这一努力中，梅因确信存在着一个能够承担法典化任务的专家团队（一个由他自己那样的法律学者组成的团体），他们能够将法学的科学知识与印度法律和政治实践知识很好地结合起来。

梅因坚持认为法典编纂是必要的，而且他对法典编纂的信心越来越坚定。不仅是因为人们普遍意识到印度法典是一项伟大的成就，而且在于它们是将来英国法律法典化的重要典范。虽然梅因此后再也没有主动地介入关于英国法典编纂的讨论，但是他曾（天真地）得出结论认为，鉴于欧洲和印度法典化的成功，当代对于英国法典化的反对都是抱残守缺的，也将是暂时的。

紧接着，作者转向梅因关于财产权历史的影响深远的解释。梅因在19世纪财产权讨论中占据着决定性的地位，并对英属印度土地所有制的讨论和实践都产生了深刻的影响。梅因批判罗马法和自然法理论的一个主要方面是，它们的主导地位使得对财产权的起源和演进的理解变得模糊不清，它们都根据个人占有模式来理解财产权。与此相反，梅因提供了一个替代性的演进顺序：财产最初为大家共同占有，随着时间的推移而分开，最终分解为个人所有的形式。梅因对公有制的"发现"，极大地挑战了所有权必然是个人的和绝对的观念。

在实践意义上，梅因的替代性公共模型以及进化的历史相对论，对在未达到一定进步阶段的社会中适用现代制度的可行性提出了质疑。他指出英国统治最严重的错误在于对印度社会的习惯和公共基础的误解。土地收益是帝国在印度进行统治的基础，它是印度政府的行政管理和财政结构的核心所在，同时，土地所有制也是直接影响和改造当地社会生活和经济生活的最主要的手段。因此，英属印度行政官员对梅因提出的公有制模型十分关注，并通过他们对晚期帝国统治策略产生了重要影响。梅因对私有制起源的重构是以一套庞大的比较框架为基础的，这一框架试图整合林林总总的人类学和历史学资料，印度的村社—共同体在其中占据了尤为关键的理论地位。村社—共同体的瓦解，也就是从身份向契约的转变，即以血亲关系为基础的公有制分解为私有制的历史进程，为梅因的替代性公共模型提供了明确的证据。虽然在某种意义上说，印度村社—共同体的崩解是不可避免的，但是这一进程随着帝国统治的到来而被危险地加速了。梅因对帝国统治下村社—共同体的习惯基础的彻底毁灭深怀忧虑，因为这一毁灭将预示着印度社会的剧烈瓦解，也将对帝国统治的稳定和秩序构成极大挑战。梅因警告道，与现代社会的接触可能对传统社会产生创伤，这促使许多帝国统治者开始为帝国统治寻求一种替代性的策略模式——间接统治。

尽管英帝国已成为为期不远的历史，但自 20 世纪末以来，以人道主义干涉为基础的新帝国主义在理论和实践领域都有所抬头的背景下，对 19 世纪的帝国话语进行研究和反思，无疑具有重大的启发和警示意义。

献给我的父母
Suryanarayana Raju 和 Anasuya Mantena

致　谢

正是由于哈佛大学社会科学委员会、明达·德·甘斯堡（Minda de Gunzburg Center）欧洲研究中心、政府管理系和艺术与科学研究所的资助，本书的研究方才得以可能。本书是由塔克（Richard Tuck）和梅塔（Pratap Bhanu Mehta）鼓励和指导的论文计划发展而来的。他们渊博的学识及其独创性的洞见对这项研究在各个方面的鼓励和塑造，连他们自己都始料未及。我同样要感谢本哈比（Seyla Benhabib）和摩尔根（Glyn Morgan），他们对我的研究提出了建设性的批评和建议，并给予我无尽的支持。此外，卡维拉吉（Sudipta Kaviraj）和洪特（Istvan Hont）作为杰出的学者和老师，他们极其慷慨地为我奉献了他们的时间和智慧。他们使我认识到了严谨而具有创造性地从事政治学、政治理论和政治思想史的交叉学科所面对的挑战和价值，因此，我要把最诚挚的感谢和敬意献给他们。

　　我关于本书的思考、研究和写作已经持续了十多年，在这段漫长的时间里，我的师友和同事给予我的宽容指导使我获益颇丰。我要对他们表达我最诚挚的谢意：Danielle Allen, David Apter, Katy Arnold, Asli Bali, Barney Bate, Duncan Bell, Clarisse Berthezéne, Richard Bourke, David Bromwich, Susan Buck-Morss, Chris Chekuri, Noah Dauber, Nick Dirks, Munis Faruqui, Jason Frank, Bryan Garsten, Michael Gasper, Will Glover, Manu Goswami, Duncan Kelly, Arang Kesharvarzian, Sanjay Krishnan, David Lieberman, Michael Lobban, Jonathan Magidoff, Mahmood Mamdani, Tomaz Mastnak, Tom McCarthy, Uday Mehta, Farina Mir, Molly Moloney, Jeanne Morefield, Sam Moyn, Darra Mulderry, Sankar Muthu, Ranjit Nahal, Isaac Nakhimovsky, Nauman Naqvi, Paulina Ochoa, Steve Pincus, Jennifer Pitts, Teena Purohit, Aziz Rana, Anupama Rao, Nadia Rasheed, Sanjay Reddy, Mel Richter, Emma Rothschild, Greta Scharnweber, Jean-Frédéric Schaub, Melissa Schwartzberg, David Scott, Nermeen Shaikh, Ian Shapiro, Kristin Smith, Steven Smith, Travis Smith, Verity Smith, Annie Stilz, Prakash Upadhyay, Nadia Urbinati, Frédéric Vandenberghe, Milind Wakankar, and Cheryl Welch。哈佛大学政府管理系和社会研究委员会的教职员工和学生,耶鲁大学政治科学系和伦理、政治、经济及指导研究项目,为我完成这一研究给予了极大的鼓励和宽松的学术环境。阿米蒂奇(David Armitage)和阿内尔(Barbara Arneil)愉快地读完了初稿,他们尖锐而又全面的评论对我而言十分有益。马尔科姆(Ian Malcolm)是一个完美的编辑,他的睿智和热情支持着我走过了整个出版过程。

本书当中的思想和论点很大程度上得益于在一系列学术会议上所受到的各种批判和评论。它们包括:哈佛大学政治理论研讨会,密歇根大学"南亚:当代史"学术会议,伦敦大学学院法律与历史研讨会,剑桥大学"维多利亚视野中的全球秩序"研讨会,百乐宫研究会议中心的"帝国与现代政治思想"研讨会,伦敦大学历史研究学会举办的政治思想史研讨班,哥伦比亚大学/巴纳德学院举办的"印度政治思想"研讨会,英国社会科学院举办的"帝国的谱系"

研讨会，École des hautes études en sciences sociales 举办的"革命、帝国与种族：英国现代性的经验"研讨会，康卡迪亚大学举办的政治理论研讨会，加州大学洛杉矶分校克拉克纪念图书馆举办的"早期现代世界的帝国模型：从早期现代帝国到现代帝国，从帝国到民族国家"讨论会，哥伦比亚大学社会与政治思想教师研讨会，纽约大学举办的南亚研讨会以及哈佛大学历史与经济研讨会。

罗摩·曼特娜（Rama Mantena），阿格纳妮（Sunil Agnani）和丹特拉（Kavita Datla），我对他们除了习以为常、无需言语表达的子女之情外，他们已经成为我最宝贵的精神伴侣。我还要感谢纳伦德（Narender），普尔尼玛（Purnima），阿曼（Aman）和丹努什·曼特娜（Dhanush Mantena），他们常常迁就于我。我对于我的父母拉朱（Suryanarayana Raju）和阿娜苏亚·曼特娜（Anasuya Mantena）责任深重。我感谢他们对我的耐心、支持和关心——但最为重要的是，他们相信我能够以自己的方式行于世间。

本书第一章的浓缩版已经以《自由帝国主义的危机》（"The Crisis of Liberal Imperialism"）为题发表在 *Victorian Visions of Global Order：Empire and International Relations in Nineteenth-Century Political Thought*，ed. Duncan Bell（Cambridge, 2007）。第一章的一些片段已见于《密尔与帝国的困境》（"Mill and the Imperial Predicament"），见 *J. S. Mill's Political Thought：A Bicentennial Reassessment*，ed. Nadia Urbinati and Alex Zakaras（Cambridge, 2007）。

导论　间接统治的思想起源

[1]1857 年 5 月 10 日,孟加拉军队中一些当地士兵反抗英国指挥官,发动了叛乱,这次叛乱掀起了 19 世纪反对欧洲帝国的狂潮。除了十三万多印度士兵的叛乱外,"印度兵变"(Sepoy Mutiny)还联合了大量愤愤不平的群体,加入到反对英国统治的大众叛乱中,短暂地撼动了英帝国在印度北部的统治根基,同时也激起了英国的残酷镇压。严格地从军事角度来说,相较于同时代其他主要的武装冲突而言,这场战争及其最终对叛乱的镇压是短暂的,并没有造成过于严重的灾难。但在梅因爵士看来,这无疑是"整个盎格鲁—印度历史上最为重大的事件"。[①] 对不列颠而言,这场叛乱是一个粗暴野蛮的警示,是一个使其理想归于幻灭的事件,动摇了它在帝国事业上日益增强的自信。在过去的一百多年里,大英帝国已经在印度进行了稳健的扩张,并获得了巩固。此外,印度叛乱也标志着开启了帝国政治历程中一个动荡不安、狂暴激烈的十年。在这段时期,帝国版图上爆发了一系列重大的起义,它们大多都爆发于不列颠最古老、最重要的殖民地和附属国,如爱尔兰、牙买加和印度。印度兵变、[新西兰的]毛利战争、牙买加的莫兰特湾叛乱和爱尔兰的芬尼

[①] Henry Sumner Maine,《印度》("India"),见 *The Reign of Queen Victoria*：*A Survey of Fifty Years of Progress*, vol. 1, ed. Thomas Humphry Ward,(London, 1887),页 470。

安起义①(后来在英格兰发动了一系列爆炸性活动),它们一道促成了当地叛乱和帝国根基动摇的险恶预兆。这一切都戏剧性地重塑了宗主国公民对附属国人民的态度,也引发了他们对大英帝国的意义、特性及其前景的忧虑。从这个意义上来讲,1857 年叛乱是大英帝国观念转变进程中一个决定性的转折点。② 更确切地说,它标志着早期自由主义和改良主义社会思潮的决定性转向,这种社会思潮是对 19 世纪帝国的最主要的道德正当性辩护。

　　帝国的自由主义模型,已经成为学术界关注已久的主题,最近,有人开始关注帝国的哲学和理论探讨。③ 在这种模型中,帝国

---

① ［译注］芬尼安起义(the Fenian Rising)是 19 世纪 50 年代开始的爱尔兰人民反对英国统治、争取民族独立的运动。1801 年爱尔兰被并入英国。1858 年在爱尔兰的都柏林柏和美国纽约纽同时成立两个组织,统称芬尼安(以爱尔兰传说中的盖尔人英雄芬尼安·马库尔统帅的民命命名),纲领是反对英国殖民统治,建立共和国。组成的武装力量,称"爱尔兰共和军"。多次举行武装密谋活动和起义,均失败。19 世纪 70 年代后衰落。

② 关于叛乱对帝国观念和政策的影响,参见 Thomas R. Metcalf,《叛乱的结果:印度,1857—1870》(*The Aftermath of Revolt: India*, 1857—1870, Princeton, 1964);Francis Hutchins,《永久的幻影:不列颠帝国主义在印度》(*The Illusion of Permanence: British Imperialism in India*, Princeton, 1967);D. A. Low,《猖獗的雄狮:不列颠帝国主义研究文集》(*Lion Rampant: Essays in the Study of British Imperialism*, London, 1973);Eric Stokes,《农民与统治:印度殖民地的农业社会和农民叛乱研究》(*The Peasant and the Raj: Studies in Agrarian Society and Peasant Rebellion in Colonial India*, Cambridge, 1978);Thomas R. Metcalf,《统治的意识形态》(*Ideologies of the Raj*, Cambridge, 1994)和 Nicholas Dirks,《精神的种姓制度:殖民主义与现代印度的形成》(*Castes of Mind: Colonialism and the Making of Modern India*, Princeton, 2001)。关于宗主国公民对叛乱的认识和反应,见 Gautam Chakravarty,《印度叛乱和英国的妄想》(*The Indian Mutiny and the British Imagination*, Cambridge, 2005)和 Christopher Herbert,《毫无怜悯的战争:印度叛乱与维多利亚时代的创伤》(*War of No Pity: The Indian Mutiny and Victorian Trauma*, Princeton, 2008)。

③ 参见 Uday Singh Mehta,《自由主义与帝国:19 世纪英国的自由主义思想研究》(*Liberalism and Empire: A Study in NineteenthCentury British Liberal Thought*, Chicago, 1999)和 Jennifer Pitts,《转向帝国:不列颠和法国的帝国自由主义的兴起》(*A Turn to Empire: The Rise of Imperial Liberalism in Britain and France*, Princeton, 2005)。对最近关于自由主义和帝国著作的批判性考察,参见《英帝国与它的自由主义使命》("The British Empire and Its Liberal Mission"),参见 *Journal of Modern History*, 78 (2006),页 623—42。

统治被认为是在道德和物质进步方面有效且合法的方式。然而，尽管自由帝国主义在 19 世纪得到了最清晰的表达和最确信的辩护，[2]但把进步帝国(progressive empire)的自由主义模型视作英帝国观念的限定词的显著倾向，淡化了帝国的正当性和统治策略在本世纪经历了根本性修正的事实。在诸多方面，19 世纪帝国的鲜明特征在于亚洲和非洲最疯狂的地理扩张时期(1857—1914)，与自由主义紧缩以及对作为"教化使命"(civilizing mission)基础的核心假定和原则抛弃的时期不谋而合。然而，早期以改革为导向的帝国观念，将原住民社会(native societies)视为西线根本重建的需要；晚期帝国时期的思想，对干涉主义议程(interventionist agenda)的实践和理论基础都提出了质疑。强调各民族之间根深蒂固的"文化"差异表达取代了文明的普世主义表达。目前，原住民社会及其政治形态应当得到保护，而不是被铲除或被激烈地现代化，因为它们嵌入了帝国权力的制度动力学，这一点在非洲殖民地的间接统治理论和实践方面最为显著。

本书着力研究 19 世纪帝国观念从普适主义(Universalist)立场向文化主义(culturalist)立场全面转变的观念发展。殖民地叛乱、抵制和不稳定等引人注目的形式，如 1857 年印度兵变，导致了对过去帝国政策的重估，反过来也引发了对帝国统治的本质及其意图的根本反思。尤其值得注意的是，这些反思以原住民社会理论为根据，并且产生了新的原住民社会理论，该理论不仅为原住民愤愤不满的事实提供了解释路径，而且解释了过去的帝国政策在促进附属国民族现代化方面的失败。一方面，解放后英属加勒比的政治危机，激起了民族化和种族分化的新形式。例如，废奴这一"伟大尝试"的失败，被视为是由于被解放后的奴隶先天不足，没有能力根据自由的政治和经济模型改造自己。① 另一方面，在印度

---

① 参见 Thomas Holt，《自由的问题：牙买加和不列颠的种族、劳工和政治，1832—1938》(*The Problem of Freedom: Race, Labor, and Politics in Jamaica and Britain, 1832—1938*, Baltimore, 1992)。

（后来在东南亚和非洲），即在没有严格奉行先前根除土著社会的帝国政策的地区，1857 年［印度兵变］后，现存原住民社会的全新种族类型，采取了一种截然不同的传统社会（*traditional society*）理论形式，这种紧密结合的文化整体已经对现代社会的逻辑进行了抵制。就智识方面而言，这种再定位与现代社会理论的发展，即传统社会和现代社会之间明显的历史性对比，以及支撑这一二分法的文化和社会的整体性模型密不可分。晚期帝国观念①依赖于对传统社会进行的社会理论解释，它既作为帝国合法性的替代性基础，［3］又是明确表达截然不同的统治策略的醒目标题。梅因的社会和政治理论，是对这一传统社会模型在其实践和晚期帝国观念的关系方面最具影响力的表达。因此，他的研究也集中在这个领域之中。

梅因也许最好应当被看成一位讨论法律现代性（legal modernity）的理论家，因为他在《古代法》中提出了一个著名论断，即法律的演进可以被构想为一场"从身份到契约"的运动。② 这一构想以对原始社会中血族关系和法律关系的全新解释为基础，进而可以将梅因视为现代人类学和社会学的创始人。然而，政治学理论更偏好梅因后期关于民众政府的一些作品，这使得他在历史和人类学方面的著述常常或多或少地遭到冷落。因此，人们主要将他看成是一位民主制度的保守批评者。在他的时代，梅因是主要的

---

① 我在本书中，使用晚期帝国（*late empire*）和晚期帝国的观念（*late imperial ideology*）这两个术语指称 1857 年到 1914 年之间的这段时期，有时，会将其扩展至两次世界大战之间的时期。"晚期的"这一术语，很少被用来指称帝国历史的最后阶段，而是用来强调两种明显不同的帝国形态的临时本性。"晚期帝国"这一术语，在很大程度上被界定为一种拒斥自由帝国主义思想和实践的早期形式的自我意识。我对这一术语以及其概念逻辑的使用，受惠于 Mahmood Mamdani，《公民与臣民：当代非洲和晚期殖民主义的遗产》（*Citizen and Subject：Contemporary Africa and the Legacy of Late Colonialism*，Princeton，1996）。

② Henry Sumner Maine，《古代法》（*Ancient Law：Its Connection with the Early History of Society，and Its Relation to Modern Ideas*），1861；Tucson，1986，页 166。

法学家和维多利亚时期英国的法律史家。在印度兵变后进行巩固的关键时期[1862 年赴任,1869 年回国],梅因担任英国驻印度总督府参事室法律委员会成员。作为一位声名显赫的帝国统治要员和杰出的印度法律和社会领域的学者,梅因的思想从根本上塑造了晚期帝国的思想路线。作为兴起中的社会理论与帝国统治需要之间的关键渠道,没有哪个知识分子比梅因在塑造 19 世纪的帝国统治实践方面有更大的影响力(詹姆斯·密尔可能是个例外)。①梅因对帝国政策辩论的深远影响,来自于他对原始社会和古代社会之独特动力的精辟解释,印度就是最好的例子。梅因对身份和契约的解释,不仅强调了古代社会和现代社会之间根本的、系统性的差异,而且还关注了古代社会的习惯基础。由此,他建构了一个关于原住民社会的一般模型,重新界定了与现代社会相对应的传统社会,强调应首先从社会的视角来理解和解释原住民社会的性质。与此前将非西方社会视为政治功能不健全的社会(具体体现在各种东方专制主义的理论当中)不同,梅因的社会理论模型将原住民社会构想为一个非政治的(apolitical)功能性整体,它们通过习惯法则和血缘关系结构而整合在一起。

从历史的角度来看,1857 年印度兵变以后,在对英国将来统治印度的性质进行根本性反思的背景下,传统社会模型的地位日益凸显。尽管此次冲突以东印度公司的最终撤销,印度政府正式移交给王室政府而终结,但是这种制度性的转变相较于在政治、文化和道德上对帝国及其臣民的态度这一更深层次的转变而言,意义并不算大。[4]在帝国的行政官员及其宗主国的评论者当中,这种"制度性转变"将引发帝国的合法性危机和对此前帝国统治理由的反思,尤其引发了对那些被认为导致叛乱

---

① 关于密尔对英国在印度政策的影响,见 Eric Stokes,《英国的功用主义者和印度》(*The English Utilitarians and India*,Oxford,1959)。

的政策的反思。为了理解当地的不满和反抗,这些批判性的反思采取并促进了以新的人类学和社会学方法对原住民社会性质做出解释。

叛逆的原住民对帝国最为显著的态度是忘恩负义和不领情。反叛的事实被认为正是印度人对帝国统治所带来的文明利益(civilizational benefits)的嘲弄和拒斥。由于大英帝国在印度的统治被视为是进步的和合乎道德的,那么对它[大英帝国统治]的拒斥,就只能是非理性的了。就 1857 年印度兵变而言,这种忘恩负义经常与那些把叛乱视为"一场恐怖的宗教狂热主义的爆发"的看法联系在一起(《印度》,474)。梅因从不怀疑这是一场基于对宗教和种族遭到玷污的深刻担忧而爆发的"狂热造反"(《印度》,473)。首先,这种解释很好地说明了特定的怨恨为何会激起兵变,如当地士兵拒绝使用新派发的涂有牛油或猪油的来复枪弹药筒①。其次,人们更为普遍地担忧日益加强的传教活动会改变人们的信仰。这种关于叛乱的宗教上的解释,对 1858 年《女王宣言》中成为后兵变时代帝国政策之基石的对当地宗教信仰和习俗的不干涉原则,给予了实质性的肯定。很明显,在反启蒙主义刺激下,将冲突描述得越为强硬,宗教情绪就越能起到为"报复战争"提供正当性的作用,并且忽略了对反叛的政治特性的认可(《毫无怜悯的战争》)。然而,在那些将过去帝国政策路线视为导致剧变的主要原因的更具批判性的观察者中,原住民忘恩负义的观念占据着重要的地位。

从某种程度上来说,以一种事后诸葛的角度来看,与达尔豪西勋爵(Lord Dalhousie)在前兵变时期的统治——如"无嗣失权政策"(它开启了对王公土邦的侵略性吞并),以及官方强制推行的传

---

①　[译注]这种弹药筒在使用时要用嘴咬掉末端,因此印度教徒和穆斯林教徒都有可能遭到亵渎。如果涂有牛油,就亵渎了印度教;如果涂有猪油,就亵渎了穆斯林。

教活动——相关的具体政策，被认为是以对原住民习俗和信仰的内容、性质和力量的错误判断为前提的。① 这又增加了对先前帝国政策路线的更为一般的怀疑，尤其加强了对那些试图将对印度社会进行教化视作大英帝国计划的核心使命的进步思潮的质疑。印度兵变标志着那些致力于改变、教化和解放原住民或为帝国秩序提供安全的自由主义、功用主义和福音派改革的失败。现在看来，对原住民习惯和信仰的改变，[5]以及对原住民经济和社会结构的重塑，要比那些倡导者们先前所设想的进程更为艰苦和漫长，因为他们自己潜在地挑起了不稳定因素。对此，梅因辩称，

> 对印度的统治者而言，印度兵变所显露出来的宗教和社会情绪，在何种程度上继续存在，是一个在实践上十分重要的问题……显然，如果种姓制度继续保持，或者仅仅是受到少许的破坏，那么，一些立法和行政上的做法将是十分危险的：采取这些做法是可能的，但是这些做法的强令专断会使之步履维艰。（《印度》，476）

原住民信仰的现状对"政府结构产生了直接影响，它可能会将这个国家的领地给予印度人"（《印度》，476）。兵变之后出现的舆论，旨在限制暗含于教化使命中的改革野心，并将帝国秩序重建于一个更为保守的基础之上，使之与当地社会的"传统"的统治方式相一致。如果改革时期的原住民就像一个顺从于教育、改变信仰和同化的孩子，与之相反，帝国晚期的原住民则应被看成是受其习惯约束的，他对英国统治的顺从则取决于它对原住民社会的传统

---

① 达尔豪西勋爵颇具争议的"无嗣失权"政策在兵变后被宣布放弃，该政策规定：土邦王公在无直系继承王位的情况下，土邦直接纳入东印度公司的统治之下。梅因在论述自然继承人的特权时指出，这项政策是建基于对收养制度对印度社会（更为一般而言，古代社会）的重要性的根本的错误认识之上的。

基础的保护。对原住民社会独特（文化）逻辑的关注和深刻认识，将消除叛乱中的原住民的忘恩负义，据说这一逻辑将使得激进改革变得不可能和/或不可欲。在这方面，梅因的著作具有极其重要的意义，通过他提出的印度村社—共同体（Indian village-community）这一具有说服力的概念，他不仅为传统印度社会可能更完备的人类学知识提供了一套方法论基础，而且为原住民社会的习惯基础建构了一套清晰而又实质性的解释。

　　反叛中的原住民所表现出的不领情，在宗主国的争论中激发了一种深深的失望和敌意，这种敌意使得对于非欧洲人民的种族态度变得更为强硬。一种日渐强化的意识认为，附属臣民可能是"无可救药的野蛮人"，这种意识取代了先前将原住民视为是能够驯服革新和教化的尝试和努力，这种倾向在废奴主义者、传教士和自由主义者的话语中尤其显著。① 在这个意义上，与1865年的莫兰特湾叛乱一道，印度兵变成为维多利亚种族主义形成的一个关键。② 从政

① 对牙买加前奴隶（ex-slave）群体的态度的转变及其描述，参见 Catherine Hall，《教化臣民：英国想象中的大都市与殖民地，1830年到1867年》（*Civilising Subjects：Metropole and Colony in the English Imagination*，1830—1867，Cambridge，2002）。为了证明原住民的这种态度转变是如何的广泛，让我们来看看如下对毛利人叛乱的当代回应：

　　　我们曾以一种根本错误的原则对待这个国家的原住民。我们曾勉强承认自然拒绝赋予他们的权利和特权……我们曾经纵容无知与暴政，现在我们体验到了他们对智识和秩序的憎恨。泡沫已破裂。现在我们开始正视毛利人的存在，而不再像传教士和博爱主义者那样看待他们。[事实上，毛利人是]愚昧、野蛮的，他们热爱黑暗和无序，憎恨光明和秩序；他们生性暴躁，粗野放纵，嗜血残忍，忘恩负义，奸诈危险。

　　引自 James Belich，《种族冲突的维多利亚解释：毛利人、英国人和新西兰战争》（*The Victorian Interpretation of Racial Conflict：The Maori，the British，and the New Zealand Wars*，Montreal，1989），页328。

② 参见 Herbert，《毫无怜悯的战争》（*War of No Pity*）和 Metcalf，《统治的思想》（*Ideologies of the Raj*）。关于莫兰特湾与地方长官艾尔的论战与种族主义的成长之间的关系，参见 Bernard Semmel，《民主与帝国：1865年牙买加叛乱与地方长官艾尔的论战》（*Democracy versus Empire：The Jamaica Riots of 1865 and the Governor Eyre Controversy*，New York，1969）；Douglas Lorimer，《肤色、阶级与维多利亚时代：19世纪中期英国人对待黑人的态度》（*Colour，Class，and the Victorians：English Attitudes to the Negro in the Mid-Nineteenth Century*，New York，1978）；Hall，《教化臣民》（*Civilising Subjects*）。

治层面来看,在牙买加,改革幻想的破灭和随之而来的附属人民的种族化(racialization),导致了对代议制政府原则的背离,1865年叛乱以后议会自行解散。牙买加从自治政府转变成英国直辖殖民地,不仅标志着西印度转向了更加具有战略意义[6]的和公然的独裁统治,而且加强了作为整体的帝国的宪法路线的种族化。现在种族被界定为一种日益清晰的制度划分,白人居住的殖民地以更大程度的自治政府为导向,但在大多数黑人居住地/附属地,代议制政府则遭到了强烈的反对。在印度,种族的政治类似物是英国和印度在制度方面的根本区别,以至于那种按照西方模式重塑印度社会的企图,被认为不仅是无效的,而且是有害的。在此种情形下,对自由主义议题的战略性抛弃,隐含了转向迥然不同的帝国统治哲学,在这种统治哲学看来,原住民能够通过他/她们自己的制度和权力架构实现很好的统治。从而认为,统治需要关于原住民社会的更为精确的动力学知识,以及在思维上向原住民社会所谓的自然和传统基础的转变。相较于"直接统治","间接统治"模式更少地直接介入和干预原住民社会的本土事务,因此,一般认为它在稳固帝国秩序方面更为有效,更富成果。这种对当地政府机构的尊重将得到规范性的辩护,在更有见识的自我说明中,被视为是一种世界多元主义的形式,它承认并尊重原住民社会的文化特性。①

　　梅因为间接统治理论提供的最为重要的观念创新之一,在于

① 尽管对英属印度而言,"间接统治"更为经常地与王公土邦的居住体制相联系,它从未被描述为一种真实的在印度的帝国安排。事实上,"间接统治"这一术语,最初是指卢格德勋爵在北尼日利亚任职时当地政府的具体体制。我使用"间接统治"这一术语,不仅仅是指一种统治模式———一种实际的政治架构,对我而言,他更多地集中指称一种独特的拥有自我意识的统治哲学,它与更为直接的统治和干涉主义政策相对照。关于这一术语的起源与用法,参见 Michael Fisher,《在印度的间接统治:居民与居住体制,1764—1858》(*Indirect Rule in India : Residents and the Residency System*,1764—1858,Delhi,1991)。

他对原住民社会在现代帝国统治旗号下遭受愈发严重的威胁的方式的解释。尽管梅因详尽地说明了原住民社会制度体系的内在连贯性,但是他也指出,在与现代制度体系愈发密切的接触下,它们也变得越来越脆弱。从实践层面而言,梅因认为这一瓦解进程的加速,将严重影响帝国统治的稳定性。梅因对于在现代帝国专横统治下"社会瓦解"的可能性的警告,被证明是间接统治理论和实践的思想核心。对于原住民社会制度体系的拥护者来说,梅因对殖民/现代统治给原住民社会带来的结构性和破坏性的影响所作出的有力解释,生动地说明了保护原住民社会的紧迫性。保护和复原原住民社会的呼吁,不只是承认原住民社会本身拥有维系与繁衍的资源,也承认原住民社会这一整体既受帝国统治的威胁,同时又需要它。正是这种对原住民社会既是完整的又是脆弱的描述,支持了晚期帝国家长式统治的冲动。

　　1857年兵变所导致的对印度原住民宗教不干涉的原则,在本世纪初,[7]引发了关于保护与复原的一系列争论。间接统治成为晚期帝国管理以及对亚洲和非洲进行统治的基本原则,并以不同的形式表达出来,如斯维特纳姆(Swettenham)对马来半岛的观察,克罗默(Cromer)在埃及的政策,其中最为著名的是卢格德(Lugard)对热带非洲提出的双重委任统治(the dual mandate)的解释。所有这些现象都表明,梅因对处于危机中的传统社会的解释,为间接的帝国统治——一种保护原住民社会免遭现代性创伤性影响的统治——提供了基本原理和动力。梅因是一条独特的、强有力的帝国思想路线的前辈,是帝国思想史上的关键人物。①

---

① 关于梅因与间接统治研究的一般参考文献,参见 Stokes,《英国的功用主义者和印度》(*The English Utilitarians in India*),页309—10;C. A. Bayly,《梅因与19世纪印度的变革》("Maine and Change in Nineteenth-Century India"),参见 *The Victorian Achievement of Sir Henry Maine：A Centennial Reappraisal*,ed. Alan Diamond(Cambridge,1995),页391;Mamdani,《公民与臣民》(*Citizen and Subject*),页49。

梅因的作品为一种独特的统治模式的巩固提供了智识基础，而且他的影响和重要性将随着整个 19 世纪欧洲帝国的疯狂扩张而与日俱增。随着世界被欧洲帝国列强控制的地域由 35% 上升到 84%，①随着世纪之交对非洲的疯狂瓜分，在帝国全盛时期，在英属印度的统治过程中锻造出来的统治外国人的模式，在其重要方面变得具有可传播性。间接统治不仅是英帝国在非洲和东亚的统治模式，而且在法国、葡萄牙和德国的殖民实践中被模仿。② 如此，间接统治在重塑原住民社会方面具有深远影响，它的制度遗产在亚洲和非洲后殖民时期政治的可能引起争议的场合中都能够感受得到。

从普世主义辩护到文化主义辩解

最近关于帝国思想史和政治思想史的学术著作，开始关注现代政治理论发展和欧洲扩张史间紧密而又实在的基本关系。越来越多的著作开始思考现代政治思想的形成方式，一方面，是通过对征服和殖民之正当性的政治争论，另一方面，试图理解全球范围内生活实践的多样性，以及与五个世纪的欧洲扩张相伴随的知识增长。以对美洲的征服与殖民的研究为例，这些研究发现，许多著名的早期现代思想家曾卷入了关于主权（在古典意义上是 imperium）[8] 和财产权（dominium）的本质和合法性基础的一系列争论。围绕没收原住民土地、维护其对原住民的权力这些关键的实

---

① Paul Kennedy,《列强的兴衰：1500 年至 2000 的经济变革与军事冲突》(The Rise and Fall of the Great Powers: Economic Change and Military Conflict from 1500 to 2000, New York, 1989)，页 148—49。

② 参见 Raymond Betts,《法国殖民理论中的同化与联合，1890—1914》(*Assimilation and Association in French Colonial Theory*, 1890—1914, London, 2004) and Mamdani,《公民与臣民》(*Citizen and Subject*)。

践性问题所展开的讨论,产生了对现代主权及财产权理论发展至关重要的观念创新,早期现代自然权利理论的出现尤其体现了这一点。在某种深远的意义上来说,帝国问题与自由主义的基础似乎是同时期的。①

　　19世纪政治思想史中的帝国研究已经集中考察了自由主义与帝国之间异常重要却又相互矛盾的关系。学者们旨在寻求一种理解,表面上为普世价值和民主原则奠基的自由主义,如何同时又在为帝国统治辩护。通过对约翰·斯图亚特·密尔拒绝在印度适用代议制政府,以及托克维尔支持对阿尔及利亚进行征服的分析,这些研究发现了自由主义内在的理论张力,它能够为多种形式的政治排他主义(political exclusion)进行辩护。在这种情况下,它们已经暗中削弱了关于帝国与政治思想的通常假定,它要么相信对帝国、扩张和殖民的质疑对自由主义思想的发展来说只是偶然的,要么认为这些矛盾是对其同时代的观念和偏见所做出的可能的妥协。在证明排他性实践与自由主义理论内核兼容的可能性时,这些研究对自由主义政治理论的限度提出了根本性的哲学、政治上的质疑。②

----

① 参见 Anthony Pagden,《自然人的衰落:美洲印第安人及其比较人种学的起源》(*The Fall of Natural Man*:*The American Indian and the Origins of Comparative Ethnology*,Cambridge,1982),James Tully,《重新发现美洲:两篇论文及其原始权利》("Rediscovering America:The Two Treatises and Aboriginal Rights"),参见 James Tully,《一种政治哲学的取径:语境中的洛克》(*An Approach to Political Philosophy*:*Locke in Contexts* Cambridge,1993);Barbara Arneil,《约翰·洛克与美洲:英国殖民主义的辩护》(*John Locke and America*:*The Defence of English Colonialism*,Oxford,1996);Richard Tuck,《战争与和平的权利:从格劳修斯到康德的政治思想和国际秩序》(*The Rights of War and Peace*:*Political Thought and the International Order from Grotius to Kant*,New York,1999)。

② 参见 Bhikhu Parekh,《自由主义的狭隘:从密尔到罗尔斯》("The Narrowness of Liberalism from Mill to Rawls"),参见 *Times Literary Supplement*,February 25,1994,页 11—13;Mehta,《自由主义与帝国》(*Liberalism and Empire*);Pitts,《转向帝国》(*A Turn to Empire*);Eileen Sullivan,《自由主义与帝国主义:(转下页注)

同时,对自由主义和帝国的研究仅仅不平衡地处理了这样一个问题——在帝国统治的实践与政治原理方面,帝国正当性这一问题是如何演进的。一方面,这使得作为 19 世纪帝国典型意识形态的进步论教化使命具有了优先性,因而遮蔽了帝国思想和实践的其他重要特征。特别是,一种奇特的关于帝国的自由主义辩护忽略了这样一个问题,在帝国权力的巅峰时期,帝国统治在道德和政治上的正当性是如何让位于一种具有支配性的复杂的社会、文化和种族的解释,以及欧洲帝国统治的理由。另一方面,自由主义与自由帝国主义常常被视为一种静态的理论结构,其关于人性和人类多样性的核心思想在研究帝国和帝国计划的思想家看来,激发了立场的变化——批判性的、辩护性的或其他。我在一定程度上认为,自由帝国主义最好应被理解为一个历史的星群(historical constellation),因此,作为对一系列变化中的帝国困境的回应,道德普世主义和文化多样性的概念是逐步形成的。这种认识迫使我们去思考,关于人的一致性和多样性的哲学论断是如何在帝国政治的实践中加以讨论、争辩和重构的。①

此外,关注帝国的自由主义辩护和统治的自由主义意识形态日益受到质疑和批判的方式——揭示了构成现代帝国意识形态的更为普遍的动力,尤其是关于帝国具有普适性的这种辩护。在 19 世

(接上页注)约翰·斯图亚特·密尔为英帝国的辩护》("Liberalism and Imperialism: J. S. Mill's Defense of the British Empire"),参见 Journal of the History of Ideas 44, no. 4 (1983);Cheryl Welch,《殖民暴力与回避的修辞:托克维尔论阿尔及利亚》("Colonial Violence and the Rhetoric of Evasion: Tocqueville on Algeria"),参见 Political Theory 31, no. 2(2003);Melvin Richter,《托克维尔论阿尔及利亚》("Tocqueville on Algeria"),参见 Review of Politics 25(1963);George Fredrickson,《自由主义思想中的种族与帝国:托克维尔的遗产》("Race and Empire in Liberal Thought: The Legacy of Tocqueville"),参见 Fredrickson,《比较想象力:种族主义、民族主义和社会运动的历史》(The Comparative Imagination: On the History of Racism, Nationalism, and Social Movements, Berkeley, 2000)。

① 这一观点将在结语部分得到更进一步的考察。

纪大英帝国统治自信的巅峰时期，自由主义的改革计划（和它按照自己的想象重塑世界的计划）遭到了抵制，帝国的普适性迅速向一些严格的倾向（harsh attitudes）让步：人们之间难以处理的差异，其他生活方式的神秘莫测，始终潜存的种族与文化冲突。也就是说，当帝国遭遇反抗或者产生不能与它的进步想象融贯的结果时，这种失误与其说在于帝国的权力结构（和它试图通过武力进行社会改革而导致的矛盾），不如说在于殖民社会的特质。抵制，尤其是政治抵制——当通过帝国的镜头折射出来时——我认为，自由主义的自信和包容逐渐变成道德上的拒绝和失望，以及对他者的不宽容，反映出帝国意识形态结构内部存在理论上的显著不稳定性。

徘徊在普遍主义的正当性和文化主义辩解，以及殖民地社会对待变革要么顺从要么抵抗的观念之间，将会证明现代帝国的政治动力存在一种必然且普遍的特征。19 世纪关于帝国合法性的讨论从自由主义证成（liberal justifications）到文化主义辩解（culturalist alibis）的转向，在严格意义上，不是自由主义内在逻辑的必然要求，而是一种政治回应和重构。它暗示了普遍主义和文化主义在时间上的逻辑和承继，和一种不应被仅仅看作是历史偶然性的系统关系。此外，意识到 19 世纪意识形态的转变，对仁慈帝国和托管统治理论在当代的复兴，乃至帝国政治复兴表面上与更高形式的文化冲突之间的关系而言，都是一种谨慎的告诫。

晚期帝国思想，尤其是间接统治，很难被直截了当地概念化为一种意识形态，因为它更多的是一种实践的和策略性的辩护，与其说是以思想和理念为基础，不如说是一种权宜之计。主流的英帝国史学倾向于批判英帝国存在一种统一的意识形态的观点，甚至质疑是否存在过英帝国[10]这样一个连贯的整体。①帝国史家尤

---

① 　Ged Martin 精炼的评论性论文，《是否存在一个大英帝国》（"Was There a British Empire"），见 *Historical Journal* 15, no. 3（1972），页 562—69，在他的讨（转下页注）

其轻视(甚至忽略)思想和意识形态在塑造英帝国的结构和模式方面的作用。① 自从加拉格尔(Gallagher)和罗宾逊(Robinson)对帝国主义的欧洲中心论进行了极富影响力的批判后,帝国史学明显倾向于强调当地发展和充当主要代理人的本地人在帝国扩张和政府模式方面的主要作用(后者主要被理解为与强势的当地代理人合作、和解的政治体制)。② 从这个角度看来,间接统治在非洲的出现,被认为是快速的领土扩张和有限的人力资源给帝国治理带来的局限和制约。因此,间接统治被认为是出于纯粹的政治需要,是一种为了适应"现实的方方面面"——也就是当地的条件和政权结构——的现实的制度性解决方案。从帝国治理者的自身理解来看,间接统治同样是英帝国政策的实用性和反意识形态的标志,通常与法国的教化使命(*mission civilisatrice*)的激进形成对照。

　　与帝国史学的目标不同,本书的主旨之一在于将间接统治解释为一种独特的思想创建,它的观念根源于对早期自由主义帝国模式的摒弃,也与现代社会理论的发展相关。间接统治作为英帝

(接上页注)论中提供了简单的描述。很多修正主义史学是在 John Gallagher 和 Ronald Robinson 的开创性作品的影响下成形的,他们反对关于帝国目的连贯性和统一性的辉格党主义的假定,转向外围并将之作为帝国动力学的核心问题。参见 R. Robinson,《欧洲帝国主义的非欧洲基础:协作理论概览》("Non-European Foundations of European Imperialism: Sketch for a Theory of Collaboration"),见 *Studies in the Theory of Imperialism*, ed. R. Owen and B. Sutcliffe(London, 1972)以及 R. Robinson, J. Gallagher 和 Alice Denny,《非洲及其征服者:殖民主义的官方见解》(*Africa and the Victorians: The Official Mind of Colonialism*, London, 1961)。

① 一方面,战略性的(政治的和经济的)利益获得了相对于思想和意识形态的绝对优势地位,然而,另一方面,他们假定一贯的帝国意识形态和政策不可避免的断裂和变化,和/或者在与当地势力的接触中被破坏。用 Chris Bayly 的话来说,就是"殖民思想在印度社会坚硬的棱角上被撞得粉碎"。Bayly,《梅因与 19 世纪印度的变革》("Maine and Change in Nineteenth-Century India"),页 391。

② 参见 Robinson,《欧洲帝国主义的非欧洲基础》("Non-European Foundations of European Imperialism")以及收于 W. R. Louis, ed.,《帝国主义:罗宾逊与格拉赫之间的论战》(*Imperialism: The Robinson and Gallagher Controversy*, New York, 1976)。

国实践的主导形式是一种历史的形成（historical formation），是帝国和英属印度反叛的长期经验锻造出来的，尤其是对早期帝国政策的同化思想的批判。它以一种思想转变为前提，这种转变用极新颖的方式解释了什么是实践的需要。何者会被视为权益之计，取决于对帝国秩序本质的独特理解，以及什么构成了对帝国秩序的威胁。但是，对自由主义的改革者而言，帝国统治意图克服的腐化堕落与"前现代"和"传统"的等级制度、任免权和控制（如奴隶制度、封建制度和种姓制度）形式相关联，对间接统治的拥护者来说，对帝国秩序的威胁与现代化问题有着广泛联系，他们认为现代化在社会层面具有破坏性，在政治层面又不够灵活。然而，在声称调整帝国统治以适应当地实际情况时，理论著述需要创建一种对原住民社会的独特理解，选派参与者和指定制度体系对于帝国秩序的稳定来说是"自然的"和必需的。

　　在更为传统的意义上，间接统治起到了意识形态的作用，被看成是为帝国权力的巩固进行掩盖和辩护的一种方式。但是，作为一种辩护形式，间接统治是特殊的一类，[11]其伦理/道德特性与早期更为著名的帝国的自由主义辩护明显不同。随着 1857 年以后对改革导向性的帝国政策的放弃，晚期帝国不再采取任何纯粹的道德辩护，结果引发了帝国合法性的危机。19 世纪早期形成的英国在印度的帝国意识形态与托管制度（*trusteeship*）和改良措施（*improvement*）紧密相关，它们一道给帝国使命赋予了一种道德责任。通过印度社会的积极恢复来补偿因征服而导致的不正义/暴力界定了这种伦理视野。在进步论话语中，这种伦理视野与印度自治政府的最终目标相联，它为自伯克（Edmund Burke）到约翰·斯图亚特·密尔（John Stuart Mill）的政治思想家和自格兰特（Charles Grant）到麦考莱（T. B. Macaulay）的决策者所共同坚持。尽管总是会有人批评帝国的自由主义正当性，但是，1857 年以后，这些批评的显著地位和效力都衰减了。随着它们的消褪，更为普遍的关于帝国的伦理论证和道德辩护的衰落随之而来。对稳定性和秩序的质疑主导了接下来的帝国政策辩论，这些辩论疏远甚至轻视对帝国统治的道德目的和合法性的关注。教化印度以最终实现自治政府的帝国目标最终也完全消逝，直到 20 世纪为了回应印度的民族主义时才重新出现。

19 世纪晚期，由于缺乏对帝国统治公开且有力的辩护，关于帝国统治合法性的问题越来越多地转移到原住民社会本身。帝国统治常常被解释为，是为了减少原住民社会由于地区冲突或（说得隐晦一点）与现代文明接触而走向瓦解的可能性。并且，要保护和重振原住民社会才能缓解这一危机。在这里，原住民社会既是托辞与解决方案，又是对帝国这一既成事实的辩护。将晚期的帝国辩解与早期关于帝国的辩护或者必定是更具吸引力的帝国统治模式相比，并不意味着先前的辩护形式更少意识形态化、更可信、更纯粹。自由帝国主义和支撑着帝国改革议程的普遍主义，包含着帝国自身的矛盾、排外主义和迟缓，而自由帝国主义通常是建立在对原住民社会深刻的歪曲想象之上的。与其说这一区分依赖于思想形式更为精确的描述抑或在价值上更具优势，不如说是依赖于它们各自给帝国所假定的目的，这是帝国合法性得以建构和讨论的概念领域。对于自由主义的改革者而言，现代帝国必须与过去掳掠式的、压制性的征服形式决裂，通过变成一种文明进程的代理人，使帝国自身获得一种公正性。[12]帝国制度的伦理特征界定了帝国的合法性，这是由其积极的逻辑和崇高的理想所规定的。随着自由主义模式及其道德观的瓦解，帝国的正当性问题却与公开宣称的宗主国要求一刀两断，转而由附属国社会的内在特性予以界定和调节。在这一过程中，原住民社会被赋予了一种改变且强化了的意识形态功能，不再是一种必须战胜的病态，而是将之看成应予适应和包容的结构。

辩解（alibis）这一术语意在表明，晚期帝国意识形态向这一权威的替代形式转变的方式,以及帝国合法性、权力和权威的来源是如何折射到别处的——此处是指从宗主国到殖民地。帝国不是一种出于自觉意志的事业,而是一种反应性的和回顾性的辩护;相比让原住民社会走向瓦解,帝国的持续统治则被视为更小的恶。此外,作为一种统治形式,帝国仅仅被描述为通过原住民社会既有的制度和权威结构进行统治而形成的附带现象。因此,原住民社会作为一种辩护理由,"在他处成了被指控的对象",①这种意识形态结构为延缓和否认帝国统治的道德与政治责任提供了可能。

社会理论、传统社会和政治的"文化"界限

虽然间接统治是在一系列关于如何统治原住民社会的帝国辩论中出现的,但是,这些辩论也受到了非欧洲社会观念化思维发展的影响,尤其与现代社会理论的兴起有关。因此,本书的另外一个核心主题是,分析社会理论以及殖民地知识范围的扩大对帝国思想与实践的相互影响。如上所述,现代政治理论中的帝国研究,不仅对主要的政治思想家如何发展关于帝国扩张的合法性论证兴致盎然,而且也探究了理解与欧洲帝国成长相伴生的全球生活实践和知识的多样性的尝试,是如何影响现代政治思想的。从"发现"新世界,与东方语言和文明的相遇,到"对非洲的争夺",帝国的这些经历已经引发了对人类多样性的理论反思。这些经历产生了新的对比模式——一种新的框架,[13]通过这种框架可以将欧洲与其他的社会和政治组织、陌生文化以及在科学上(和道德上)能够被理解的实践结合起来。正如塔克(Richard Tuck)所言:

---

① Jacques Derrida,《无须辩解》(*Without Alibi*), ed. and trans. Peggy Kamuf(Stanford,2002),页 xvi。

以自然权利为根据的道德和政治理论的突然出现是 17 世纪的标志,它尤其与格劳秀斯、霍布斯、普芬道夫和洛克的名字联系在一起,它主要是欧洲理论家们处理深层次文化差异问题的尝试,既包括他们自己共同体内部(宗教战争后形成的)的差异,也包括欧洲与世界其他地区(尤其是他们在地球的各个角落遇到的各种各样的前农业社会的人们所生活的世界)的差异。①

18 世纪,东西方不同社会间的相遇,以及对他们了解的增多,使大多数启蒙思想家对全球化世界中人类的多样性进行了重构。诸如孟德斯鸠、狄德罗、康德、赫尔德和苏格兰哲学史家等一批思想家都直接接受了这一挑战,他们发展了哲学和历史的方法,重新思考和解释生活方式的多样性和社会的历史发展。启蒙思想家们认识到,新的时代需要新的哲学人类学和历史学(从古代社会到现代商业社会),但那是一些真正具有全球性特征的理论。②

随着现代社会科学的制度化与现代帝国统治技术的发展与加强,19 世纪见证了在历史和人类学方面对非欧洲世界研究的骤增。这一时期,详述殖民地官僚机构扩张的记录与报告被视为是

---

① Richard Tuck,《权利与多元主义》("Rights and Pluralism"),见 *Philosophy in the Age of Pluralism: The Philosophy of Charles Taylor in Question*, ed. James Tully (Cambridge, 1994). 也可参见 Tuck,《战争与和平的权利》(*The Rights of War and Peace*)。

② J. G. A. Pocock,《野蛮与宗教》(*Barbarism and Religion*, vol. 4), *Barbarians, Savages, Empires* (Cambridge, 2005); Tzvetan Todorov,《论人类的多样性:法国思想中的民族主义、种族主义和异国风情》(*On Human Diversity: Nationalism, Racism, and Exoticism in French Thought*, Cambridge, 1993); Sankar Muthu,《启蒙反对帝国》(Enlightenment against Empire, Princeton, 2003); Pitts,《转向帝国》(A Turn to Empire); Sunil Agnani,《欧洲反殖民主义的限度:狄德罗与伯克, 1770—1800》(*European Anticolonialism at Its Limit: Denis Diderot and Edmund Burke*, 1770—1800 [forthcoming]); Thomas Macarthy, Race, Empire, and the Idea of Human Development (Cambridge, 2009)。

人类学家和社会学家的证据性知识。殖民地知识的扩展对现代社会科学的发展产生了深远的影响,实际上为现代人类学和社会学奠定了基础。它提出了一系列需要处理和理解的新主题,产生了许多对社会进行概念化、分类和对比的方法论创新。比较的观念与"比较的方法"在19世纪被频繁运用,不仅作为一门哲学解释的学科,而且是一种通过普遍性的视野获得科学确定性的独特模式。① 为了回应普遍比较的挑战而出现的两个最为抱负远大的理论尝试是19世纪的社会理论(或古典社会学)和进化人类学。虽然传统社会学理论更为直接地集中于分析工业社会史无前例的特性及其动力,但是,描绘西方现代性独特发展轨迹的尝试,必然涉及到与其他社会形式(无论是东方还是西方的)的大规模的[14]和大胆的比较。人们很容易将人类学的产生与历史和民族志学研究的极速扩展紧密地联系在一起,它的显著特征在于突出了社会进化的宏伟计划,此种计划试图将跨越时空的社会实践的种族多样性包含进来并进行分类。② 此外,19世纪对不可通约性(incommensurability)问题的回应,如关于转变(transition)的社会学叙事、进化和比较的方法、文明的等级标尺,是与血亲、文化和社会的整体观念的发展紧密联系在一起的。

　　梅因的作品不仅对理论传统的发展贡献卓著,而且他还常常被视为是社会学和人类学的奠基人。在19世纪的社会理论中,梅

---

① 参见 Stefan Collini,Donald Winch,and John Burrow,《高贵的政治科学:19世纪思想史研究》(*That Noble Science of Politics: A Study in Nineteenth-Century Intellectual History*,Cambridge,1983),chap. 7 and Melvin Richter,《政体与社会的比较研究》("The Comparative Study of Regimes and Societies"),见 *The Cambridge History of Eighteenth-Century Political Thought*, ed. Mark Goldie and Robert Wokler (Cambridge,2006),页 147—71。

② 参见 John W. Burrow,《进化与社会:维多利亚时代社会理论研究》(*Evolution and Society: A Study in Victorian Social Theory*,Cambridge, 1968) and George W. Stocking,《维多利亚时代的人类学》(*Victorian Anthropology*,New York,1987)。

因基于身份与契约对传统社会和现代社会进行的二元划分极具代表性。梅因在古代/原始社会的社团性质和现代社会的个人主义基础间作的对比,不仅直接塑造了滕尼斯(Ferdinand Tönnies)在《共同体与社会》(*Gemeinschaft und Gesellschaft*)①中对此二元论产生的共鸣,而且还与涂尔干(Durkheim)早期关于简单社会中的机械团结和复杂社会中的有机团结的区分的构想产生了共鸣。②对人类学而言,梅因是最早建立理论将血亲关系视为社会互动的结构性原则,并将它作为社会整全模型之基石的理论家之一。当人类学开始拒斥关于社会最初形式的推测性的进化理论时,梅因关于血亲关系的"权利义务"模型——血亲关系确立了一系列相互性的权利义务——在 20 世纪的人类学中全面复兴,尤其是在英国的社会功能主义理论中。

在 19 世纪晚期帝国的背景下,社会学与人类学理论使得关于原住民社会的一般模型成为可能,它被重新界定为与现代社会相对的传统社会。梅因概述了这一模型的许多重要特征——血亲关系作为重要的社会结构原则,早期法学中法律与宗教的混合,限制个人行为的严格的、仪式性的法典居于主导地位,在行为模式和概念想象两个方面对习俗的持守,最后是共同体(或社会整体)在道德和功能方面的优先性——它们将成为对于传统社会的老生常谈的假定,并成为 20 世纪人类学和社会学的重要内容,尤其是在社会和文化现代化理论中。更为重要的是,19 世纪的理论家(如梅因)创造了一个关于传统社会的独特的非政治的(*apolitical*)模

---

① 滕尼斯将梅因视为是"刺激、教导和确证"他的作品的三位作家(另外两位是基尔克和马克思)之一。见 Ferdinand de Tönnies,《共同体与社会》(*Community and Civil Society,Gemeinschaft und Gesellschaft*), trans. Jose Harris and Margaret Hollis (1887;Cambridge,2001)的导言。

② Émile Durkheim,《社会分工论》(*The Division of Labor in Society*),trans. W. D. Halls(1893;New York,1984)。

型,这一模型将实质的和方法论的投入体现在将社会视为一个功能性、[15]文化性整体上。这一观点强调传统社会的内在凝聚力和公共的/社团的导向性,注重文化在决定个人行为和思想方面的优先地位,不再重视政治冲突、变革和政府机构发挥的作用。这一传统社会模型作为一个整体,通过习俗与血亲关系之间的相互联系而聚为一体,为以保护、保存和合作为特征的晚期帝国思想提供理论基础和规范辩护。

相较于现代社会的动力学,传统社会在社会学理论中常被视为一种根本上是静态的社会,它被政治和经济的非理性形式所主导,并且弥漫着宗教、血缘和习惯的纽带。虽然在这一传统社会模型中,现代社会理论详细阐述了它最具决定性的社会行为模式,社会理论发起了一场转而强调社会性的非理性基础的运动,它要么根据社会与经济结构的外在力量,要么根据无处不在的文化依附和历史习惯。然而,在很重要的方面,社会理论试图设计一套社会模型,作为理解社会的本性及其动力的独特领域。"社会"之于社会学,犹如"文化"之于人类学,即一种相对独立的实体,它影响、限制乃至决定社会、政治和经济制度的特性。随着社会理论的兴起,在越来越强调与社会、文化和历史责任相关的政治行为的局限性的语境下,政治问题将被重新建构。这将转而认为人类行为是集体学习的产物,社会条件与通过历史获知的习俗将为 20 世纪的社会科学带来宝贵的遗产。不仅现代人类学的文化概念①受惠于这一社会模型,而且社会学传统在为社会整合进行一般解释时尤为显著地保存了这些元素。②

在探究社会理论如何影响晚期帝国意识形态的思想基础时,

---

① George W. Stocking,《种族、文化和进化:人类学史论篇》(*Race, Culture, and Evolution: Essays in the History of Anthropology*, Chicago, 1991), chaps. 4 and 9。

② Margaret Archer,《文化与机构:文化在社会理论中的地位》(*Culture and Agency: The Place of Culture in Social Theory*, Cambridge, 1996)。

这一研究关注社会理论起源的帝国背景,它既注意社会理论如何影响了 19 世纪帝国的理论与实践,也注意到帝国又如何转而塑造了现代社会理论的核心概念。最后,因为文化的概念成为当代政治、政治科学和政治理论的核心范畴,因此,追问其政治的和理论的核心环节,就成为了前所未有的重要事情。当下政治理论中围绕文化问题的辩论,通常是将文化概念化的一个特定的区分点(definitive site of difference),它植根于社会组织和/或者情感存在的结构的各种形式中。但是,主要将歧异性(difference)经验化、概念化为文化差异,是 19 世纪晚期和 20 世纪的独特现象。我想指出的是,这种界定文化的方式,与 19 世纪社会思想的交流和晚期帝国统治的变化存在某种类比关系(甚至可能存在某种谱系性的根源)。致力于这一时期的研究,将对文化的政治间关系这一当代难题有所洞见。政治学的政治问题被某种文化形式所替代和限制,对有限的、静态的文化概念与政治主权及机构的变革性解释间的调和,将是一个长期的难题。

本书结构安排

为了阐明晚期帝国的思想和意识形态基础,本书全面分析了梅因的政治和社会理论的特征及其影响。梅因是英帝国意识形态转型的关键人物,在他的作品中,我们可以追溯传统社会的社会理论模型与间接统治的意识形态和实践之间最为直接的因果关联。在这个意义上,本书旨在重构梅因作品的核心特征,证明他的思想在 19 世纪帝国实际运作中产生的深刻影响。就梅因对古代社会和原始社会动力学的复杂分析而言,人们很少评估它们持久的原理价值,而更多的是为了理解它们是如何表达并回应一系列由帝国经验而产生的理论困境,尤其是梅因的思想是如何被调动起来为帝国政策领域中明确的行动形式提供正当性的。

对梅因作品的同时代解释从根本上依赖于他的作品形成和接受的思想语境,即他的作品是在印度、英国的背景中理解还是在欧洲的背景中理解,他作为法律思想家、社会理论家和历史学家的身份更引人注目,还是他作为政治理论家的身份更受人关注。[①] 根据维多利亚时期的知识话语,梅因将契约范围的扩张视为文明的巅峰,这为放任的自由个人主义提供了一个保守的历史文化决定论的辩护,以及一个很容易与维多利亚时期的进化论结盟的进步主义思想。然而,从梅因关于村社—共同体(village-communities)的著作的观点来看,他作为一个对原始社会饱含同情心的辩护士,也为很多公共财产的倡导者(从农业激进主义者到印度民族主义者)所认同。[②] 这一独特的解释悖论[17]—— 梅因如何同时被视为习俗与契约的辩护者——是本书要关注的核心问题。从理论层面而言,梅因对习惯和前契约社会的解释存在着重大的含糊性,使得对它的理解歧见丛生。虽然梅因从来不是对传统社会道德心存怀旧的拥护者,但是他研究原始社会的方法论(他对历史—比较方

[①]　对梅因最好的学术研究,将他的思想置于维多利亚时代思想争论的语境中,尤其是在法学和社会理论领域。研究梅因社会理论的经典作品是 John W. Burrow,《进化与社会:对维多利亚时代社会理论的研究》(*Evolution and Society: A Study in Victorian Social Theory*)。对梅因法律思想的全面审查收录于 Raymond Cocks,《亨利·梅因爵士:维多利亚时代法理学研究》(*Sir Henry Maine: A Study in Victorian Jurisprudence*,Cambridge,1988)。Diamond,《梅因在维多利亚时代的成就》(*The Victorian Achievement of Sir Henry Maine: A Centennial Reappraisal*)收录了若干篇研究梅因思想的各个方面的卓越论文,而 George Feaver 重要的传记作品《从身份到契约:梅因传,1822—1888》(*From Status to Contract: A Biography of Sir Henry Maine*,1822—1888,London,1969),涉及梅因的政治、社会思想以及与维多利亚时代英国的思想关联。

[②]　甘地将梅因视为是印度村社—共同体民主历史的思想权威(如在《印度自治》[*Hind Swaraj*]的附录中那样)。也可参见 Minoti Chakravarty-Kaul,《公地与习惯法:过去两个世纪北印度地区的制度变迁》(*Common Lands and Customary Law: Institutional Change in North India over the Past Two Centuries*,Delhi,1996)中对梅因的创新性运用。

法的运用)和对功用主义的批判,以及他对古代/原始社会的整体性和理论基础的概念化,使得现代社会的制度形式具有历史真实性和相对性。从历史的角度来看,这一歧异性被证明是至关重要的,因为尽管他有所保留,梅因对原始社会的解释证明了他从契约自由的有意识的回避,以及他在间接统治的标题下为习俗所做的辩护。本研究在分析梅因的作品时,力求通过扩大传统视角的透镜来探究这些解释性难题,将他的理论作品和政策建议,以及他鲜为人知的人类学作品和他的法学作品整合在一起,更为重要的是,将形成中的宗主国与殖民地知识分子群体的作用,同作为整体的梅因的社会学和政治学理论的影响考虑进来。①

　　第一章讨论 19 世纪后半期关于帝国的道德与政治正当性,尤其是帝国主义的自由主义模型,就其重要性而言,它已从帝国统治辩论的前沿阵地上撤退下来。本章通过分析伯克、詹姆斯·密尔、约翰·斯图亚特·密尔、斯蒂芬、西利(J. R. Seeley)和梅因的作品,描绘了 19 世纪帝国意识形态的转变。在 19 世纪,帝国统治的本质与目的随着各种形式的叛乱、抵抗和不稳定发生了更为普遍的危机,自由帝国主义的核心教义受到挑战,这一危机也加速了帝

---

① 尽管梅因作为重要的印度政策制定者的声名和他对殖民地法律史学,以及更为一般而言,对印度人类学的重要性得到了公认,但是很少有对梅因的印度作品和遗产的全面研究。一些重要的研究成果包括,Ron Inden,《想象印度》(*Imagining India*,Oxford,1990),页 136—57 和 Gordon Johnson、Chris Bayly、Clive Dewey 的收于 Diamond 编著的《梅因在维多利亚时代的成就》(*The Victorian Achievement of Sir Henry Maine: A Centennial Reappraisal*)中的论文。关于梅因对印度政策的影响,Clive Dewey 在他的许多重要论文中对此提供了最为全面的评价。参见 Dewey,《梅因对印度农业政策的影响》("The Influence of Sir Henry Maine on Agrarian Policy in India"),参见 Diamond,《梅因在维多利亚时代的成就》(*The Victorian Achievement of Sir Henry Maine*)。同时,Alex Kirshner 根据梅因的作为整体的政治思想提供了关于梅因印度思想的罕见的和令人信服的理解。参见 Alexander Kirshner,《梅因政治思想中帝国的特性与管理》("Character and the Administration of Empires in the Political Thought of Henry Maine"),M. Phil thesis,University of Cambridge,2002。

国伦理正当性的衰落。随着辩护方式在道德和政治意图上变得越来越不确定,晚期帝国的统治意识形态,作为一种为适应原住民社会特点而作出的事实上的回应,与其说是意识形态,不如将其看成是一种实用主义的话语(pragmatio terms)。在这一外表下,社会、文化和种族理论从反面进入,去解释和证成帝国存在的合法性;它们与其说是对帝国的辩护(justifications),不如说是对帝国这一既成事实的辩解(alibis)。帝国统治意识形态最为重要的后果是从承诺(commitment)转向建立在所谓教化使命基础上的更具变革性的意愿,而教化使命是自由帝国主义计划的重要标志。对人与人之间存在的不可克服的多样性的强调,取代了普遍主义者的文明计划,而这一计划坚信对原住民进行同化[18]和现代化改造是可能的。

　　第二章分析了帝国与社会理论起源之间的关系,并对一般性、别性和非政治性的传统社会模型的发展给予了特别的关注。在梅因的开创性贡献中,传统社会作为一个整体(integrated social-whole)有其自身的逻辑和原理,尽管其与现代社会的要求(imperatives)差异明显。现代与传统的二分法——现代社会理论的重要创新——建构于法国大革命之后现代社会和古代社会的强烈对比之上。这种强烈对比带有一种系统性的比较,这一变化包含了具体的方法论和政治主张——社会领域的功能相关性,人性的可锻造性,社会生活的可塑性和人类行为的重要决定因素——的混合。这样,社会理论的主导方面将自己视为对政治哲学的批判,并且强调社会、文化和历史条件对政治思想和行动范围的限制。传统社会的社会理论模型说明了人类行为观的转向,这种观点越来越强调社会性的非理性基础,社会和文化规范的主导地位,历史习惯和习俗的持久性,从而暗示了现代人类学文化概念的核心特征。此外,正是这作为整体的传统社会——通过习俗和血亲关系结构之间的相互结合——的模型,为晚期帝国意识形态的保护、保存与协作(collaboration)提供了理论基础。

第三、四两章考察了梅因的传统/原始社会模型是如何细化的，以及它是怎样同帝国政策的两个关键政策领域——法律改革和土地所有制发生关联的。在这两个方面，梅因将深化他关于传统社会的理论解释，并提出一种创新性的殖民主义社会学，论证以习俗为基础的传统社会是如何通过与现代制度的接触而遭到破坏的。这两个方面不仅对南亚帝国统治的结构至关重要，而且法律演进史与财产权亦是梅因学术著作的核心主题。这两章不仅考察了梅因对印度政策辩论的实际贡献，同时也与他政治、历史和法律思想的一般脉络相关联。梅因是英国历史法学派的主要人物，他因批评约翰·奥斯丁和反对功用主义法学而名声大噪。梅因反对奥斯丁的法律概念"法律是主权者的命令"，[19]他通过发掘古代和原始的法律资源，试图阐明一个变革的时代——习惯法的时代，据此我们知道法律在实现立法形式之前已经经历了漫长的演化历程。第三章关注了梅因对印度法法典化的全面讨论，阐明了梅因法学的实践和理论意义。虽然梅因是统一民法典的热情倡导者，但是他关于法典化的论证是由他的直接经验以及他对当下盎格鲁—印度法律糟糕状态的独特解释所推动的，并非受到了边沁热衷于开明立法的好处的影响。梅因对盎格鲁—印度法律的批判性理解源自他关于习惯法自然演进轨迹的理论理解，以及帝国统治和英国法对原住民法律的不良影响。这样，就可以通过梅因关于印度政策的直接讨论和他的作为整体的法学思想，对他作为总督委员会法律成员的工作进行评价。

第四章转向梅因关于财产权历史的影响深远的解释，他在19世纪财产权讨论中的决定性地位，以及他对英属印度土地所有制颇具争议的讨论的影响。据梅因所言，自然法理论(它在罗马和现代的典型体现)的主导地位使得对财产权的起源和演进的理解变得模糊不清，它根据个人的自然占有模式(individual modes of natural appropriation)理解领土（dominion）。与此相反，梅因提供了一个替代性的演进顺序，财产最初为大家共同占有，随着时间的推移而分开，最终分解为个人所有的形式。梅因关于财产权（和一般权利的现代观念）的公共起源的论文，有效地质疑了个人所有权的单一观念的历史和逻辑优先性，赋予替代性的公共模型以历史合理性。这样，可能在不经意间，通过历史相对论——它导致了现代法律和政治形式相对性的假定，尤其是现代土地私有制——他的进化论上的渐进主义和乐观主义就得到了调和。实际上，后者使得对在没有达到社会演进的适当阶段的社会（如印度）适用现代制度（法律的、政治的和经济的）的可行性进行质疑成为可能。

第五章详细论述了梅因关于原始/古代社会的理论描述，尤其是他关于危机中的原住民社会的创新性的概念化，如何为间接统治的理论与实践奠定基础。梅因认为，现代帝国统治促成了古代制度与现代制度间的对峙，这一对峙似乎使得原住民社会的瓦解成为必要。最要紧的是，[20]在梅因之后，晚期帝国政策制定者认为，原住民社会的瓦解是对帝国秩序稳定性的主要威胁，因此，就把保护、保存、重建传统社会的政治逻辑牵涉到帝国统治之中。本章考察了关于原住民社会瓦解的想象是如何在晚期帝国政策的语境中被调动起来的，最初在后兵变时期的印度，后来在东南亚和非洲殖民地。以梅因的作品为基础，行政官员们——如莱尔（Alfred Lyall），克罗默勋爵，戈登（Arthur Gordon）和卢格德勋爵——逐渐阐明了一套关于间接统治的独特政治理论，这套理论在制度上植根于分权政策，并且与世界多元主义存在规范性关联。

最后，本书的结语部分回顾了帝国与自由主义之间的历史关联，并阐明了对 19 世纪帝国意识形态的这一修正解释的理论意义和在当代所产生的政治上的共鸣。为了阐明晚期帝国意识形态在自由主义帝国危机时刻的起源,我的批判性分析的焦点将放在现代帝国独特的政治逻辑上——一种相继以道德理想主义、文化主义解释和追溯性辩解为标志的回归动力学(regressive dynamic)。我认为,聚焦于自由帝国主义的政治需要,而不是仅仅关注它的理论假设,将会为理解和批判关于帝国的自由主义论证的当代复兴提供一种独特的(和可能更加)有效的策略。

第一章　自由帝国主义的危机

[21]19世纪后半叶(英帝国权力的巅峰时期),帝国的道德辩护十分意外地从关于帝国统治的本性与目的的论辩中退去。正如英国的扩张呈现了它地理范围的极限,伦理导向的帝国合法性理论以帝国主义的自由主义模型为典范,自19世纪初期以来在英帝国的话语中拔得头筹,然而它的政治意义却黯然消退。随着一种关于殖民社会的新的社会学解释成为维系帝国的理由,帝国的道德正当性辩护被取代了。

自18世纪帝国在印度兴起以来,英国政治思想的主要人物,不仅努力赋予英国在印度的统治——在他们看来是"陌生的"和"反常的"——以意义,[1]而且争取为帝国统治建构一个具有政治

---

[1]　麦考莱(T. B. Macaulay)在1833年关于续签东印度公司特许状的演讲中,提出了关于英属印度"反常"地位的经典表述:

> 诚然,[东印度]公司的权力在政治上是反常的,……但是,我们又能够赋予我们的印度帝国怎样一种不离奇,也不反常的政制(constitution)呢? 那个帝国本身是所有反常的政治现象中最为离奇之物…所有的论辩都是混乱的。我们对过去进行质询是徒劳的。普遍的规则乃无用之物,在那里,它作为一个整体本身就是一个巨大的特例。[东印度]公司是反常之物;它又是一个所有事物都十分反常的体系的一部分。它是所有政府中最为离奇之物;但它却是为所有帝国中最为离奇之物而设计的。

Macaulay,《印度政府》("Government of India"),10 July 1833,见 Macaulay: Prose and Poetry(Cambridge,1970),页695—96。

合法性和道德上可证成的理论框架。对大多数人而言,英属印度被认为是一个史无前例的矛盾的政治形式;按梅因的话来讲,它是"由自由的人民对附属国进行事实上的专制统治"所进行的"最不寻常的实验"。① 因此,帝国的统治模型被锻造出来,以防止专制主义对宗主国政治制度可能的腐蚀性影响,同时提供一种原则上有利于属国人民的统治形式。虽然有许多关于何种法律与政府能够最好地实现这些目标的伟大论辩,但是,在伯克、詹姆斯·密尔和约翰·斯图亚特·密尔的著作中都存在一种共同的努力,那就是用伦理的术语去建构这些论辩,尤其是根据道德责任的标准和与之相伴生的自由文明之人的统治权力的地位去建构这些论辩。

　　帝国主义的自由主义模型将帝国的合法性和改进计划(project of improvement)联系在一起,代表了19世纪英国最为成熟的帝国道德正当性辩护。自由帝国主义(Liberal imperialism)②呈现出一种融贯的意识形态,这一意识形态以围绕自由主义改革责任的一套相互交错的辩护理由和治理策略为特征,而这种自由主义改革责任则是帝国统治的首要目的。然而,19世纪后半叶,潜藏在此种意识形态下的这一愿景的融贯性和政治共识却遭遇了瓦解之危机。殖民地各种形式的叛乱、[22]反抗和不稳定因素,促成了对最适合于统治一个完全异质的遥远帝国的手段和目标的重估,自由帝国主义的核心原则因此受到了空前的挑战。

---

① Henry Sumner Maine,《印度观察对欧洲思想的影响》("The Effect of Observation of India on European Thought"),1875年里德讲座,见《东西方村社—共同体》(*Village-Communities in the East and West*,London,1876),页233。

② 自由帝国主义(*liberal imperialism*)这一简洁的术语,出现于后来维多利亚时代的政治论辩中,尤其与罗斯伯利勋爵(Lord Roseberry)欲开创一种支持帝国和扩张主义的自由主义论证的努力相联系(与格莱斯顿的含蓄形成对照)。参见R. Koebner和H. D. Schmidt,《帝国主义:政治语言的故事与意义,1840—1960》(Imperialism:The Story and Significance of a Political Word,1840—1960,Cambridge,1964)。我使用这一术语——有几分时代误植——指称一系列关于依附性的(无移民的)帝国(the dependent [nonsettler] empire)的自由主义思想。

尤其,将"好政府"视同对原住民社会的改进是自由主义帝国的核心话语,愈来愈受到日渐增强的怀疑和批判。诸如斯蒂芬(James Fitzjames Stephen)和梅因这样极具影响力的批评家,就对此——以进步为特色的自由—帝国所需要的哲学假设的基础和政治后果——提出了质疑。在根据现代(英国)模型重塑属国社会(如印度)在理论上和现实中的可行性的争论中,维多利亚晚期的批评者们引发了帝国意识形态的根本转向。

本章探究了自由帝国主义危机的源起及其后果,这是理解 19世纪英国的帝国意识形态转变的支点。[①] 我试图证明,在某种程度上,这一态度的明显转变是通过自由帝国主义理论发展的张力而实现的,自由主义帝国最为激烈的批评者充分利用了这一张力。自由帝国主义的危机是帝国的道德辩护逐渐衰落的不可或缺的一部分。在道德的与政治的愿景方面,各种辩护模式变得更加不确定,晚期帝国的意识形态更多地通过实用主义的话语而非规范性的话语表达出来,并以之作为对"原住民社会"之本性的适应和实践方面的回应。在这种背景下,新的关于原住民社会的社会学和人类学理论,在作为帝国合法性的替代模型方面尤为有效。它们不再是为帝国进行辩护(justifications),而是对帝国这一既成事实的辩解(alibis)。

帝国的道德性

……起初,英国的权力在没有其道德掩护的情况下来到他们

---

① 关于本章的标题,我要向 Thomas Metcalf 致以最诚挚的敬意,并且也意味着我在很大程度上受惠于他关于"自由主义的危机"的讨论,他在这方面的论述包含在其精彩绝伦而又极具说服力的著作《统治的意识形态》(*Ideologies of the Raj*,Cambridge,1995,页 28—65)中的《自由主义与帝国》(Liberalism and Empire)一章当中。

中间。从他们成为我们的臣民,到我们认识到自己有义务卸下对他们的统治责任,这期间经历了漫长的岁月。

　　　　　　　　　　　　　　　　　　——T. B. Macaulay[1]

　　确定帝国权力的道德限制——帝国对印度的统治具有合法性的条件——是伯克弹劾英属印度政治戏剧的缔造者黑斯廷斯(Warren Hastings)的关键。[2] 伯克对黑斯廷斯的控诉在整个 19世纪都产生着深远的影响,对黑斯廷斯案的(修正性的及其他的)解释[23]为帝国辩护的反复讨论提供了空间。[3]

　　伯克就此展开控诉,"鉴于你们[英国上议院]将对过去印度与那些原则相关的各项事务作出裁决,我们将来在印度统治的一整套规则、任期、趋向和特性将得到最终的决定"。[4] 这样,伯克把将要裁决的黑斯廷斯案的解释建立在未来帝国在印度统治的道德基

---

① T. B. Macaulay,《沃伦·黑斯廷斯》(*Warren Hastings*,London,1900),页 13。最初发表于 *Edinburgh Review*,October 1841。

② 近来对伯克关于印度的作品和演讲的解释,参见 Frederick G. Whelan,《伯克与印度:政治道德与帝国》(*Edmund Burke and India:Political Morality and Empire*,Pittsburgh,1996);Uday Singh Mehta,《自由主义与帝国:19 世纪英国自由主义思想研究》(*Liberalism and Empire:A Study in Nineteenth-Century British Liberal Thought*,Chicago,1999);Sunil Agnani,《欧洲反殖民主义的限度:狄德罗与伯克,1770—1800》(*European Anticolonialism at Its Limit:Denis Diderot and Edmund Burke*,1770—1800 [forthcoming]);Jennifer Pitts,《转向帝国:英国和法国帝国自由主义的兴起》(*A Turn to Empire:The Rise of Imperial Liberalism in Britain and France*,Princeton,2005),chap. 3;Richard Bourke,《帝国到革命:伯克的政治生命》(*Empire to Revolution:The Political Life of Edmund Burke* [forthcoming])。

③ 旨在或多或少使黑斯廷斯得以免责的修正解释,在维多利亚晚期的帝国话语中异军突起。参见 Eric Stokes,《印度的行政官员及其历史著作》("The Administrators and Historical Writing in India"),见 *Historians of India*,Pakistan and Ceylon,ed. C. H. Philips(Oxford,1961),页 385—403。同时在第 44—48 页也有所讨论。

④ Edmund Burke,《启动弹劾案的演讲》("Speech on Opening of Impeachment"),15 February 1788,见 *Writings and Speeches of Edmund Burke*,Volume VI,India:The Launching of the Hastings Impeachment,ed. P. J. Marshall(Oxford,1991),页 271。

础之上。伴随伯克对违反"永恒正义法则"的指控——诸如违反条约、武断专横、专制暴虐的统治和黑斯廷斯腐化堕落的罪行——而出现的最为紧迫的问题是，清楚地说明"治理好印度的方法，它将不必然变为治理大不列颠的恶的手段"。① 在为好政府寻找基础时，伯克对黑斯廷斯的强烈谴责并没有扩展为这样一种全面的批判：要么是针对海外帝国这一事实，要么是针对东印度公司开始采用危险手段获取领土主权。伯克在其声名远扬的辩论中指出，政府的合法性不能依靠它起初建立时的正当性而证成。政府往往是建立在非法的暴力、征服和篡权之上的。为了稳定，

> 所有关于政府之起源的神秘面纱应该被揭开。正如所有这些事情皆有起源那样，它们自己的起源往往处在晦暗不明之中。……但是，对一个明智的民族而言，当它实现自我革命时，或者对它自己的基础性原则进行革命时。革命的第一步就是赋予其权力；然后是好的法律，好的秩序，以实现稳定。（《启动弹劾案的演讲》，316—17）

对伯克而言，东印度公司通过临时的、非正当的手段扭曲了主权，然而，它最主要的失误不在于此"革命"，而在于其没有能力维续稳定合法的统治。相反，紧随这一征服进程的是更多颠覆法律统治的伪装，破坏原住民的权利、自由和产业以及消耗曾经一度繁荣昌盛的社会的革命。伯克将合法性问题与健全合法的体制（institutions）联系在一起，开启了下一代人的改良主义辩论——如哲学激进主义者詹姆斯·密尔和福音派人士格兰特所提出的论

---

① Edmund Burke，《关于福克斯东印度法案的演讲》（"Speech on Fox's India Bill"），1 December 1873，见 *Writings and Speeches of Edmund Burke*，Volume V，India：Madras and Bengal，1774—1785，ed. P. J. Marshall（Oxford，1981），页 383。

辩——它们同样将帝国的道德基础奠立于好政府的可能性之上。然而,关于好政府的定义以及它的结构和目的,在伯克和即将出现的自由主义改革者们之间存在着巨大的差异。

对伯克而言,要很好地治理印度,首先需要某种宪制改革(constitutional reform),即在[24]黑斯廷斯进行专断的、"盗用专制"(peculating despotism)统治的地方创建制度性的监督体系。对伯克来说,趋于专制的倾向部分是基于东印度公司像一个紧密联系的法人实体——由一些没有经受严格教育和社会历练的,不受任何形式的社会和政治限制的年轻人组成——一样行动;他们是一个"共和国,一个没有人民的共同体"。东印度公司官员之间强烈的团队精神的问题在于,"他们的共同利益既与派遣他们的母国利益相分离,也与他们所在国家的利益相分离;在那里,既没有了解原住民语言和行为方式的人对他们进行控制,也不能对他们的行为适用国法(Laws of the Country)"(《启动弹劾案的演讲》,285—86)。[1] 其结果是,没有任何人能对他们的操权弄势进行监督、质询和规制。对此,伯克提出的制度性解决方案是《福克斯东印度法案》(Fox's East India Bill,1783),试图让东印度公司更加严格地服从议会,使它对议会负责。

对伯克而言,责任(accountability)是被理解为信托(*trust*)的政府的本质(《关于福克斯东印度法案的演讲》,385)。[2] 但是,对于一个所有的政治权力和权威都来源于此的真正信托,权力的运用必须以他治下的人民的福祉为依归。因此,印度的政府应当是为实现印度人民的利益,保护他们的安全,保护他们免遭压迫,保障他们的权利和自由而创立的。对伯克来说,如果能够这样治理

---

[1]　亦可参见 Burke,《关于福克斯东印度法案的演讲》,前揭,页 402。

[2]　亦参可见 Richard Bourke,《伯克帝国思想中的自由、权威和信托》("Liberty, Authority, and Trust in Burke's Idea of Empire"),见 *Journal of the History of Ideas* 61, no. 3(2000):页 453—71。

印度,东印度公司的统治将因其治下人民默示的同意而获得合法性,这是托管制度的核心特征。在其早期关于印度的演讲当中,伯克曾经详细阐释了信托与经由法律问题的同意(consent via the question of law)之间的关联。在思考英国或印度的法律和法律改革的基础原则时,伯克的答案是清晰明确的:"人们必须在他们所喜欢的法律治下。在一个数千人对三千万人进行统治的地方,政府必须经由同意而建立,必须与人民的情感习性和风俗习惯相一致。"①此外,对当地人民的风俗习惯的尊重与一种规范性原则相联系,它指出"舆论帝国"和偏见不仅仅是日常道德的基础,而且对伯克而言,是幸福的关键来源。正是由于义务和行动在道德观念上的来源,而不仅仅是稳定问题(如 19 世纪晚期帝国政策的制定者们将要强调的那样),伯克认为"如果我们必须统治这个国家,我们必须根据他们自己的(而不是我们自己的)原则和准则进行统治,我们必须不能强迫他们屈服于我们狭隘的观念,而是在他们中间扩散我们的观念使他们接受;如果这样的话,人们将改变他们的准则、生活和舆论,还有什么是不可能的呢"(《启动弹劾案的演讲》,302)。这是伯克对黑斯廷斯主要的批评之一。黑斯廷斯[25]忽视了这一根本原则,从而导致一个稳定的、道德的政府的可能性被破坏殆尽。

当然,伯克错误地将黑斯廷斯看成是一个在毫不顾及原住民社会风俗和制度的情况下,致力于贯彻执行英国的观念和制度的积极改革者。黑斯廷斯是东方学的代言人,他对孟加拉亚洲学会(Asiatic Society of Bengal)的建立、整理印度和穆斯林法律并将其整合进盎格鲁—印度法律治理颇有助益。黑斯廷斯案中的激烈辩

---

① Edmund Burke,《关于孟加拉司法法案的演讲》("Speech on Bengal Judicature Bill"),27 June 1781,参见 *Writings and Speeches of Edmund Burke*, Volume V, *India:Madras and Bengal*,1774—1785,ed. P. J. Marshall(Oxford,1981),页 141。

论，其实忽略了黑斯廷斯与伯克之间的、作为他们论争前提的更为根本的共识，即创建一种与印度"古老宪制"相契合的帝国政制，无论多么迥然有异，他们可能已经做出了这样的解释。[①] 就此而言，伯克与黑斯廷斯最重要的差别在于，印度的政治组织能否放在"东方专制主义"的标题下来理解，他们的解释截然相反。

在对东方专制主义命题的反驳中，伯克明确地表达了一种对印度古代法律、习俗和制度的虔敬的印象，这种印象与 19 世纪极力贬低印度文明地位的观点形成鲜明对照。在整个黑斯廷斯案中，伯克勾勒了一幅关于印度地理、社会和政治风情的生动画面，试图"唤醒对惨遭不幸的原住民的某种同情"（《关于福克斯东印度法案的演讲》，390）。伯克这番努力是为了克服对印度的冷漠感以及将印度人民视为"陌生人"的普遍倾向。[②] 但是，正是通过诉诸于印度法律和宗教的古老传统，伯克希望唤醒一种谦卑和欣赏，它将阻止得出不成熟和有偏见的结论的倾向。因此，伯克发出警告，"上帝禁止我们去评判那些在我们昨天的卑微起源之前就已创建法律和制度的人们"（《启动弹劾案的演讲》，304）。

精确而言，对印度古老传统的敬畏，正是詹姆斯·密尔和格兰特在他们极富影响力的关于印度社会、历史描述的靶子。正如哈钦斯（Francis Hutchins）恰当地指出，这些作家们试图瓦解 18 世纪将印度视为高度发达的文明的观念，如著名的东方通琼斯（William Jones）和苏格兰哲学史家罗伯特森（William Robertson）在他们的著作中所描述的，并以将印度社会描述为展示和促进最为极

---

① 参见 Robert Travers，《18 世纪印度的意识形态与帝国：孟加拉的英国人》（*Ideology and Empire in Eighteen-Century India: The British in Bengal*，Cambridge，2007）。

② 梅塔强调了关于这种对同情心理解的潜在的哲学共鸣。梅塔认为，正是伯克对于可能遭遇陌生的危险的谦卑和开放，"展现了相互理解，相互影响和相互承认的可能性"。Mehta，《自由主义与帝国》，前揭，页 23。

端的道德堕落形式的解释取而代之。十分悖谬的是,对他们二人
来说,贬低关于印度的主流评论,是他们构建一个更广阔、更详尽
的"正义统治"观念的必要基础。①

詹姆斯·密尔——约翰·斯图亚特·密尔之父,19 世纪初期
英国激进主义和功用主义改革的领导人物——于 1819 年到 1836
年受雇于东印度公司。密尔的不朽著作[26]《英属印度史》(*The
History of British India*)标志着帝国意识形态的关键转变,凭借
他的各种理论作品以及在体制中的显赫地位(首席审查员),密尔
成为影响印度政策塑造的最为重要的思想来源之一。② 作为对印
度文明进行彻底重估的著作,密尔的《英属印度史》对任何支持印
度艺术、科学、哲学和政体方面的功绩的宣称都进行了全面的攻
击。密尔认为,像琼斯这样的东方通,由于长期在印度的生活以及
对原住民的同情而对他们心存偏袒,因此,也容易受到关于印度学
术和科学进步的夸张说法的影响。密尔的历史从根本上来说不是
批判的历史,而是"评判的历史"(a *judging* history)。③

对密尔来说,这一判断的主要任务在于精确地确定印度在"文

---

① Francis G. Hutchins,《永久性的幻觉:英帝国主义在印度》(*The Illusion of Perma-
  nence:British Imperialism in India*,Princeton,1967),chap. 1。除了哈钦斯以外,此
  后对詹姆斯·密尔和格兰特的讨论都依赖于斯托克斯(Eric Stokes)将自由主义、
  功用主义和福音派思想结合起来思考印度帝国(empire in India)的开创性著作,
  Eric Stokes,《英国的功用主义与印度》(*The English Utilitarians and India*,Ox-
  ford,1959) 以及 Raghavan Iyer,《功用主义及其他:英帝国主义在印度的政治理
  论》("Utilitarianism and All That: the Political Theory of British Imperialism in Indi-
  a"),*St. Anthony's Papers* 8 (1960):页 9~71。

② James Mill,《英属印度史》(*The History of British India*,1817;New Delhi,1990)。
  对密尔《应属印度史》和他的帝国政策观更全面的探讨,参见 Stokes,《英国功用主
  义与印度》(*The English Utilitarians and India*);Javed Majeed,《无政府想象:詹姆
  斯·密尔的〈英属印度史〉及其东方主义》(*Ungoverned Imaginings:James Mill's
  The History of British India and Orientalism*,Oxford, 1992);Pitts,《转向帝国》(*A
  Turn to Empire*);Duncan Forbes,《詹姆斯·密尔与印度》("James Mill and Indi-
  a"),见 Cambridge Journal 5 (1951—52):19~33。

③ Mill,《英属印度史》,(*The History of British India*)1:3。

明标尺"(a scale of civilization)上的位置。为此，必须形成一个"将所有情形都考虑进来的综合观点"，而不是像东方通们那样被一两个进步的事例所误导——如莫卧儿王朝法院的威严壮丽，以及哲学或古代法律论述的纷繁复杂的存在。通过这个一般观点，人们可以将印度与过去和当前处于"不同社会进步阶段"的社会进行比较和对比(《英属印度史》，1:458)。密尔运用这一方法，仔细地证明了印度在思想和实践方面所谓的成就——如果他不能将之视为彻底的捏造而予以拒斥的话(正如他在印度年表中所做的那样)——与普遍存在于"未开化和简单"的社会状态中的制度与实践相一致。尽管密尔没有苏格兰历史学家那般精确严谨，但是，未开化(rude)这一名目暗示了印度的思想和文明是野蛮社会，即前农业社会的不自然的产物。①

对密尔来说，更为关键的是，对印度社会的这一重新评价不仅仅是单纯的科学努力；它对于帝国统治的结构和目标的决定至关重要。

> 确定印度在文明标尺上的真实状态，不仅仅是出于对人性史的好奇心，而是为了大不列颠人民，他们被指统治着人类种族的大部分，它是以最高实践的重要性为目标的。没有哪一个政府计划能够轻而易举地实现其治理目标，除非它适合于它所欲统治的人民的状态。……如果英国人民和英国政府对印度社会的认识存在严重的误解，如果他们将印度构想为一个高度文明的群体，尽管事实上他们是有所贡献的，但那仅仅是在文明进程的最初阶段。寻求对那些人民的统治在很多方面是不可能的，它所追求的目标本不该出错。(《英属印度史》，1:456)

---

① 关于密尔与苏格兰推测历史学关系的论述，参见 Forbes，《詹姆斯·密尔与印度》("James Mill and India")；Knud Haakonsen，《自然法与道德哲学：从格劳秀斯到苏格兰启蒙运动》(Natural Law and Moral Philosophy: From Grotius to the Scottish Enlightenment, Cambridge, 1996)，chap. 9；Pitts，《转向帝国》，前揭，chap. 5。

[27]在此,密尔说明了原住民社会理论和社会发展如何产生帝国统治的具体策略。对密尔来说,要与东方通的统治哲学(即以将自身渗透进现存固有传统为前提的统治哲学)相决裂,就必须拒斥东方通关于印度文明的想象。他认为原住民社会是腐化堕落的,因此它不是建立理想政府体制的合理基础。

对密尔来说,印度野蛮的根源当然是由几个世纪的停滞所致,而并非是由恒久不变的自然环境所致。[①] 对他而言,原住民懒散、说谎和迷信的特性毋宁是长期的政治专制和宗教残暴的产物。原住民的道德品性作为环境和社会条件的产物,从原则上来看,是可以通过法律与政府的改革而改变的。支持密尔改革计划的关于人性的基本想象具有内在普遍性。密尔对琼斯关于印度文明荣耀的解释进行穷追不舍的批判,旨在反对将印度文明视为一种独特的历史轨迹。然而,密尔坚持将印度社会与社会进步的早期阶段的各种社会形式相对比,是为了将印度历史整合进一种普遍的社会进步的解释当中(《无政府想象》)。密尔这样做,是为将印度视为一个能够实现进步的社会提供基础,也为英国作为一个先进的文明国家,并负有使印度社会恢复活力的必要智识和道德责任进行论证。

密尔认为,在任何一个人类社会当中,法律是人类行为转变的基本机制,也是使印度的生活方式从乏味迟钝的习惯中解放出来的关键工具。正如斯托克斯(Eric Stokes)具有里程碑意义的著作所表明的,关于印度政府改革讨论的核心问题在土地收益(land revenue)领域(《英国的功用主义者与印度》)。关于财政(revenue)和税收政策的讨论强调了密尔使法律理性化的论证不仅在于促进自由和行为举止的合理性,而且在于培养高效工作的动机。改革将引发物质财富和行为文明领域的双重革命。

然而,对密尔来说,好政府是道德改革的引擎,而对诸如格兰特

---

① 例如,密尔十分谨慎地没有将原住民"好逸恶劳"的习性归结为地理环境的产物。

这样的福音派人士而言，则需要对行为方式进行更加激进的改革。格兰特供职于东印度公司达二十二年(1768—1790)之久，最后升任领主董事会主席(Chairman of the Board of Proprietors)。格兰特是克拉朋联盟(the Clapham Sect)的核心成员，并与威尔伯福斯(William Wilberforce)过从甚密；他是将福音派的力量转向印度的传教事业和社会改革的关键性人物。如同密尔的《英属印度史》一样，格兰特的《大不列颠的亚洲臣民社会状况观察报告》(*Observations on the State of Society among the Asiatic Subjects of Great Britain*)一书也通过拒斥[28]东方通和启蒙运动关于印度历史的解释来反对改革计划。格兰特认为，正是诸如伏尔泰和罗伯特森这样的哲学史家的无神论和反教权的激情，支持着他们对所谓的印度文明错误地过度拔高。① 如同密尔的著作一样，在格兰特的著作中，所有将印度社会的成就解释为文明社会标志的论述都遭到了无情的批驳。印度的礼仪和宗教都被他们猥琐地描述为深陷于迷信和道德堕落泥潭的秽物。② 腐化堕落的源泉，就是宗教这一需要改革的领域。对格兰特而言，印度宗教是专横暴虐的，诡诈狡猾的僧

① Charles Grant,《大不列颠的亚洲臣民社会状况观察报告》(*Observations on the State of Society among the Asiatic Subjects of Great Britain, Particularly with Respect of Morals; and the Means of Improving It, Appendix to Report of the Select Committee of the House of Commons on the Affairs of the East India Company*, 16 August 1832, *Parliamentary Papers*, London, 1832)。亦可参见 Ainslee T. Embree,《格兰特与英国在印度的统治》(*Charles Grant and British Rule in India*, New York, 1962)。

② "简言之，一个印度人，自从其出生的那一刻起，经过婴儿期、青壮年期、成人期、老年期，最后进入坟墓，在这一生中，他的所有的社会关系和所有的生活遭遇，都将屈从于一系列的繁文缛节，这样才能保持他的种姓，他的声望和社会地位，它们相互之间是严格关联的；甚至，在他出生以前的各个阶段，他的信仰、良心和行为的绝对主宰使他认识到，即使他们进入坟墓，也不能摆脱这些繁文缛节的影响。永久的纵欲——源于他的宗教所承认的一些道德原则——将是他绝对服从的最终回报。正因如此，可怜的奴隶身份和空前的道德堕落就变成了印度人明显的特性。"Grant,《社会状态观察报告》(*Observations on the State of Society*)，页142—43。

侣阶层决意通过抑制所有个人自治的基础来维续这一残暴的宗教。格兰特认为,如果培育唯利是图、好逸恶劳的基本礼仪继续存在,那么,好的法律和对他们的垂直管理将于事无补。"对黑暗的唯一疗治,就是引进光束"(《社会状态观察报告》,149),对格兰特来说,在缺乏对传教活动全面支持的情况下,将只能通过教育的扩展,尤其是英国式的教育。① 通过英国式教育引进理性和论证,将"悄无声息地破坏,乃至最终颠覆,那由错误和谎言编织的神话"(《社会状态观察报告》,149),用不着直接攻击印度宗教。

对格兰特而言,维持英国在印度统治的主要任务在于,确定"重要的道德和政治原则,从今以后,乃至在未来的数代人中,我们将据此管理和对待我们的亚洲臣民:我们应该把给他们传授知识、传递光明和幸福作为我们的责任,还是在使他们更加平稳地处于臣服状态的观念指导下,努力使他们处于如现在那般的愚昧无知、腐化堕落和相互攻讦的状态之中?"(《社会状态观察报告》,218)。而不是调整我们的政府以适应印度社会的本性和传统,——而不是"对于我们有利可图的愚蠢视而不见,行政官员是这一欺骗人民的制度体系的维护者,"(《社会状态观察报告》,218)——英国统治的基础在于同化政策,印度社会将会根据英国社会的原则重塑自己。格兰特认为,同化政策,尤其是制造出一个能够熟练地掌握英语和英国生活方式的原住民阶层,将在不列颠人和印度人之间建立"联合原则"和持久的关系,并且向原住民反复灌输维持英国统治对他们的利益之所在。② 格兰特认为,"正是最高贵的征服种族,我们可以大胆地

① 参见 Syed Mahmood,《英国式教育在印度的历史,1781—1893》(*A History of English Education in India*,1781—1893,Aligarh,1895)以及 Gauri Viswanathan,《对征服的掩饰:印度的文学研究与英国统治》(*Masks of Conquest: Literary Study and British Rule in India*,New York,1998).

② 这些观念将在麦考莱关于印度的许多演讲和备忘录中反复得到重申。特别参见他在 1833 年 7 月 10 日关于续签特许状的演讲"印度政府"(Government of India),in Macaulay,Prose and Poetry(Cambridge,1970)。

说,在任何我们的原则和语言被引介的地方,我们的商业将紧随其后"(《社会状态观察报告》,221)。道德改革计划将引起物质和文明的双重进步,并正在形成一种交往模式,印度人和英国人将从贸易和商业的扩张中获取平等的物质利益。对格兰特而言,责任与自我利益是能够统合在一起的,正如麦考莱的经典说法一样,"与文明人进行贸易要比统治野蛮人更为有利可图"(《印度政府》,717)

[29]格兰特和密尔对琼斯和同情东方通学问之倾向的批判,改变了关于统治的正义和道德基础之构成的讨论框架。对他们二人来说,东方通们已经被婆罗门科学和宗教的迷信和愚蠢所迷惑,因而也消除了他们建立一个能够改善臣属人民的政府形式的道德义务。他们为一种基于自由主义改革计划特权之上的帝国统治提供了道德辩护。西利认为,自由主义的时代开辟了这一改革的联合平台(自由主义、功用主义和福音派),最终英国大胆地假定了它自己进行文明教化的角色定位。① 它将成为19世纪的大部分时期理解大英帝国的主导性的意识形态术语。在19世纪后半期一个重要的紧缩时期后,自由主义帝国在20世纪以发展为借口对自己进行了大刀阔斧的重构。

帝国事业以未来发展为导向,而不是以其历史起源为根据,密尔和格兰特在一种具体的意义上描述了帝国伦理的基础。改良主义者关于帝国道德和正义的论证,以同时拒斥将征服和武力作为帝国权威的合法性来源为前提。② 帝国的道德性与对征服的批判

---

① J. R. Seeley,《英格兰的扩张》(The Expansion of England, London,1883),页253。

② 这是流行于19世纪英国自由主义者中间的一种重要的修辞策略,但是,它绝非自由主义在逻辑上的必然特征。从洛克到密尔的很多自由主义者,以自由主义为基础为[帝国]征服进行辩护。关于洛克及其在美洲征服之合法性的论述,详见 James Tully,《重新发现美洲》("Rediscovering America: The Two Treatises and Aboriginal Rights"),参见 James Tully, An Approach to Political Philosophy: Locke in Contexts, Cambridge,1993);Barbara Arneil,《洛克与美洲:对英国殖民主义的辩护》(Locke and America: The Defense of English Colonialism, Oxford,1996);Richard Tuck,《战争与和平的权利》,前揭;Aziz Rana,《没有帝国的自由:美洲殖民者遗产的悖论》(Freedom Without Empire: The Paradox of America's Settler Legacy, Harvard[forthcoming])。

之间的关联,在他们关于早期东印度公司统治的描述中得到了详细地阐述,他们始终一贯地谴责东印度公司的统治是一种赤裸裸的罪行。例如,在关于黑斯廷斯案的解释和对早期东印度公司统治的控告中,密尔绝不含糊地与伯克联盟。① 对格兰特而言,"我们应当为在他们中间引进并建立我们自己的政权所造成的罪恶,向他们进行大规模的补偿",因此,他为一种关于帝国统治的新道德框架进行辩护,将它视为一种对过去帝国统治的罪恶与责任的修复形式(《社会状态观察报告》,15)。英国应对印度原住民偿付的债务,将通过对原住民社会的激进改革予以兑现。这是一种道德责任,不仅是根据权力应予关照和促进臣民的"公民和社会福祉"的内在属性,而且要纠正和赦免自己为征服所犯下的罪行。② 如果英国在印度的统治能够得到道德的辩护,将只能根据它未来的潜力,而不是过去的经历。

　　对这些早期的改革家而言,克服帝国在印度岌岌可危而又不具合法性的方式,是建立一个"好政府",即创建一种能够改进臣属种族的统治形式,从而将帝国的道德辩护与自由主义的改革纲领交织在一起。自由主义占主导地位的时期与本廷克勋爵(1828—1835)和达尔豪西勋爵(1848—1856)在位的时期是一致的。自由

① 参见 volume 3 of Mill,《英属印度史》(*The History of British India*)或 volumes 5 and 6 of the H. H. Wilson edition of 1820。

② 亦可参见 Embree,《格兰特与英国在印度的统治》,前揭,chap. 7。如在布莱特(John Bright)关于印度的帝国观和约翰·斯图亚特·密尔晚期关于爱尔兰的观点中所示,这种补偿的修辞将继续保持一种对帝国的激进态度。精确而言,正是这一关于道德责任的用语,将在晚期维多利亚时代对于自由帝国主义的批判中受到攻击。参见 John Bright,《圣·洪堡演讲精选》(*Selected Speeches by Rt. Honble*)。*John Bright, M. P.*,《论公共事务》(*on Public Questions*,London,1907);John Stuart Mill,《英格兰与爱尔兰》("England and Ireland"),参见 *The Collected Works of John Stuart Mill, vol. 6, Essays on England, Ireland, and the Empire*,ed. John M. Robson(Toronto,1982);以及 Lynn Zastoupil,《道德政府:密尔论爱尔兰》("Moral Government: J. S. Mill on Ireland"),*Historical Journal* 26,no. 3(1983):页 707—17。

主义的改革宣言包括[30]扩大教育（尤以传教士为主导）和自由主义经济政策（支持放任主义，瓦解"封建"占有）。显而易见，自由主义政体在其理想和实践领域内具有干涉主义的特性；正是在这一时期，印度变成了改良主义者的各种政治、教育和社会的改革试验田。① 根据这种种愿望，自由主义时代是最初认真思考印度人最终实现自治的时代，②显而易见，统治的道德性以英国完成它在改善原住民道德、习惯，授予他们运用自由的能力的教育任务为基础。至此，它的家长式责任将告终结。并且任何仅仅为英国的威望、财富和荣誉而主张继续统治的论证，从原则上来说都不再具有正当性。

但是，通过将帝国的伦理辩护和自由主义改革联系在一起，自由主义议程将易于受到各种批评的影响，这些批评意见强调改善计划在理论和实践上的种种障碍。原住民社会能够实现迅速而又彻底的变革的进步观，为人性的无限可塑性观念所支撑，它本身与这一观念的普遍性相联系。这些关于普适性和可完善性的观念将受到巨大的挑战，甚至对自由主义最伟大的倡导者而言亦是如此，因为文化主义和历史主义的主张将改变它的基本原则。当原住民的现代化改造变得可疑时，这一势头在 19 世纪晚期愈发强劲，帝国将迅速失去它最为重要的伦理辩护。

---

① 正如斯托克斯带有挑衅性的论述那样，"印度为新的中产阶级思想提供一个规模和膨胀的原则，这对政治和道德理念的展开是非常重要的。"Stokes，《英国的功用主义者与印度》，页 xii。

② 麦考莱在他关于续签特许状的演讲中，以如下方式详细叙述了这一观点："我们印度帝国的命运被一层厚重的黑暗所笼罩。很难形成一种关于不同历史的国家之命运的预测，它将形成一系列独特的政治现象……也许，印度的公共精神会在我们体制下展开，直到它超越了这一体制。通过好的政府，我们可以教育我们的臣民，使他们拥有进行优良管理的能力。他们已经受到欧洲知识的引导，可能，在不久的将来，他们将需要欧洲的制度。这一天是否会到来，我不得而知。但是，我将绝不会避免或阻碍它的到来。无论它在将来的什么时候来到，这将是英国历史上最为荣耀的一天。"Macaulay，《印度政府》，前揭，页 718。

约翰·斯图亚特·密尔与自由帝国主义的危机

帝国伦理辩护和自由主义的改进话语（idiom of improvement）的主要后继者是约翰·斯图亚特·密尔，和他的父亲一样，是东印度公司的常任雇员。密尔关于帝国的自由主义辩护最为著名的论述出现在《论自由》的导言中（在两年后的《论代议制政府》中，又以相似的措辞予以重申）；"专制主义是治理野蛮人的合法的政府模式，只要它的目的是为了使他们有所改善，所使用的手段又因这一目的之实现而变得正当。"[1]无论实现这一理想多么艰难，密尔对此仍坚定不移，"除非做到某种程度上接近于这种理想，统治者就犯有对一个国家所能负有的最崇高的道德委托失职的罪行。如果统治者甚至不以这种理想为目标，他们就是自私的篡权者，就是和世世代代以来其野心和贪婪以人类大众的命运为儿戏的人民[31]犯有同等的罪行。"[2]同时，尽管密尔的论述被视为帝国的自由主义模型的典范，但是他对后来的论述作了重要的修正，以与其早期的观点相区分。实际上，可以从密尔的理论框架的内在张力中，寻找质疑以改进为目的的自由主义模型的可行资源，最为显著的是他对野蛮与文明之间必要的历史对照所作的解释。在这个意义上，密尔是帝国意识形态转向——从重塑原住民社会的坚定信念转向对原住民社会现状的家长式尊重——的关键人物。[3]

---

[1] John Stuart Mill,《论自由》（*On Liberty*），见 *The Collected Works of John Stuart Mill*, vol. 18, *Essays on Politics and Society*, Part I, ed. John M. Robson(Toronto, 1977),页 224。(Hereafter CW.)

[2] John Stuart Mill,《论代议制政府》（*Considerations on Representative Government*），见 *The Collected Works of John Stuart Mill*, vol. 19, *Essays on Politics and Society* Part II, ed. John M. Robson(Toronto, 1977),页 567—68。

[3] 一种相似的论证路径，可见于密尔功用主义政治经济学中对习俗所作的修正后的理解。从长远来看，对习俗的承认可能会废止而不是恢复古典政治经济学的传统。见第四章最后一部分。密尔处理印度问题时，对习俗和历史日益增强的承认，参见 Lynn Zastoupil,《约翰·斯图亚特·密尔与印度》（*John Stuart Mill and India*, Stanford, 1994）。

对密尔的政治哲学而言,改进的观念,或者"进步"的观念,甚至是更为根本的。这种观念深深地影响了他关于自由和代议制政府的理论,他的论证最终为帝国专制主义张目。对密尔来说,功用作为一种评价原则,必须这样来理解,"在最广泛的意义上,它应以先进人种的长期利益为基础"(《论自由》,224),同样,一个好的政府应为改善其臣民的品性而努力,即创造一种能够保持持续进步的适当条件。这种政府势必引起政治制度与人民品行之间的紧张的相互关系;不仅政府的制度能力依赖于其臣民的正直品行——他们的智力与德行——而且更为重要的是,制度本身应当进行适当的调整以适应不同"社会状态"和"文明阶段"的人民实现其改进的特殊需要(《论代议制政府》,chaps. 1—3)。

密尔对自己的理论优于边沁的动机理论的解释,强调政府在塑造民族性格方面的重要性,"带领共同体成员臻于完美,远离堕落。"①密尔认为,边沁的盲点在于从未关注:

> 光明之中的(in a higher ligh)政治制度,是对人民进行社会教育的基本手段。如果他们这么做了,他们就会发现同一个制度不能同时适用于两个不同文明阶段的国家,就像同一门课程不能同时适用于两个不同年龄段的孩子一样。(《边沁哲学评论》,10)

因此,边沁政府理论的主要错误在于它严格的普世主义,以及假定"不同时空条件下的人无甚差异"的倾向(《边沁哲学评论》,10),密尔认为,"过去时代的政治理论……它们通常都认为,就像

---

① John Stuart Mill,《边沁哲学评论》("Remarks on Bentham's Philosophy"),见 *The Collected Works of John Stuart Mill*, vol. 10, Essays on *Ethics, Religion, and Society*, ed. John M. Robson(Toronto, 1985),页 10。

代议制政府对于英国和法国那样，它对于贝都因人和马来人而言同样也是最适合的政府形式"是一个错误。[32]对密尔来说，当代政治理论优越性的要点在于承认如下重要且根本的真理："根据已经达致的进步阶段的不同，需要完全不同的统治制度"(《论代议制政府》,393—394)强调统治实践和制度需要根据人民的德行和智力，或按他的术语来说，根据"社会状态"和"文明阶段"做出根本性的改变，这对于他的帝国专制主义辩护是至关重要的。对密尔来说，自由并非是对一切时代和所有人的无条件的利益，它尤其不适于"人类还未达到能够凭借自由平等的讨论而获得改进的阶段以前的任何状态中"(《论自由》,224)自由的运用作为改进的手段，就像所有的政府原则一样，都要依赖于所论社会先前的品质。

密尔对不同文明历史阶段的解释，以及与它们相联系的社会学和心理学描述，从未得到深入的讨论。尽管密尔的描述有时容易使人联想到 18 世纪苏格兰理论家们的四阶段理论，但是他的描述不仅缺乏他们的精确，而且也是出于十分不同的关怀。与其前辈不同，密尔很少将未开化(*savage*)和野蛮(*barbarian*)这些术语与具体的社会结构、财产关系和生存方式联系在一起。[①] 更确切地说，他的描述更具社会心理学和文化的倾向，当依次考察时就会发现，它产生了一种在极端的自由和极端的奴役之间摇摆的不确定的发展逻辑。因此，他认为未开化/野蛮社会太过松散，缺乏服从能力，然而野蛮/静止的(以及先前的奴隶)社会被认为是过分依赖习俗，以至于缺失自发性和自治的本能。

在早期一篇题为"文明"的论文中，密尔最为直接地辨识了未开化/野蛮社会的主要特征，从而间接地描绘了运用自由的实质性前提。文明生活的主要特征在于"直接交流或反对粗野暴虐。"他写道，

---

① 参见 Haakonsen,《自然法与道德哲学》,前揭,chap. 8 以及 Pitts,《转向帝国》前揭,chap. 5。

一个野蛮的部落,由很少的人组成,他们游荡或散居在辽阔的国土上:因而,一个人口稠密,有固定居所,并被整合在城镇和村社之中的共同体,我们称之为文明[社会]。在野蛮人的生活世界里,没有商业,没有生产,也没有农业:一个农业、商业和制造业富足的国家,我们称之为文明[国家]。因此,无论我们在哪里发现一大群人为了一个共同的目标而生活在一起,并且享受着社会交往的愉悦,我们就认为他们是文明人。①

[33]在将这两种生活形式的社会学特质向心理学特质转换时,密尔得出社会合作的权力是文明社会的根本特征这一结论。密尔认为,正是野蛮人不懂得妥协,也不懂得"为了公共的意志,而牺牲一部分个人的意志",才使得他们在物质上极度匮乏并脆弱不堪(《文明》,122)。野蛮人是纯粹自我的,自私的意志无法懂得如何克制即时的冲动来作出计划。这一描述在其后来的作品中得以重现,并作为野蛮社会被排除于国际社会(the community of nations)和国际法规范之外的主要原因。正如密尔所言,

一般的国际道德原则暗含着一种互惠性。但是,野蛮人是不懂得互给互换的。不能指望他们遵守任何规则。他们的思维无法完成如此巨大的工程,他们的意志也无法受那些与他们以前生活相去甚远的动机所驱使。②

① John Stuart Mill,《文明》("Civilization"),见 *The Collected Works of John Stuart Mill*, vol. 18, *Essays on Politics and Society* Part I, ed. John M. Robson(Toronto, 1977),页 120。
② John Stuart Mill,《不干涉简论》("A Few Words on Non-Intervention"),见 *The Collected Works of John Stuart Mill*, vol. 21, *Essays on Equality, Law and Education*, ed. John M. Robson(Toronto, 1984),页 119。

　　因此，一个未开化的或野蛮的社会，既不能克制即刻的本能冲动，也不能形成长远利益的观念，他们根本不懂得发展劳动分工、商业、制造业和军事成就——简言之，即文明——所必需的组织与纪律。密尔认为，在这样的国家中，"精力充沛有力的专制主义"是最适于教导他们服从的统治形式（《论代议制政府》，394、567）。此外，纪律，或"完善的合作"——文明社会的主要属性——被认为只能通过实践逐渐习得，要使这种纪律成为无意识的习惯，可能需要很长一段时间，甚至数个世纪。

　　尽管服从教导是将来改善文明首当其冲、必不可少的环节，但是对密尔来说，这也仅是部分改进，并且易于固化为一种社会停滞的粗笨臃肿的形式。甚至先前的进步社会，如埃及、印度和中国，都饱受这种固化之苦，在那里，"自发性的活水源泉"和个性在巨大的"习俗专制主义"中被阉割去势（《论自由》，272；《论代议制政府》，567）。既然如此，最适于打破无可争议的服从的政府形式也变得模糊不清。平庸的本地专制只能教导"彻底的训诫"（《论代议制政府》，567），因此，解决方案必须要么在优良专制的特别表现中——"阿克巴（Akbar）①或查理曼大帝（Charlemagne）②，如果他们足够幸运能够找到这样一位雄才大略之主的话"（《论自由》，224）——寻得，要么在一位卓绝的王者的保护性统治之下，他循循善诱地引导人民而不以武力相威胁，以至于能够"从空乏中促生"（superinduce from without）对那些不能进行自我管理且奴性十足又不求上进的人的改进（《论代议制政府》，395）。密尔注意到，在帝国时代，它变成了"更为落后的人直接臣属于更为优越的人的普遍条件"（《论代议制政府》，568）。幸运的是，优越文明的人，[34]

---

①　[译注]阿克巴（印度莫卧儿帝国皇帝[1556—1605年]，征服了印度北部大部分地区并推行宗教宽容政策）。

②　[译注]查理曼大帝（742—814，世称 Charles the Great 或 Charles I，768—814 为法兰克王，800—814 为西罗马帝国皇帝）。

从原则上而言,能够提供持久的优良专制,因此能够抵消帝国征服本身所固有的恶。进步之人已经走过了文明之路,他们有足够的远见卓识以提供一种最有助于"未来持久的改进"的政府形式(《论代议制政府》,568)。①

密尔倚重于野蛮与文明之间的历史对比,这是他的帝国专制主义辩护的关键之所在,也暴露了密尔理论方案中一系列的内在张力,这些张力为批评家们提供了质疑自由帝国主义计划本身的可行资源。在密尔的理论框架中,文明开化之人与野蛮人的现世对比,拒绝野蛮人从自由和自治中获益,也拒绝承认他们在国家共同体中的平等地位。正如密尔在《论自由》导言中所说的,自由的信条

> 只适用于已经趋于成熟的人类。我们不是在说孩童,或者是那些未达国家法定年龄的青年。对于那些尚处于需要他人监管照料的人们,必须保护自己免受自己行为的伤害,就像防御外在伤害那样。根据同样的理由,对于那些尚处于幼稚期的落后社会状态的种族,我们可以置之不论。(《论自由》,224)

从观念上而言,密尔常常在幼稚的孩童与不成熟的野蛮社会之间所作的类比,揭示了自由普遍主义(liberal universalism)典型的脆弱性。对自由主义政治理论而言,对孩童的政治排斥是一个长期以来的棘手问题,因为它意味着梅塔(Uday Mehta)所说的自由普遍主义的基础和现实之间的分裂和鸿沟(《自由主义与帝国》,

---

① 密尔从未详尽地说明什么样的政策能够教导臣民实现更强的自主性。甚至在为东印度公司和不关心政治的专家型官僚政治统治的优越性进行辩护时,密尔也只是提出了一种占主导地位的关于帝国治理的适当机制的制度主义解释。同上,页568—77。

46—77）。对梅塔而言，自由主义中的普遍主义来自于最低纲领主义者的哲学人类学，即来自于最低限度的特性和人类一般能力的关联。在自由主义传统中，这些共同的、普遍的特性，常常被解释为自然自由，道德平等和与生俱来的理性能力。然而，普遍主义者所预设的政治现实——如包括在洛克式的社会契约论的政治选民和密尔意义上的持久改进中——要受到有潜力的公民（potential citizen）恰当地运用他们的理性的实际能力的影响。密尔将这种能力称之为理智的成熟，实践证明它受经验条件限制，因此并不完全是普遍性的。因此，孩童生而自由，但却尚不能运用其自由的悖论，尤其揭示了如何"在［自由主义］归于人类的普遍能力之下，存在着厚重的社会资格，它们构成了［35］政治融合（political inclusion）的真实基础"（《自由主义与帝国》，49）。密尔将这一孩童悖论投射到文明标尺之上，从而在文化和历史方面扩展并凸显了政治融合的要求。

　　通过背离边沁严格的普遍主义，密尔转而致力于一种关于特性（character）的更为多元的解释，这种解释更加彻底地受到习俗和社会的影响。通过将自由之利益与代议制政府同文明发展紧密地结合在一起，密尔用文化和历史的责任进一步限制了政治自由的可能性。为了限制自由主义的适用范围，密尔关于帝国的伦理辩护的合法性重担被有关臣民本性的经验性（文化的和历史的）论证取而代之。如果帝国统治应当如何建构的问题，从属于原住民社会本性这一重要的先在问题，那么帝国事业的责任将与这些社会进步的经验和理论的可能性紧密地纠缠在一起。

　　尽管从原则上讲，密尔的文明理论是基于所有人与生俱来的改造潜能，但在他关于野蛮和不文明社会状态的大量描写中，密尔既强调了文明发展进程不可预知的艰难险阻，以及可能的堕落和停滞的威胁无处不在，也强调了实现这一进步可能需要无限漫长的时间。此外，密尔描述了文明进程——这一训练是进步之可能性的条件——不仅依赖于知识的不断累积，也依赖于人类集体主义的本性。密尔暴露了自由主义改革和改进与实现所有人进步转换的实践障碍之间的理论张力。因此，当野蛮与文明之间的尖锐对立奠立于这一独特的历史哲学之上时，就越来越表现出一种永久的障碍。

在他将创建与改进作为统治的原则性目的的兴趣中，密尔强调个人性格深深地依赖于民族性格，并为民族性格所塑造。确切说来，理解个人性格和民族性格之间精确的、形成性的相互影响，将是他提出的"人种学"（ethology）的重大主题。[①] 尽管许多人认为，密尔对民族性格多样性的关注，以及他对诸如凯尔特人、盎格鲁—撒克逊人和亚洲人性格——我们可以加上野蛮与残暴的心灵——之差异的心理学描写，是一种潜在的民族主义标志，但[36]密尔显然并不认为性格差异的生物性决定论。更确切地说，密尔强调了在相似社会状态中性格的可变性，以及随着时间的变迁而具有的可锻造性、损益性和可完善性。在他对克莱尔（Carlyle）种族主义言论的著名回应中，密尔清晰地指出，任何对"性格形成之法则"的分析性调查研究，都将纠正"将人类的差异归咎于人的本性的原初差异这种庸俗的错误。"[②]然而，密尔同时也坚持性格的

---

① John Stuart Mill，《推理与演绎的逻辑体系》(*A System of Logic Ratiocinative and Inductive*)，见 *The Collected Works of John Stuart Mill*，vol. 8，*A System of Logic；Ratiocinative and Inductive*，ed. John M. Robson(Toronto，1974)，页 860—74。

② John Stuart Mill，《黑人问题》("The Negro Question")，参见 *The Collected Works of John Stuart Mill*，vol. 21，*Essays on Equality，Law，and Education*，ed. John M. Robson (Toronto，1984)，页 93。参见 Iva Jones，"Trollope，Carlyle，and Mill on the Negro：An Episode in the History of Ideas，" *Journal of Negro History* 52(1967)：页 185—99；David Theo Goldberg，《自由主义的限制：卡莱尔和密尔论黑人问题》("Liberalism's Limits：Carlyle and Mill on'the Negro Question'")，*Nineteenth Century Contexts* 22(2000)；以及 Georgios Varouxakis，《帝国、种族和欧洲中心论：密尔及其批评者们》("Empire，Race，Euro-Centrism：John Stuart Mill and his Critics")，见 *Utilitarianism and Empire*，ed. Bart Schultz and Georgios Varouxakis(Lanham，2005)。

改进,尤其"自发的"或内生的改进是"历史中最珍贵的现象",它依赖于偶然事件同优点的特殊关联。①

　　但是,如果密尔的性格概念不是种族性的话,将它与对文明改进的土著人群体的强调结合起来的时候,它将充当作为社会学和人类学解释原则的种族的类似物。换言之,尽管密尔反对人类多元性的种族理论,但是他的性格理论在某种程度上是为了解释和说明这些没有变化的、根深蒂固的群体性差异。此外,密尔关于民族(nationality)和集体(collectivities)——尤其是国家(nation)——的原则的思考具有一种道德特征。对密尔来说,国家并不仅仅是"人民成长和发展的居所,"它也是文化实现的形式,在其规范地位上与文明等值。因此,蛮族社会不是真正的国家,甚至对它们而言"民族和独立要么是一种确实的恶,要么充其量也就是一种不可靠的善"(《不干涉简论》,119)民族性不仅成为将蛮族社会排除于国际法规范之外的辩护手段,而且更重要的是,对密尔来说,它在某种程度上显示了文明与野蛮仅仅是一个群体性的特征。

　　通过强调知识与教养的群体性特征,密尔的文明理论(和密尔提出的人种学一样)先于文化人类学理论——它也强调在社会整合和群体性学习的持续进程中,文化和历史对人的行为的决定性作用。密尔把文明描述为,在本质上而言,既是不确定的又是群体性的,然后我们将看到他转而将文化视为一种区分模型,它源自于自由帝国主义本身的理论路径。密尔将群体性特征归属于社会和人民,由此而为自由主义帝国话语造成了一系列具体的挑战。一

---

① 关于维多利亚时代关于种族、文化和民族分类的多变性的讨论,参见 Peter Man-dler,《维多利亚中期思想中的"种族"与"民族"》("'Race' and 'Nation' in Mid-Victorian Thought"),参见 *History, Religion, and Culture : British Intellectual History*, 1750—1950, ed. S. Collini, R. Whatmore, and B. Young(Cambridge, 2000), and Douglas A. Lorimer,《肤色、阶级与维多利亚时代:19 世纪中期英国人对黑人的态度》(*Colour, Class, and the Victorians : English Attitudes to the Negro in the Mid-Nineteenth Century*, Leicester, 1978)。

方面，它加剧了文明与野蛮之间的对立，最终使得从一种状态转向另一种状态异常艰难，如果不是不可能的话。另一方面，进步的障碍或实现这一转变的失败，被有效地重新描述为对于文明的规范与制度的文化障碍。密尔关于文明的论述中的这一系列张力，[37]使得自由主义的帝国计划在面对它的批判者时显得脆弱不堪，他们越来越诉诸于强调进步在理论和实践方面的障碍。在密尔的著作中，当他对人性的可塑性和无限可完善性的信奉与历史哲学和同时强调人类历史中进步社会中不确定和渐进发展的性格形成理论联系起来的时候，它就失去了自己的力量。批评者们强调后者甚于前者，他们要么得出结论认为，应该抛弃可完善性模型，要么认为，道德改革需要比自由主义者所能容忍的更多的强制。

　　这些批评在19世纪晚期最为卓越的关于帝国的公共辩论中极富启发地涌现出来，努力削弱自由帝国主义伦理论证的政治效能和突出地位。在这一时期有关帝国的主要丑闻中，例如对1857年印度兵变或叛乱的回应，1883年的伊尔伯特法案(Ilbert Bill)危机，自由帝国主义的拥护者始终如一地将自己奠立于论争的失利一方。在此，我从艾尔争论(Eyre controversy)开始，主要是因为密尔本人在这场公共辩论中发挥了主要的作用。此外，在许多辩论中，这些批评者们（从卡莱尔到斯蒂芬）公然宣称将密尔式的自由主义当做靶子，斯蒂芬尤其认为他那"多愁善感的自由主义"标签无论在国内还是在国外，对政治稳定都是极为有害的。

　　1865年开始兴起的公共争论，主要是因莫兰特湾叛乱以及时任牙买加总督艾尔(Edward John Eyre)对叛乱的镇压而展开的。①

---

① 　关于莫兰特湾叛乱，随之而起的争论，以及密尔在牙买加委员会中的地位的一般解释，参见 Gad J. Heuman，《"谋杀时刻"：牙买加的莫兰特湾叛乱》("'The Killing Time'：The Morant Bay Rebellion in Jamaica"，Knoxville，1994)；Bernard Semmel，《民主与帝国：1865年牙买加叛乱与总督艾尔争论》(*Democracy versus* （转下页注）

当镇压叛乱的程度和残忍性的报告曝光之际,密尔(时任威斯敏斯特自由党议员)加入了牙买加委员会,这个委员会最初是为了向政府游说进行一次官方调查,然后(当时政府只是解雇了艾尔)对艾尔和他的副手们提起了刑事指控。作为牙买加委员会的主席和首席发言人,密尔以艾尔在对戈登(George William Gordon)——一位著名的牙买加议会中的混血议员——的军事审判和执行中滥用戒严令为由对他提出刑事控诉,因为这更像是一场由国家主持的谋杀。① 这是对法治的正面攻击,对密尔来说,法治是必然能够在全帝国范围内得以实现的原则,因为向臣属种族传授"人类社会的必需之物"②是先进的统治国家的职责所系。如果艾尔的行为因它是令人惋惜但却可理解的殖民情势中某地特有的弄权(这是关于艾尔行为的皇家调查的核心所在)而得以赦免的话,密尔所坚信切实可行的开明专制的自由帝国模型将[38]彻底瓦解。这一可能性无疑点燃了密尔投入针对艾尔的刑事控诉的激情。但是三年以后,这一刑事控诉不了了之。实际上,在很多重要的方面,这场激烈的公共运动被证明是适得其反的。

(接上页注)*Empire: The Jamaica Riots of 1865 and the Governor Eyre Controversy*, NewYork, 1969); Catherine Hall,《教化臣民:英国想象中的宗主国与殖民地, 1830—1867》(*Civilizing Subjects: Metropole and Colony in the English Imagination*, 1830—1867, Cambridge, 2002); Thomas Holt,《自由的问题:牙买加和英国的种族、劳工和政治, 1832—1938》(*The Problem of Freedom: Race, Labor, and Politics in Jamaica and Britain*, 1832—1938, Baltimore, 1992); Geoffrey Dutton, *Edward John Eyre: The Hero as Murderer* (New York, 1977); Lorimer,《肤色、阶级与维多利亚时代:19 世纪中期英国人对黑人的态度》前揭, chap. 5; Arvel B. Erickson,《帝国抑或无政府:1865 年牙买加叛乱》("Empire or Anarchy: The Jamaica Rebellion of 1865"), *Journal of Negro History* 44, no. 2(1959):页 99—122。

① 戈登在叛乱中并没有发挥直接的作用,他被强制性地从金斯顿带到了莫兰特湾(在这里戒严令是实际生效的),然后根据军事法庭的法律匆忙地判处他叛国罪。

② John Stuart Mill,《牙买加动乱》("The Disturbances in Jamaica [2] 31 July, 1866"),见 *The Collected Works of John Stuart Mill*, vol. 28, *Public and Parliamentary Speeches Part I*, ed. John M. Robson(Toronto, 1988), chap. 33。

对艾尔暴虐行为的长时段宣传活动，激发了对自由帝国主义教化理想的更为强烈的反对。至少可以说，对艾尔控诉的普遍反对是多方面的。① 牙买加委员会的优秀成员包括布莱特（John Bright）、达尔文（Charles Darwin）、斯宾塞（Herbert Spencer）、赫胥黎（T. H. Huxley）、莱伊尔（Charles Lyell）和格林（T. H. Green）。另一方面，直言不讳地支持艾尔的人有卡莱尔（Thomas Carlyle）、罗斯金（John Ruskin）、丁尼生（A. L. Tennyson）、狄更斯（Charles Dickens）以及阿诺德（Matthew Arnold）。对艾尔的支持者和批评者之间存在严重的两极分化，他们相互交织并暗示着民主的支持者和批评者之间的分歧越来越大。与艾尔争议同时发生的关于第二次改革法案（Second Reform Bill）的公众的不安情绪和辩论，以及对帝国动荡局面的忧虑，必然与对民众政府和大众民主的成长的不安纠缠在一起。卡莱尔和阿诺德将针对莫兰特湾叛乱事件的海德公园暴动视作由自由感情主义（liberal sentimentalism）——一种需要强劲果断的武力来展示的无政府主义——所激起的日益增长的无政府状态的证据。② 艾尔危机将在"老"自由主义者和"新"自由主义者之间形成一种分裂，并在爱尔兰地方自治（Irish Home Rule）和抛弃自由党（Liberal Party）——由于其更加保守的成员——危机中达到顶峰。据此，对自由帝国主义的担忧必然与自由主义更为一般的危机纠缠在一起，并塑造了19世

---

① 据科里尼（Collini）所言："这是维多利亚时代公共生活中重大的道德地震之一，它的断裂线揭露了对有教养阶层的隐蔽的亲和与反感。"Stefan Collini，《密尔导读》（Introduction to John Stuart Mill），参见 *The Collected Works of John Stuart Mill*，vol. 21, *Essays on Equality*, *Law*, *and Education*, ed. John M Robson（Toronto, 1984），页 xxvi。

② 参见 Semmel，《民主与帝国》，前揭，页 134—48。亦可参见 Catherine Hall，《国家内外》("The Nation Within and Without")，见 *Defining the Victorian Nation*：*Class*,*Race*,*and Gender and the British Reform Act of* 1867, ed. Catherine Hall, Keith McClelland, and Jane Rendall（Cambridge, 2000）。

纪自由主义的特征与路线。①

此外,密尔和牙买加委员会针对艾尔刑事审判的失败,预示着对帝国合法性的讨论和宗主国公民对属国人民的态度方面重要的意识形态转向(《统治的意识形态》,52—59)。公众对艾尔的支持表明了对臣属人民日益增强的冷漠,也是对牙买加前奴隶(ex-slave)群体的冷漠。莫兰特湾叛乱紧随印度兵变/1857年叛乱发生,表明了牙买加和印度方面对帝国统治文明教化的忘恩负义。叛乱的事实激发了抛弃进步理想的幻灭感,同时也产生了对解禁出的牙买加奴隶不能充分利用解放给他们带来的利益,而承担落在他们肩上的责任的幻灭感。对社会和道德进步"失败"的解释以及叛乱的戏剧,引起了愈发强劲的对牙买加黑人共同体粗野且无可救药的野蛮本性的种族主义描述。② 当地习俗与道德的改革与进步,不仅被局限在事实范围内,而且可能危及[39]帝国的稳定性。因此,对莫兰特湾事件的反应,如同对印度叛乱的回应那样,一方面预示着统治者与被统治者之间种族和文化差异的深化,另一方面预示着与自由帝国主义普世主义和同化主义理想的疏远。

帝国权威主义:斯蒂芬与伊尔伯特法案危机

如同艾尔总督争议所引发的公众讨论一样,1883年的伊尔伯特法案危机也是关于帝国的自由主义辩护的主要例证。但是,尽管艾尔争议是由一段戏剧性的暴力插曲——它塑造了讨论的主旨——煽动起来的,伊尔伯特法案危机却通过一个相对次要的印

① 关于新、旧自由主义者之间分裂的出现,参见John Roach极具创意的论文《自由主义与维多利亚时代的知识阶层》("Liberalism and the Victorian Intelligentsia"),见 *Cambridge Historical Journal* 13,no. 1(1957):页58—81。
② 参见 Hall,《教化臣民》,前揭;Lorimer,《肤色、阶级与维多利亚时代》,前揭;以及Semmel,《民主与帝国》。

度立法而达到高潮。关于伊尔伯特法案危机的讨论不是由诸多秩序问题所决定的,而是更为清晰地由诸多关于帝国统治的竞争性哲学来表达的。艾尔危机中所暗示的对自由帝国主义理念的挑战,在伊尔伯特法案落败中得到了更为公开的明确表达。

1883年,时任总督委员会法律委员的伊尔伯特(Courtney Ilbert),提出了一个关于《印度刑事诉讼法典》看似无伤大雅的修正案,该修正案将涉及欧洲人案件的审判权扩展到农村地区的当地裁判官。① 但是,为了消除这一对程序普遍性而言的"异物",伊尔伯特无意识地激起了在印度的非官方英国人的普遍抗议,并将印度政府推向了普遍的危机。② 对那些英属印度人而言,拉平英国法官与当地法官权威的尝试在隐晦地支持一种改革哲学,它试图破坏英国移民所享有的特殊权利(special rights)、特权(privileges)和保护。该法案显然以英国人和印度人在法律上的平等为基本的承诺和信念,曾经就因坚持这一原则而激起过反抗。③ 面对

---

① 参见 Edwin Hirschmann,《"白色叛乱":伊尔伯特危机与印度国民大会党的起源》("*White Mutiny*":*The Ilbert Bill Crisis and the Genesis of the Indian National Congress*,New Delhi,1980);Mrinalini Sinha,《殖民的男子气概:"强壮"的英国人与"柔弱的"孟加拉人》(*Colonial Masculinity*:*The "Manly" Englishman and the "Effeminate" Bengali*,New York,1995);Uma Dasgupta,《伊尔伯特法案动乱,1883》("The Ilbert Bill Agitation,1883")参见 *We Fought Together for Freedom*:*Chapters from the Indian Nationalist Movement*,ed. Ravi Dayal(New Delhi,1995);Christine Dobbin,《伊尔伯特法案:印度的盎格鲁—印度舆论研究》("The Ilbert Bill:A Study in Anglo-Indian Opinion in India,1883"),*Historical Studies* 12,no. 45(1965),页 87—104。

② 梅因曾极力地提醒里彭勋爵——通过国务大臣哈廷顿爵士(Lord Hartington)——警惕所提方案可能激发的危机。George Feaver,《从身份到契约:梅因传》,前揭,页 205。

③ 类似的争议曾经出现于对麦考莱所称的《1836年黑人法案》(Black Act,1836)的回应,它试图在英属印度诸省(如加尔各答)以外各地将民事审判领域的法律平等制度化。英国居民曾经在很长一段时间内为实现平等而斗争,认为将他们变为印度臣民(同样服从于帝国的专制权力),在事实上,将剥夺他们作为英国人与生俱来的许多政治自由(如由陪审团审判的权利,行政权与立法权分立)。这种争论在关于伊尔伯特法案的讨论中尤为突出,正如他们在英国人所享有的一系列特权的观念上采取了一种更具种族主义的特质。

如此猛烈的反抗,该法案的最初形态没能在立法委员会获得通过,经过两年激烈的争论以后,该法案的弱化版本最终得到了认可。①

　　随着对法案的批评在英国和印度进一步升级,越来越清晰的是,最为利害攸关的不是英属印度人的身份本身,而是英国在印度统治的基本哲学。里彭勋爵(Lord Ripon)是格莱斯顿(Gladstone)任命的具有自由主义倾向的总督,法案在他的监督下得以推出,将其明确地表达为一个"重大的问题",现在得到了公开的讨论。② 据里彭勋爵所言,问题并不在于伊尔伯特法案支持的具体规定,

　　　　[40]而在于统治印度的基本原则。她的统治是为了印度所有族群、阶层和信仰的人的利益,还是仅仅为了一小部分欧洲人的利益? 英格兰的责任在于努力提升印度人民,提高他们的社会地位,训练他们的政治素养,促进他们的物质繁荣,改善他们的受教育程度和道德水准,还是从根本上而言,她的统治就是为了维持"一个对其征服者充满怨恨的臣属种族"——布兰森先生(Mr. Branson)③语——的岌岌可危的权力?④

---

①　1884 年法案获准欧洲移民在乡村地区诉诸于陪审团(有欧洲人组成)审判,作为他们接受当地法官管辖的补偿。

②　里彭勋爵在格莱斯顿的第二任内阁期间被任命为总督。在他的任期里,格莱斯顿表达了他对军国主义扩张的不信任,同时也出现了在后印度兵变时期自由主义议程的短暂复兴。

③　布兰森是法案最为直言不讳的反对者。他那极富煽动性的反对法案的演讲,不仅点燃了殖民者反抗的火焰,而且他的演讲在种族路线上将其论证推向极致,煽动并鼓励了同样重要的当地反对党(最终导致了印度国民大会党的建立)。参见 Hirschmann,《白色叛乱》,前揭。

④　里彭勋爵 1883 年 3 月 6 日致福斯特的信,转引自 Hirschmann,《白色叛乱》,前揭,页 70。

因此，里彭为帝国自由主义正当性的基本前提作了清晰的表达和辩护，其中帝国政府的目的必须是臣属人民的道德教化和改进，而不是为了母国或在那里的一些小集团的利益。实际上，印度政府的目的将是在教育、法律和治理的主要制度中适时地引进并发展自由主义原则。通过这些制度改革，道德和政治教育将会得到保证。对伊尔伯特法案的英国和当地支持者而言，法案意味着自由主义议程的逻辑实现，因为正是这些政策的成功，有资格促进这一法案的法官才得以存在。关于法律平等原则的激烈辩论在伊尔伯特法案中危如累卵，因此打击了自由帝国主义变革和教育计划的核心。

斯蒂芬是反对方最为著名的代言人，他曾在梅奥勋爵（Lord Mayo）手下担任法律成员。斯蒂芬反对在他的任期内接受类似的法案，在危机中期，他在《泰晤士报》（*The Times*）发表了一封煽动性的信件，警告法案的通过将破坏英国统治的根基。斯蒂芬写道，

> 如果印度政府决定在印度清除所有的异类事物，他们将清除自己和他们的同胞。无论这种表述方式是否能够被证明有充分的理由，我认为肯定不可能设想任何政策能够比改变英国在印度的政府的根基更为危险和确定，假如印度兵变没有成为孩子们的游戏。从本质上而言，它是一个绝对政府，不是基于同意，而是依靠征服。它并不代表当地的生活和统治原则，它也绝不可能做到这点，除非它代表异教文化和野蛮暴虐。它代表着一种好战的文明，没有任何异常之物能够如此显著和危险，以至于由一个基于征服而建立的政府首领进行治理，这意味着征服种族及其观念、制度和[41]他们的舆论、原则的全面的优越性，除了它的优越性外，便不对自身存在作任何辩护。这种优越性在公开的、坚定的和明确的主张面前畏缩不前，争取为它自己的地位致歉，并拒绝以任何理由鼓励

和支持它。①

对斯蒂芬而言，公然断言优越性的必然结果将是在殖民地无可辩驳的专制统治。对斯蒂芬来说，自由主义帝国的辩护士们混淆了好政府与代议制政府，并据此假定绝对的和专制的政府只能通过"作为取代自身的权宜之计，和一种会影响到议会制度的适当性的教育手段"而证明自身的正当性（《印度政府的基础》，551）。但是，斯蒂芬认为，绝对统治与专断和暴虐的统治不同，为了促进原住民的福祉，绝对统治拥有"自身的优点与便利"。

尽管斯蒂芬言辞犀利，但他并不仅仅是帝国辩护者的敌手。斯蒂芬认为他自己是在表达一个更为强劲而又融贯的功用主义的自由主义。他将绝对统治视为一个合法的好政府形式的论点，以强制作为改善原住民社会的必要机制的理论解释为前提。就此而言，最为重要的机制在于推行一套以英国原则为基础的导向和平、安全的健全法律体系，从而产生道德和宗教实践方面的变化。如果没有法律与秩序——这是英国主要的输出——印度将在可能出现的混乱和无政府状态中解体。对斯蒂芬来说，强制是必要的，因为英国"伟大而又独特的任务在于为印度强加一种生活方式和思维模式，这至少在当地居民看来是冷漠无情的"（《印度政府的基础》，558）。

然而，这种用英国的文明代替印度的野蛮的最低限度的承诺，并没有被视为一种道德责任，更不用说是对征服所产生之罪恶的赎罪和歉意，它毋宁说是表达英国的美德、荣耀和优越性的标志与

---

① J. F. Stephen,《泰晤士报》(*The Times*),1 March 1883,页 8。这里摘录的引文同时转载于 J. F. Stephen,《印度政府的基础》("Foundations of the Government of India"),见 *Nineteenth Century* 80(October 1883)：页 541—68。

手段。就其本身而言,它在原则上是一项永久的事业,而非一时的权宜(如自由主义阵营所提出的那样),对斯蒂芬而言,它应当被如此证成。斯蒂芬直截了当地批评了建基于"教化原住民以引导他们建立通过代议制进行治理的民主政府,是英国的道德责任"这一既危险又虚伪的帝国观(《印度政府的基础》,561)。尽管斯蒂芬支持在印度推行强劲的威权主义,与密尔强调在野蛮社会反复灌输纪律习惯一致,在对自由帝国主义伦理视野的批评中,[42]斯蒂芬试图破坏更为普遍的以自治政府为目标的规范性诉求的基础。通过断言自治政府不适于印度,斯蒂芬试图揭露它在英国同样具有某种局限性。

作为同时代最著名的密尔批评者之一,斯蒂芬例举了批评自由帝国主义的各种方式,这些方式结合了对自由主义思想特定路线——特别是那些针对大众和民主式的路线——更为全面的批判。据斯蒂芬所言,这些观念体现在他的《自由、平等、博爱》——他反对密尔的著名论战——之中,这本书成形于他在印度的任期内。正是他的"印度经验"使他确信密尔式的"情感"自由主义("sentimental" liberalism)对英格兰和帝国而言都是危险的。①《自由、平等、博爱》是对密尔在《论自由》中所阐明的对自由观念的道德承诺的哲学基础和政治社会影响的全面攻击。

对斯蒂芬而言,密尔所主张的强迫和强制的唯一基础在于自我保护是不能成立的,并且他还发现,一种更深层次的义务在哲学上站不住脚,在实践中也要不得。对斯蒂芬来说,密尔试图描绘自由行动之范围的努力,显示了他的自由原则优于功用原则的不合理排序,也显示了他对自由价值的绝对性和独立性的承诺。对斯

---

① 参见 James Fitzjames Stephen,《自由、平等、博爱,及三篇简论》(*Liberty*, *Equality*, *Fraternity*, *and Three Brief Essays*, 1874, Chicago, 1991)。

蒂芬而言，在一种个人和私人的意义上评价自由既是非道德性的也是不合逻辑的，因为它不仅破坏了法律，也破坏了所有的道德和宗教体系，这些体系都是以密尔认为不合理的强制形式为基础的。甚至对斯蒂芬来说，密尔所主张的历史中自由的实践结果——即言论自由的扩大和发展，以及随之而来的将道德改进的手段从强制向说服的转变——是对道德进步的真实渊源（即道德和法律强制的历史作用）的误读。因此，自由只是一种偶然的价值（contingent value），从属于功用原则并依赖于法治。

此外，帝国统治的开明专制明显地证明，自由并非实现好政府的必然要求。斯蒂芬认为，人并非生而是一种进步的存在，但是对一个生性自私自利、桀骜不驯的人，需对他进行持续的强迫，才能使他和平且道德地生活在社会中。因此，密尔在文明社会和野蛮社会之间所作的区分很容易被颠覆；对野蛮社会适用之物同样也适用于文明社会（或者至少是那里的特定阶级）。以下是斯蒂芬颠覆密尔在野蛮和文明之间所作区分的典型段落：

> [43]你们会同意生活在"落后社会状态"中的儿童和人类，可以为了他们自身的利益被强制。你们将会让查理曼大帝强制撒克逊人，会让阿克巴强制印度人。为什么这些目不识丁的人能够强制愚昧无知之辈？在这些年代里，是什么使得平庸无知的农夫或小肚鸡肠的小零售商成为密尔先生的原则所讲的不驯顺的臣民，甚至比阿克巴治下的印度王公贵族还不顺服？（《自由、平等、博爱》，68—69）

斯蒂芬尖锐地批评了密尔只考虑社会的文明与野蛮状态，而不关注社会中不同个体之间文明与野蛮之分的观点。对斯蒂芬来说，如果集体性质在文明等级的分类计划中遭到破坏，作为一种道德和法律强制模式的帝国统治原则也将濒临瓦解；他们也许同样能够适合于一个迅速民主化的不列颠。正如斯蒂芬所言,"如果对儿童和'落后'种族的强制继续被承认为正当,那么这一原则的缺陷将不可能终止;毕竟,这对于成熟和文明的人而言只是个程度问题"(《自由、平等、博爱》,69)。

斯蒂芬狡黠的批判,使得密尔用以为民族划界的文明标准十分明显,它将劳动阶级也囊括于民主计划之中了,然而他却又明确地排除了这些民主原则的可能外延在非欧洲社会的适用。斯蒂芬在论及"印度贵族"时极尽讽刺挖苦之能事,尽管如此,他还是唤醒人们注意密尔式自由主义的根本矛盾,对平等的承诺将永远地与集体文化和历史标准相联系,这必将转换成一种对帝国领域内等级制的纤弱辩护(这一转变将对原初的自由主义平等概念本身的融贯性构成威胁)。① 斯蒂芬充分利用密尔关于帝国专制主义的辩护理由,更为明确地宣称,等级制原则和非合意的强制对所有社会都是必需的,甚至是必须优先选择的,无论它们在文明标尺上居于何等地位。

艾尔争议的温和结论以及伊尔伯特法案的失败,凸显了帝国的自由主义正当性之大厦的持续瓦解,在维多利亚晚期的英格兰,这些裂缝将越来越多地被它的敌人用来攻击帝国辩论中的自由主义立场。正如斯蒂芬所阐明的,这些关于帝国的讨论将有助于加强一种日益不自由的或反自由主义合意,并为国内日益壮大的大众民主引发的恐惧所推动。这不仅意味着关于帝国的保守主义观点战胜了自由主义的观点,而且意味着在帝国问题上,大

---

① 参见 Jeanne Morefield,《没有佩剑的盟约:理想的自由主义与帝国精神》(*Covenants without Swords:Idealist Liberalism and the Spirit of Empire*,Princeton,2006)中关于这一观点与两次战争间英国自由主义的国际思想的卓绝讨论。Morefield 尤其令人信服地表明,如何尝试在自由主义内部整合更完整的共同体观念,这种自由主义常常需要从平等观念得来,这在国际和帝国事务领域表现得最为引人注目。

多数维多利亚时期的知识分子从自由主义阵营转向了保守主义阵营。[44] 1886 年自由党发生了灾难性的分裂，这不是由国内问题所引起的，而是由关于爱尔兰在英帝国的地位的争论所触发的，尤其是关于民主和自治原则能否适用于依附性帝国（dependent empire）的争论。斯蒂芬和梅因都将自己界定为"古老的英国自由主义的卫士"，他们发展出了一套新的保守主义，这从根本上是由他们在印度的帝国经验，以及对自由帝国主义的批判性重估塑造出来的。[②]

斯蒂芬和梅因是向英国政治思想中注入权威主义元素的关键渠道，这种权威主义通过他们在印度的经历而合法化，并为对于大众民主的恐惧所激发。斯托克斯（Stokes）开创性的作品认为，斯蒂芬的思想是功用主义固有的权威主义倾向的实现。[③] 然而我将指出，斯蒂芬的权威自由主义（authoritarian liberalism），正如他对帝国合法化的自由主义模式和帝国统治模型所作的批判所表明

---

① 这再一次地强调了意识形态转变的现世基础，斯蒂芬日益保守的观点便是典范。事实上，我们可以看到，在一代人的时间里，斯蒂芬家族与帝国的自由主义计划之间漫长而又亲密的关联的幻灭之弧。斯蒂芬的祖父詹姆斯·斯蒂芬（James Stephen）是杰出的废奴主义者，是主张废除奴隶贸易的 1807 年法案的主要起草人。在对艾尔提出的控诉中，斯蒂芬是牙买加委员会的首席法律顾问。参见 K. J. M. Smith，《斯蒂芬：维多利亚时代理性主义者的肖像》（James Fitzjames Stephen: Portrait of a Victorian Rationalist, Cambridge, 2002），chap. 6，以及 Roach，《自由主义与维多利亚时代的知识阶层》，前揭。

② 参见 Roach，《自由主义与维多利亚时代的知识阶层》，前揭，以及 Stokes，《英国的功用主义者与印度》，前揭。除了斯蒂芬和梅因以外，许多拥有印度生活经验的知识分子，如莱尔（A. C. Lyall）、寇松勋爵（Lord Curzon）和斯特雷奇（John Strachey）都处于由爱尔兰地方自治（Irish Home Rule）争论所引发的政治重组的最前列。

③ 对斯托克斯而言，斯蒂芬最好地阐明了"功用主义中的权威主义元素是如何被带进英国思想，并催生 1886 年英国自由主义的内在危机的，功用主义在印度找到了与其发展更为意气相投的领地，并表达了印度官僚制的运行机制。……斯蒂芬促通过积极提出一套政治哲学促成了自由主义的智识危机，这套政治哲学概括并清晰地表达了英国中产阶级关于印度独裁政府的高效与进步的经验。"（288）Stokes，《英国的功用主义者与印度》，前揭。

的,反而表现了与早期功用主义者在印度的利益和承诺的道德命令方面的明显断裂。斯蒂芬与梅因——维多利亚时期最为重要的功用主义批评者——之间终其一生的交情证明了如下事实:斯蒂芬的保守主义,如同梅因的保守主义一样,由如下两个方面予以巩固:一是对功用主义在帝国事业中深深的怀疑主义和幻灭,二是对即将到来的大众民主的焦虑。

尽管保守主义对民主的批判最终未能阻挡普选大潮席卷英国,但是,这种非自由主义的转向却孕育了帝国主义在国内政治话语中的流行,这一研究更为关键的意义在于,它深刻地影响了维多利亚晚期的帝国政策。自由帝国主义的危机标志着帝国的正当性话语从伦理架构向种族和文化前提的转向(如同合法征服的理论一样)。然而,这一转向本身有着更为深刻的意义,因为19世纪晚期关于帝国的自由主义证成的无效,标志着一种意识形态和帝国统治的更为彻底的转向,这种转向有意地以对先前统治的自由主义意识形态的批判为前提条件。

帝国、民族与征服:正当性话语的修正

……真正的印度问题,不在于英国人是否有理由居住在该国,而在于他们能否找到撤出印度的道德正当性。

——伊芙琳·巴林,克罗默勋爵①

[45]自由帝国主义计划将其正当性与一系列融贯的统治意识

① Evelyn Baring, Earl of Cromer,《一些印度问题》("Some Indian Problems"),见 *Political and Literary Essays*,1908—1913 (London,1913),页 418。克罗默在这里改写了 Paul Boell 的诗句,原句是:"La question qui se pose n'est pas de savoir si l'Angleterre a le droit de conserver l'Inde,mais bien plutôt si elle a le droit de la quitter."Paul Victor Boell,L'Inde et le question indien(Paris,1901),页 289。

形态相联系，更为引人注目的是，它为教化使命（civilizing mission）的变革目标搭建了一个改革平台。伴随着这一总体设想的危机，它的各个方面都将受到批判和修正。晚期帝国的意识形态和正当性话语都是基于对自由主义计划的共同的和保守的反对。因此，对自由帝国主义道德话语的否定，产生了统治臣属人民的替代性策略。在这一部分，我将集中关注自由帝国主义道德观（作为一种正当性话语）在 19 世纪晚期遭受批判、转变和修正的不同进路。

正如一开始注意到的，帝国的自由主义辩护的最有趣的特征，在于它对以征服作为帝国合法性渊源的观点进行的始终如一又十分严苛的批判，并据此开创了自己的道德观。对征服的否弃是其面向未来的视野的一部分，在这　视野中，帝国的日标与某种特殊的道德计划的实现相联系。对公认的早期东印度公司统治历史的修正——由伯克、詹姆斯·密尔和麦考莱的批判性作品构成，是维多利亚晚期帝国作品卓绝而又显著的特征。

在斯蒂芬后期的一部作品《侬科马的故事与对伊利亚·英庇控告》（*The Story of Nuncomar and the Impeachment of Sir Elijah Impey*）中，他再次论述了英属印度的原"罪"（original "crimes"）和黑斯廷斯弹劾案。[1] 自 18 世纪晚期伯克对黑斯廷斯发起的著名控诉以来，英国在印度统治的合法性问题，便一直与对这一原初的重要时刻的态度紧密联系在一起。[2] 对于像詹姆斯·密尔和麦考莱这样的自由主义者而言，对征服的否弃和对东印度公司统治的批判，是其主张一个新的、坚定的和更为道德的帝国统

---

[1] James Fitzjames Stephen，《侬科马的故事与对伊利亚·英庇控告》（*The Story of Nuncomar and the Impeachment of Sir Elijah Impey*，London，1885）。

[2] 其他值得注意的企图挑战伯克—密尔—麦考莱共识的努力，参见 John Strachey，《黑斯廷斯与罗希拉战争》（*Hastings and the Rohilla War*，Oxford，1892）以及 A. C. Lyall，《黑斯廷斯》（*Warren Hastings*，London，1889）。

治基础所必需的首要步骤。然而，对斯蒂芬而言，回到审判意味着割断帝国的道德性与对征服的批判之间的关联。在为臭名昭著的英庇（Impey）平反昭雪时，[①]斯蒂芬转而努力争论道，所谓的征服罪行，如果不是完全出于编造，那也是被过分夸大了的。这样，征服将不再与罪行相关联，它将以一种合法的形式出现。正如在《自由、平等、博爱》中清楚表明的，对斯蒂芬来说，无论在国内领域还是帝国领域，权力和武力都是权威合法且首要的渊源。

斯蒂芬对黑斯廷斯时代历史的修正，与他为武力和征服的合法性所进行的无畏的辩护，是对早期自由主义共识的致命一击。对斯蒂芬来说，帝国主义除了是一种由武力和权力的表达所证成的、关于统治的固有权利之优越性的象征以外，并无任何道德成分。当然，帝国统治的专制形式[46]被想象为一种稳定的和提供强制性道德教育的好政府形式。但是，帝国统治从未被想象成首先是一个教育计划，对一个在时间上有界限的帝国而言尤其如此。统治的权利与任何仅仅具有自我指示和表达作用的愿景和目标的实现相分离。

然而，斯蒂芬的重新阐释对自由帝国主义进行了公然的批判，也标志着用最为严厉的话语颠覆了自由帝国主义的原则。其他自由主义者的回应更加含混不清，这一点与征服主题的关联再明显不过了。在西利的伟大著作《英格兰的扩张》[②]中，征服的事实被一以贯之地抬高，只有在作为英格兰获取其印度帝国的恰当描述，

---

① 英庇是黑斯廷斯亲密的同事，也是富有争议的加尔各答最高法院的首席法官，他主持了印度王公 Nandakumar 的审判与执行。黑斯廷斯与英庇被指在莱达古玛（Nandakumar）的死刑判决中勾结串通，并在针对他们各自的弹劾控告中被提出。

② 《英格兰的扩张》是一本流传甚广并影响深远的著作，它使帝国意得以普及，并且从长远来看，它塑造了一种独特的帝国历史编纂学传统。参见 DuncanBell，《大英帝国的思想：帝国与世界秩序的未来》（*The Idea of Greater Britain: Empire and the Future of World Order*，Princeton，2007）以及 Koebner and Schmidt，《帝国主义》（*Imperialism*），chap. 7。

或者为印度当下的属国地位进行辩护时才被否弃。西利在努力清除帝国与征服之间令人厌恶的关联的同时，也割断了它与任何明显的道德目的和计划之间的关联。我认为，这两个方面并非毫不相干，正是自由主义计划用道德的术语建构和审断帝国历史的能力，才赋予了它独特的伦理方面的重要性。正如我们将看到的，在用更为矛盾的术语来赋予帝国的道德基础时，帝国本身丧失了它明确的目的或实质性的议程。

西利的矛盾心态不仅见于他调动传统的自由主义论据和主题的方式之中，而且还可见于他对其进行重新调整的重要路径中。如同早期的自由主义计划一样，西利从根本上将帝国设想为一个临时性的事业，原则上而言，它最终的目的在于印度的独立。然而，确定印度将于何时才能拥有自我治理能力的标准，将要用一种全新的话语来构思。此外，如同格兰特和詹姆斯·密尔一样，西利的著作中自始至终贯穿着这样一种意识，英格兰必须为印度社会当下的状况负责。西利对于这种责任的解释与道德赎罪（如格兰特的福音派话语所暗示的）无关，它是一种更加犹豫不决也更加志在必得的矛盾体。西利断言，在帝国建立的过程中，"有些事情最好不为，但又不可不为"（《英格兰的扩张》，193）。一方面，通过对目无法纪和暴力征服的叙述；另一方面，通过展现英国教育与科技的传入破坏传统信念与权威结构的精细画面，西利同意让印度留在身负重责的帝国的怀抱之中。然而，西利同时也以一种狭隘的方式界定了这些责任。如此，西利的叙述被一种必胜的信念所引导；自征服时起帝国统治就被看作是成功的，[47]相比于使印度走向自然瓦解的轨道，帝国统治完全是一个更好的选择。

西利公然宣称，"征服"是描述获得印度帝国的错误用词。英国统治纯粹是印度政治史纯粹内在倾向的自然结果。对西利来说，18世纪相互竞争的印度公国与竞争性的欧洲列强在南亚次大陆结盟的阴谋，标志着"民族的与外国的区分近乎消失"。因此，

"印度很难说是被外国人征服的;毋宁说它是被自己征服的"(《英格兰的扩张》,202)由于唯利是图的印度军队是在为夺取对敌对力量的控制而战,英国的统治权(ascendancy)与其说来自于外部征服,还不如说是出于内部政变:"将这一事件定性为征服,纯属误导。它不是外部征服,而是内部革命"(《英格兰的扩张》,208)。如果没有征服,那么英国也就没必要赎罪补偿。对西利来说,由于英国统治为印度带来了稳定和管理,它相对于因莫卧儿帝国分崩离析所导致的无政府状态而言,已经是很大的进步了。此外,对西利而言,征服之所以具有误导性,是因为它暗示了一种外部侵略。西利极具启发意义地指出,在 18 世纪印度的语境中,讨论民族的(*national*)与外国的(*foreign*)是没有意义的,他提出了一个更为大胆的断言,无论是在过去还是现在,印度是没有民族意识的。如果臣属人民已经形成了一个可以识别的共同体的话,征服只能被想象为一种政治侮辱,因为"我们所有的爱国观念和公共美德都依赖于一个同质性的共同体这一假定"(《英格兰的扩张》,205)。

19 世纪晚期,以民族和民族性为中心为帝国统治进行辩护的道德话语愈加显著。然而,同时期围绕所谓的教化使命的话语却日渐消退。但是,对密尔来说,野蛮人不能形成真正的民族的断言,当然意味着将帝国征服(甚至可能是彻底的征服)合法化,它从属于文明化(civilizing)这一目的。限制野蛮社会作为独立国家身份的主要理由在于,对这些社会来说,"民族性和独立要么是确定无疑的恶,或者至少也是成问题的善"(《不干涉简论》,119)。换言之,对密尔来说,民族性(尤其是与所谓的野蛮人相关的)被概念化为一种更加规范性的术语,而不是一种可以作为与自治相当的社会学术语,因此从属于同一种道德和文明要求。

后来,帝国的自由主义理论家们倾向于动用和优先考虑民族性的社会学分析为帝国统治进行辩护,从而与严格的或精细的文明标尺(scale of civilization)相割裂。在西利看来,这里产生了一种关于印度内部分歧的影响深远的观点——印度社会缺乏凝聚力量,[48]这一观点为当时卓越的帝国观察家们所传播①;这里没有能够发展民族信念和情感的种族或宗教共同体。正如西利所说,"印度似乎不是一个政治名词,它仅像是一个如同欧洲和非洲这样的地理名词,"②如果在它的历史中曾经表现出任何类似于统一国家之类的表象,那也只是因为英国通过一个世纪的统治才被赋予的。但是,如果印度曾经表现出某种对独立的向往,并且行动一致就像"普遍的民族情感的表达,所有保存我们帝国的希望都将终结,所有保存我们帝国的欲望也应当终结"(《英格兰的扩张》,234)。如果自由帝国主义的标志在于对英国在印度统治的临时性和仁慈性的绝对信念,像西利这样的自由主义者却把未来自治的标准从严格的改进模式或英国习俗的同化作用转向了民族性问题。然而,印度不是一个国家的事实是描述性的,帝国统治的连贯性建立于社会基础之上。在对民族性的否定中隐含着这样一个信念,印度社会衰落为无政府状态和/或社会分裂,是一种"自然"趋势。英国统治的正当性不在于其野心勃勃的道德和政治表达,而在于英国对印度的统治相较于撤离印度使其走向自我瓦解来说,是更小的恶。与具体的转变计划(甚至使印度成为一个"国家")不大相关,社会学理论转而将英国继续留在印度的正当性建立在政治必要性这一基础之上,这种必要性源自人们对印度社会内在动力学的担忧。

---

① 参见 John Strachey,《印度:它的行政管理及其进步》(*India:Its Administration and Progress*,London,1888);A. C. Lyall,《印度帝国的政府》("Government of the Indian Empire"),参见 *Edinburgh Review*,January 1884,1—40;J. F. Stephen,《印度政府的基础》,前揭;W. W. Hunter,《英属印度史》(*A History of British India*,London,1899)。

② Seeley,《英格兰的扩张》,前揭,页 222。梅因也曾断言印度仅仅是一个"地理名词",没有比种姓、部落、宗族和宗派更大的政治联合和身份认同。参见 Henry Sumner Maine,《印度政府》,前揭,页 295。

颠覆教化使命:梅因与 1857 年事件的教训

　　任何试图以一种严肃的态度处理印度问题的思想家和学者,都会发现其中孕育着许多难题,如果不经过异常的艰辛将不会得到解决,只有观察家们自始至终地体验了英国人最不喜欢的过程才能解决,(我并不是说)要他颠覆已经习惯的政治信条,而是要对它们进行修正,并承认在一定的时空条件的影响下,这些信条是有限度的。

——亨利·梅因①

　　自由帝国主义的危机催生了帝国合法性的替代性模式,它们公开放弃自由主义帝国道德话语——教化统治的话语和自治的目标。晚期帝国的管理者,如莱尔和克罗默勋爵,[49]他们不仅拒绝将代议制缓慢地引入东方属国,而且开始强调,任何将帝国建立在道德合法性话语之上的尝试都是错误的,并对帝国秩序的稳定性有极大的危害。② 这一否定引发了一种新的、特别以对自由主义前期统治策略的批判为前提的统治策略。原住民社会的社会学和人类学理论,在拒斥同化和现代化政策的理论和实践设想方面,提出了全新的理论阐释和实践模式以保护和保存原住民社会。

　　从历史的观点来看,引发帝国统治策略转变的关键事件是1857 年的印度兵变。在对叛乱的回应中,国王承担了对先前东印度公司统治领地的直接责任,他的第一届政府明确提出,以不干涉主义作为英国统治的指导性原则:

---

① Maine,《关于印度的观察对现代欧洲思想的影响》("The Effects of Observation of India on Modern European Thought"),见 *Village-Communities*,页 206。

② 参见 Lyall,《印度帝国的政府》,前揭,以及 Cromer,《臣属种族的政府》("The Government of the Subject Races"),见 *Political and Literary Essays*。

我们声明将它作为皇家的意志和愿望,无论如何,不得因其宗教信仰和仪式而享有任何特权,不得因此骚扰和干预,任何人将受到法律平等和公正的保护;我们将严格禁止任何官员干涉我们臣民的宗教信仰和崇拜,违者将遭受我们最严厉的责罚。[1]

此外,"我们将普遍地制定和实施法律,对印度古老的权利、惯例和习俗给予应有的尊重"(《印度与巴基斯坦的进化,1858—1947:文献精选》,11)。1858 年公告的意义既依赖于对不干涉原则的赞成,又依赖于发布宣言的时间和背景。1857 年以后,不干涉命题必然渗透着对反叛原因的反思,其中隐含着对先前导致叛乱的治理策略的批判。

许多解释作为"1857 年印度兵变的教训"被提出和讨论,它们对未来几十年的帝国政策产生了影响。[2] 维多利亚的宣言就像其他所有著名的解释一样,在那个时期广为流传,尤其强调叛乱在宗教方面的原因,这是一个将继续主导 1857 年印度兵变通俗史学(popular historiography)的视角。宗教解释在许多方面发挥着作用,最为形象地确定了孟加拉军队兵变的直接原因。在这种解释中,强调的重点在于兵变开始于对这样一种传闻的回应——新派发的米涅式/埃菲尔德式步枪的子弹是靠猪油和牛油润滑的,这既亵渎了穆斯林教,也亵渎了印度教。梅因同意这种解释,并认为"令人恐惧的狂热"是叛乱真实的火花,它不仅仅是个偶然事件。[3]

---

[1] 1858 年 8 月 2 日,英国国王接管东印度公司对印度的统治权。女王于当年 11 月 1 日发布公告。我对演讲内容的节录引自 C. H. Philips, H. L. Singh, and B. N. Pandey, eds. ,《印度与巴基斯坦的进化,1858—1947:文献精选》(*The Evolution of India and Pakistan*, 1858 to 1947: *Select Documents*, London, 1962),页 11。

[2] 其他一些著名的当代解释集中于达尔豪西侵略性的土邦合并政策(e. g. , Awadh in 1856),传教活动的扩张及政府支持,土地的变动和负债。

[3] Henry Sumner Maine,《印度》("India"),见 *The Reign of Queen Victoria: A Survey of Fifty Years of Progress*, ed. Humphry Ward(London, 1887),页 460—528。

梅因认为,兵变是对英国意识的一次冲击,不仅是因为兵变发展为暴乱的空前速度和规模,[50]而且是因为它看上去就是出自这种神秘的情感。[①] 梅因认为印度社会和宗教情感的存续和力量,尤其是"种姓情感",没有得到英国的政策制定者,尤其是自由主义改革者的重视,因为他们认为种姓和宗教的意义会随着印度社会的现代化而减弱。在梅因那里,叛乱就被看成是一种认识论上的失败;它从根本上来说是"知识匮乏"的标志。[②] 他写道,"我不能对如此广博的问题作出明确的断言,因为我们对印度原住民的宗教和社会信念的考察仍十分浅薄。但是我坚持认为,对其拥有准确的知识是必要的,事实上也正是这一错误引发了印度兵变"(《印度》,478)。

如此,对于原住民社会性质的认识就难解难分地与帝国统治的实践需要纠缠在了一起。在他要求要对原住民的信念和习俗有更加精确和可靠的知识时,梅因试图重新界定是什么构成了恰当的印度知识。通过他的与印度社会研究相关的方法论创新,梅因开创了对原住民社会重要的人类学概念重构,在帝国政策的语境下,这一重构挑起了对于统治的自由主义意识形态的科学和实践基础的态度转变。梅因认为,先前对于印度社会的欧洲式解释有许许多多的缺陷。一方面,东方学太过依赖于梵语文本资源和土著婆罗门的意见,在婆罗门规范和实践中错误地输入了一种经验优势。梅因认为,原住民社会的制度逻辑应当在当地习俗和传统中去寻找,而不是单纯通过对梵语文本的研究来发现。当然,殖民

---

① 亦可参见 Henry Sumner Maine,《印度政治家与英国文人》("Indian Statesmen and English Scribblers"),*Saturday Review* 4(24 October 1857):页 361。

② Maine,《印度》,前揭,页 474。迪尔克斯(Nicholas Dirks)同样将对兵变的反应描述为"人类学的失败"。这一观点将在第五章得到更为充分的讨论。Nicholas B. Dirks,《心灵的种姓:殖民主义与现代印度的形成》(*Castes of Mind:Colonialism and the Making of Modern India*,Princeton,2001),页 148。

地管理档案作为一种民族志知识的档案,是现存印度习俗证据事实的载体。① 另一方面,梅因怀疑 18 世纪欧洲哲学家对印度的解释(如雷纳尔和狄德罗的 *Histoire des deux Indes*)和英国殖民地官员的解释,它们主要是以所接触到的更为城市化和世俗化的滨海印度文化为基础的,并把这种文化看成了整个印度文化的代表。他们没有进入由自治的农耕村社—共同体所构成的印度的"广袤的内部地区",他们过高地估计了根据西方路线改造原住民信念的可能性——他们认为"印度只需要教育管理委员会和师范学校就可以把印度人改造为英国人"(《关于印度的观察对现代欧洲思想的影响》,215)。梅因认为,功用主义之中也存在着一种类似的关于印度社会的错误观点,它在塑造殖民改革的自由主义议程方面已经产生了巨大影响。

[51]在《古代法》(*Ancient Law*)和《东西方村社—共同体》(*Village-Communities in the East and West*)中,梅因极好地批判了功用主义的抽象方法,认为法律的分析性概念和政治经济学是不适用于原始或古代社会的,在这方面印度是一个极好的例证。印度是"可通过经验证实的古代惯例和法律思想现象的巨大宝库"(《东西方村社—共同体》,22),对它的研究将有助于阐明法律和社会的历史及其进化发展。印度和英国共享着印欧语系的传统遗产,它们因此有着共同的制度史。虽然这一谱系奠定了印度比较制度研究的认识论中心,它也将印度解释成欧洲"活生生的过去"。对当代印度社会和政治制度的研究,尤其是村社—共同体习俗,将精确地阐明雅利安社会和人民的演进历史,因为印度社会被认为是停滞不前的,它保留了早期阶段的制度发展形态,因此保存了它们的古老特性。因此,缘此类同关系的主张,梅因断言,印度制度

---

① Henry Sumner Maine,《东西方村社—共同体》(*Village-Communities in the East and West*,London,1876),第一讲。

和英国制度有着根本性的差异。然而,与这种差异断言相伴随的是,强调原始社会的独特逻辑。因此,与梅因的历史主义相伴随的是,将原住民社会视为一个功能性整体的人类学理解,这是一个被原始习俗的命令所规制的社会。①

然而,斯蒂芬的印度经历将他引向对自由主义核心教义的正面攻击。在他关于古代社会的著作中,梅因采取了一条更为迂回的路径对民众政府进行了批判。对紧密的家族共同体的研究——这在印度普遍存在——向梅因表明人类天性固化,并且拒斥激烈的变革。从小规模的家长式共同体到现代个人主义社会缓慢的演进过程中,个人从原始法律和习俗的严苛中不断地逃离出来,最后在契约自由和个人财产权确立之时达到顶点。在《民众政府》(Popular Government)中,梅因认为新的大众民主的支配地位将威胁到这一自由主义成就的稳定性。通过强调民众政府的先天优越性,民主的支持者们似乎不仅高估了人类的可完善性和创新性的能力与兴趣,而且促成了一种具有内在不稳定性的政府形式,它天然地趋向于专制主义。

梅因对恰当的知识基础的重构,以及他对原住民社会的习俗基

---

① 大卫·康纳汀(David Cannadine)在其极富争议的著作《装饰主义:英国人如何认识他们的帝国》(Ornamentalism: How the British Saw Their Empire)中批判了英国人主要通过一种种族化的透镜和/或其他不可救药的透镜来看待当地臣民,他认为自萨义德(Said)在《东方主义》(Orientalism)中对帝国进行研究以后,这已成为一种主导性的观点。因此,在于梅特卡夫的直接对比中,康纳汀认为19世纪晚期将印度社会作为一种"传统和有机体"进行保存的转向,是对(已经逝去的)欧洲过去的怀乡病式的认同,因此主要是一种类同话语。作为一种等级制的贵族理想型的帝国计划的有序社会,康纳汀认为,这一理想对传统社会的运行更易于产生同情,作为一种意识形态,它更为彻底地灌输进了较高等级的认同策略而不是种族差异。我跟随梅特卡夫、哈钦斯和斯托克斯以及他们强调这一理想事实上建立于更为根本的差异解释之上的路径。David Cannadine,《装饰主义:英国人如何认识他们的帝国》(Ornamentalism: How the British Saw Their Empire, Oxford, 2001); Metcalf,《统治的意识形态》,前揭,页66—112; Hutchins,《永久性的幻想》,前揭, chap. 10; Eric Stokes,《印度的行政官员及其历史作品》,前揭,页392—94。

础的修正解释,将促进"官方人类学"和它对帝国政策制定的影响。①
在某些领域,它促成了对改革的自由主义议程的大规模拒斥,[52]
而自由主义议程支持那些复原和保护原住民社会习俗和制度的政
策。对有些人而言,保护原住民"传统"是一种规范的优先性,对这
些人来说,梅因关于原住民社会(在那里原始习俗合理地规制社会、
政治和经济生活)引发感情共鸣的解释尤其具有吸引力。然而,对
大多数人而言,保护和/或复原的政策则被视为防止动荡、不安和叛
乱的保障性措施。1857 年事件的一个主要教训在于,如果某些原住
民信念的形式(如对种姓的信念)"继续完好无损或仅仅是些微地衰
退,一些立法和执法行动的路径将极为危险"(《印度》,476)。从文
化视角来看,把 1857 年事件解释为根源于文化不妥协和对强行现
代化的抵制,那么对原著民习俗的承认将成为重要的战略性规则。

　　梅因通过现代帝国对原住民社会的结构性影响所做的引起争
议的解释,使得对原住民习俗给予假定性尊重的策略性主张更有
说服力。从身份到契约的转变,是梅因从古代社会到现代社会历
史演进的主题框架,在印度这一演进过程随着英国统治的到来而
被戏剧性地加快了。原住民社会的内在融贯性和结构完整性,随
着与现代制度的接触而遭到了愈发严重的破坏。例如,印度村
社—共同体的活力和习俗基础,随着现代法律权利、绝对财产权和
契约自由等观念的引入而迅速瓦解。实际上,对梅因而言,瓦解进
程的加速对帝国统治的稳定性造成了重大影响。②

---

① 参见 Clive Dewey,《梅因对印度土地政策的影响》("The Influence of Sir Henry Ma-
　ine on Agrarian Policy in India"),见 *The Victorian Achievement of Sir Henry Ma-
　ine:A Centennial Reappraisal*, ed. Alan Diamond(Cambridge, 1995),页 353—75。
　特别参见莱尔和亨特关于种姓与宗族形成的著作,A. C. Lyall,《亚洲研究:宗教
　与社会》(*Asiatic Studies:Religious and Social*, 1882, London, 1899)以及 W. W.
　Hunter,《孟加拉农村年鉴》(The Annals of Rural Bengal, London, 1868)。亦可参
　见第五章关于梅因对于帝国政策之影响的更为详尽的分析。
② 梅因关于英国统治对原住民制度的结构性影响的最为详尽的解释见于《东西方村
　社—共同体》,并将在本书第三、四、五章作更进一步的探讨。

在赋予秩序维持以优先性时,自由主义的教育、经济和政治模型都要受到限制,因为它们被认为对原住民/传统社会有一种固有的瓦解作用。与自由主义统治策略将"传统"社会结构、习俗和认同(如与宗教和种姓制度相关的)视为发展计划和好的道德统治的障碍不同,新的统治策略强调与原住民社会制度和权威结构和解。实际上产生了一种与土邦之间更为调和的关系,现在将二者视为防止激进主义和官方要求"自然"服从的壁垒。① 还有一种为了保护农业社会的"传统"基础(如种姓制度与村社—共同体)而脱离不干涉主义原则制度的倾向(《梅因对印度农业政策的影响》)。

通过吸取1857年事件的教训,英国开始把对法律和秩序问题的实践性的和战略性的关注,提高到优先于帝国的合法性和道德目的的地位。不干涉原则精确地表达了改革原住民社会的困难,以及企图改革[53]所可能造成的确实的政治风险。叛乱被解释为自由主义改革(改变原住民的习惯和习俗,或增加帝国事业的安全性)失败的典型例证。对1857年事件的反思,也促进了对原住民社会特性在民族志学和社会学方面的考察——这些解释将反映和说明原住民习俗和传统的严格性的全新理解。在将原住民社会的一种新的稳定性和不妥协性归于改革方面,原住民社会的人类学和社会学解释支持这样一种统治方法,它试图利用和结合当地的活力以保障秩序和稳定。如此,臣属社会变成了帝国合法性颠沛流离的场所,它的内在逻辑和危机需要持续的帝国统治和保护。

从异类到典型:英属印度和晚期帝国的意识形态

据西利所言,"我们的帝国"制造了"混乱",因为"英国的公众

---

① Metcalf,《统治的意识形态》,前揭,以及 Thomas R. Metcalf,《叛乱之后的印度,1857—1870》(*The Aftermath of Revolt*, *India* 1857—1870,Princeton,1964)。

不知道它是什么原因造成的,只是用一种空洞的愤怒和绝望看待那个貌似非英国的政府,它是一种官僚政治,处在统治种族的掌控之中,它主要依靠军事力量增加岁入,不是以欧洲的风尚,而是通过垄断盐和鸦片成为普天之下土地的王者,在诸多方面是与英国的传统相背离的"(《英格兰的扩张》,190—191)。对西利而言,正是看似矛盾的英国政府原则造成了这种十分反常的事态,它与英帝国扩张的标准模型也相背离。正如西利引人注目地指出的,扩张"是现代英国史的主要事实"(《英格兰的扩张》,12—13),但它是沿着两条明显不同的轨迹发展的。一方面,北美、南美和澳大利亚殖民地的政治共同体,其政府和制度是"极端英国式的"(ultra-English)(《英格兰的扩张》,176)。据西利所言,殖民地是通过种族、宗教和利益纽带与英国紧密地联系在一起的。事实上,英帝国与这些殖民地的关系不是真正意义上的帝国;当然,它自身之中潜藏着一种联邦式联盟的种子。关于富于想象力地锻造"更伟大的英国"的主要例外是印度。对西利来说,"我们印度帝国……既与英格兰本身大不相同,也与需要完全不同政策原则的殖民帝国迥然有异"(《英格兰的扩张》,190)。正是英国在统治原则上与殖民地和印度的明显背离,才构成了称作英属印度的奇怪的、史无前例的政治实体。

[54]西利在殖民帝国——白种人殖民的殖民地——与印度之间所作的明显区分,是为了支持这一现存的区分,事实上是英帝国在整个19世纪发展的历史产物。1839年的《德拉姆报告》(Dur-ham Report)批准了加拿大殖民地一定程度的自治,诸如澳大利亚、新西兰和南非这些移民殖民地(settler colonies),被放在加强自治的改革主义轨道上。同时,由于非白种人在殖民地处于绝对多数,一种反向的轨道——对代议制政府的无限期拖延和否定——发展成为一种公认的规范。将这种宪法性分歧巩固在帝国范围内的关键时刻是牙买加议会的决定,紧接着就发生了莫兰特

湾叛乱，自愿解散并取得从属性的英国直辖殖民地的地位。

尽管西利在殖民地与属国之间的"自然"划分有意识形态方面的考虑，但这一区分确有其真理：帝国在印度的铸就，在很多方面与英国先前的经验不同。与北美、南美和澳大利亚的殖民地化不同，对东方的征服从未以移民计划为前提。在北美、南美和澳大利亚，土著人被根除和/或彻底边缘化，殖民地的法律和政治制度很大一部分来自于英国的副本。在东方是不存在移民前景的，制定统治土著臣民的策略就成为必然。正是在回应统治外国臣民的困境的漫长的政治和行政创新进程中，英国在印度的统治形成了某种独特的实验性特征。

从一开始，帝国在印度就提出了关于帝国统治的原则和目的的热烈讨论。随着自由主义献身于对原住民社会的改进，它变成了 19 世纪早期显著的意识形态。正如洛（D. A. Low）曾经指出的，在讨论本身的意义上，自由主义观的突出地位在 1857 年叛乱后戛然而止，并凝聚成了一种安全与秩序问题优先于现代化问题的新的共识。这一共识（洛将其称为"稳定观"[the settled view]）在印度引发了公然专断地强调将效率和稳定作为帝国政策的口号，也是对自由主义努力的逆转，是支持保护和保存原住民社会的创造性改革。随着英国在非洲和东南亚直接统治的扩张，"稳定观"将制度化并作为英帝国政策的基本架构。[①] 英国在印度的统治作为统治方法的实验领地，在帝国的全盛时期，在很多方面变得具有可传播性（transportable）。[55]直到世纪末，不是英属印度的"反常"与"例外"的实验，而是帝国在印度设置的一系列统治非欧洲人民的模型成了典范。

我认为，洛的"稳定观"是间接统治理论和实践的根本意识形

---

① D. A. Low，《狂暴的狮子：英帝国主义研究》Lion Rampant：Essays in the Study of British Imperialism，London，1973），页 39—82。

态结构的别名。间接统治,即通过当地制度的统治,将被称为英帝国在亚洲和非洲统治的独特而又典型的原则。作为一种独特的帝国合法性模式——作为一种帝国的辩解——间接统治因其具有某种明显的意识形态和道德议程而常常遭到否认,但它却自称仅仅是出于策略和管理上的需要。纯粹权宜性的语言标志着自由主义帝国的道德议程日渐衰微,而帝国合法性的重担最终只能置于原住民社会的肩上。

第二章　建构传统社会:帝国与社会理论的起源

[56]实际上,当我们在某种程度上成功地将自己从世界和人类的有限概念中解放出来,并超越最文明的社会时,(我要补充的是)一些最伟大的思想家并未随之出现;当我们获取人类社会现象之广博与多样的充分认识时;尤其当我们获悉不应拒绝对地球和人类的观察,我们含糊地将那些广阔无垠却又未经探索的地区称为东方世界(the East),我们发现,那些主张现在与过去的界限已经消失的观点完全是自负狂妄或似是而非的。有时候,过去就是现在;然而更多的时候,它们之间的距离变幻无定,并难以按时间顺序评价和表达。

　　　　　　　——亨利·梅因(《东西方村社—共同体》,6—7)

近三个世纪以来,文明人所面对的一个巨大问题是获悉野蛮人历史的开端与终结,其中哪一个事件更具价值?

　　　　　　　——雷蒙德·施瓦布(Raymond Schwab)①

---

① Raymond Schwab,《东方的文艺复兴:欧洲对印度和东方的重新发现》(*The Oriental Renaissance:Europe's Rediscovery of India and the East*,1680—1880),trans. Gene Patterson-Black and Victor Reinking(New York,1984),页 16。

帝国意识形态从道德正当性向追溯性辩解(retroactive alibis)的转变,部分是对过去帝国政策的失败进行重新评估的结果,这种失败本身又是当地各种形式的动荡和抵抗引起的。这些重新评估试图理解原住民的觉醒(disenchantment),以及过去企图成功实现对原住民文明化的政策的无能,它们对新的帝国辩解变得更为可信。这种新的辩解认为,帝国统治是出于原住民社会"本性"之需要,也需适应原住民社会之本性。这一意识形态的重新定位与人类学和社会学理论的发展密切相关,这些解释和说明支撑着对原住民社会习俗和传统严格僵化(rigidity)的全新理解。在这个意义上,晚期帝国意识形态的根源在于传统社会理念模型的出现,这是19世纪社会理论的主要创新。

[57]本章通过集中关注传统社会新模型的发展,试图建构帝国与社会理论之间的相互关联。伴随着19世纪欧洲帝国的扩张,对非欧洲世界的历史学和民族志学的研究也趋于繁荣和具体,这对现代社会科学的发展产生了深远的影响。除了科学探究者的工作外,行政官员、传教士和商人在欧洲控制的领域内对原住民文化有了持久的接触,他们据此提供的官方资料不仅涉及范围广泛,而且更加系统化,并且与帝国治理的动力学之间的联系日益紧密。

日益扩大的殖民地知识发现了各种各样需要面对和理解的事实,产生了一种新的比较模式——根据这一方法论,陌生的文化和实践可以从科学上(和道德上)得到理解。19世纪普遍弥漫着一种比较方法的狂热;"比较方法"变成了哲学阐释的主题,并成为在普遍范围内获得科学确定性的独特典范。19世纪的社会理论和进化人类学代表了两种在比较方法上最具雄心的努力,这种努力承认并试图理解全球多样性结果急剧扩张的意义。[①] 在某种重要

① 参见 John W. Burrow,《进化与社会:维多利亚时代社会理论研究》(*Evolution and Society: A Study in Victorian Social Theory*, Cambridge, 1968); Kenneth E. Bock,《人类学的比较方法》("The Comparative Method of Anthropology"),见 *Comparative Studies in Society and History* 8(1966):页 269—80; George W. Stocking,《维多利亚时代的人类学》(*Victorian Anthropology*, New York, 1987)。

的意义上，对理解与欧洲人及其社会的史前史相关的非欧洲社会形态而言，这是一个有着共同目标的研究领域。描绘西方现代性独特轨迹的企图建构和限定着 19 世纪的广泛比较的计划，形成了一种关于过去与现在关系的新视野，从而促进了对原始人观念的根本性反思。

梅因是这一智识星群中的中心人物，他的作品影响了现代人类学和社会学学科的发展。[①] 梅因在古代/原始社会的公共、合作特性与现代社会的个人主义关注之间所作的对比，代表了 19 世纪社会理论中典型的传统社会与现代社会的二元架构。在人类学方面，梅因是最早将血亲关系理论化为社会互动的结构原则的思想家之一，并且是整全社会模型的基石。在梅因的创造性贡献中，传统社会是一种完整的整全社会，它与现代社会的规则（imperatives）截然不同，并有其自身的逻辑和原理。在这种模型中，由相互交错的各类习俗和亲属结构连接在一起的原住民社会被视作一个完整的整体，[58]这就为以保护、保存和协作为原则的晚期帝国意识形态提供了理论基础。

相较于现代社会动力学，传统社会在社会理论中常常被视为非政治的，是由非理性的——以习俗和血亲关系为基础的——政治和经济规范所主导的。在他的主要支持者的作品中，这种关于传统社会的概念模型不断强调人类行为社会性的非理性基础，强调社会与文化规范的支配力，强调历史习惯与习俗的持久性的观点，已经发生了转变。社会理论开始强调"社会"对于理解和解释

---

① 参见 Burrow，《进化与社会》，前揭；Edward Shils，《社会分析传统中的梅因》（"Henry Maine in the Tradition of the Analysis of Society"），见 *The Victorian Achievement of Sire Henry Maine*，ed. Alan Diamond(Cambridge, 1991)；Kenneth E. Bock，《历史的比较：梅因的贡献》（"Comparison of Histories：The Contribution of Henry Maine"），见 *Comparative Studies of Society and History* 16 (1974)：页 232—62。

一般社会特征与动力的首要地位。就传统而言,通过假定社会首
先具有实质上和方法论上的意义,政治在组织社会力量以及作为
社会统一和定义的来源上具有优先性,而社会理论对此提出了批
判。社会学中的社会概念和人类学中的文化概念作用类同,是一
个塑造甚至决定社会、政治和经济制度的准自治领域。随着社会
理论的兴起,政治问题开始在一种越来越强调政治思想和行动与
社会、文化和历史责任之界限的语境中得到了重构。

古代与现代:社会理论的起源

19 世纪社会理论的一个典型特征,在于用一种二元论来看待
社会的历史轨迹,现代/传统这一二分法囊括了其他许多著名区分
的精义,如身份/契约(梅因)、共同体/社会(滕尼斯)、机械团结/有
机团结(涂尔干)、军事社会/工业社会(斯宾塞)和社团/国家(基尔
克)。① 在有些表述中,它被视为两种社会性(sociality)类型的理
念型对比(ideal-typical contrast),而在另外一些表述中,它被视为
从一种历史的社会形态向另一种社会形态转变的更为宏大叙事的
对比。这一简单朴素的分类模式,明显不同于最为著名的、理解人
类社会成长的早期现代的概念模式。自从欧洲戏剧性地邂逅美洲
以来,现代比较人类学和历史理论倾向于使社会发展阶段多层次
和多样化,并在 18 世纪[59]精致的四阶段理论和人类进步的亚冰
期模型中达到了顶峰。②

---

① Henry Sumner Maine,《古代法》,前揭;Ferdinand de Tönnies,《共同体与社会》,前
揭;Émile Durkheim,《社会分工论》,前揭;Herbert Spencer,《社会学的原则》(*Prin-
ciples of Sociology*,New York,1897);Otto Friedrich von Gierke,《自然法与社会理
论,1500—1800》(*Natural Law and the Theory of Society*,1500—1800,Cambridge,
1950)。

② 正如帕格顿(Anthony Pagden)曾经指出的,16、17 世纪西班牙关于美洲印第安人
地位的学术争论,开启了对文明与野蛮这一亚里士多德式二分法的背离,(接下页注)

　　亚冰期理论假定了不同的生活方式、财产类型和统治形式在界定具体的社会发展阶段时的不同关系。这些阶段被理解为前后相继的新纪元，从打猎采集社会、田园牧歌般的游牧民族的野蛮社会进入到文明社会，最后在现代商业社会达到顶峰。这些理论广泛适用于各个领域，从社会经济发展的动力分析，到罗马帝国衰亡的历史解释，封建主义的起源，现代宪政政府的发展，以及商业社会的出现。四阶段理论将是一个首要的参考，通过这一理论可以将接触、定居、殖民的巨大动力理解为随着欧洲帝国的全球扩张而展开的。[①]

（接上页注）根据这一二分法，人类行为与实践的歧异性得到了理解。这一转变最终导致对亚里士多德自然奴隶观念的抛弃，他关于人类本性的静态的、二分的观念就是建立在自然奴隶这一观念上的，最终转向了一种人类的歧异性能够通过社会条件进行理解的更为动态的习惯理论。在这个意义上，卡萨斯（Las Casas）和阿科斯塔（José Acosta）的新"比较人种学"通过把野蛮这一概念多样化，而消解了文明与野蛮之间的静态对比。确立一种新的分类需要一种文化进化论，对为何一部分人提前进入到文明阶段做出解释。习惯的歧异和人类的多样性现在被视为一种文化的多样性，暂时被概念化为一种时间上的差异。这一比较框架不仅引进了一种相关民族人类学的时间架构，而且开启了一种关于人类社会从野蛮到文明的前后相续的起源与发展的新的历史解释。Anthony Pagden，《自然人的衰落：美洲印第安人与比较人种学的起源》（The Fall of Natural Man: The American Indian and the Origins of Comparative Ethnology，Cambridge，1982）。亦可参见 Ronald L. Meek，《社会科学与卑劣的野蛮》（Social Science and the Ignoble Savage，Cambridge，1976）。

① Meek，《社会科学与卑劣的野蛮》，前揭；J. G. A. Pocock，《野蛮与宗教》（Barbarism and Religion），vol. 4，Barbarians, Savages, Empires（Cambridge，2005）；Istvan Hont，《社会性和商业的语言：普芬道夫与"四阶段理论"的理论基石》（"The Language of Sociability and Commerce: Samuel Pufendorf and the Theoretical Foundation of the 'Four-Stages Theory'"），见 Jealousy of Trade：International Competition and the Nation-State in Historical Perspective（Cambridge，2005）；Hont，《亚当·私密作为政治理论的法律与政府的历史》（"Adam Smith's History of Law and Government as Political Theory"），见 Political Judgement：Essays in Honour of John Dunn，ed. Raymond Geuss and Richard Bourke（Cambridge，2009）；Christopher Berry，The Social Theory of the Scottish Enlightenment（Edinburgh，1997）；Jennifer Pitts，《转向帝国》，前揭，chap. 1；Sankar Muthu，《启蒙反对帝国》，前揭。

　　然而,尽管亚冰期理论模型在 18 世纪的思想家那里十分显著,但是它似乎并没有对 19 世纪的经典社会理论的形成产生巨大影响。梅因、涂尔干和斯宾塞(还有滕尼斯和韦伯)都没有直接谈及亚冰期理论的兴起,他们在一些具体的实例中,有意识地远离讨论政府、财产和社会形式之间相互关系的标准话语。甚至那些作为苏格兰启蒙运动直接继承人的政治思想家,如詹姆斯·密尔和约翰·斯图亚特·密尔都倾向于更为随意地使用未开化(*savage*)和野蛮(*barbarian*)这些术语,他们都缺乏某种历史与社会的特殊性,它们常常是原初模型(original model)的理论基础。当然,也有一些重要的例外,如黑格尔和马克思的市民社会概念,还有摩尔根(Morgan)和麦克伦南(McLennan)的进化人类学。但是,正在发挥作用的历史模型显然很少被包含在严格的、基本的二元对比之中。

　　因此,尽管 18 世纪的社会发展理论家们在很多方面是 19 世纪社会理论关于现代性解释的先驱,但是它关于传统社会与现代社会的典型二分法的根基似乎不在此列。在这方面,我认为法国大革命之后和整个 19 世纪形成的关于古代政治和社会的系列讨论具有十分重要的价值。这些讨论引发了对古代社会(现在认为它与现代社会差异极大)的根本重估,任何试图复兴"古代政治"的企图,都只能导向 1789 年之后几十年目睹的灾难。此外,在将希腊罗马社会[60]的基础与现代社会的基础彻底对立方面,这一讨论对血亲关系、文化和社会的整体性概念的发展至关重要。因为正是在古代史领域,在新批判方法的影响下,关于血亲关系的人类学理论才首先得以形成。换言之,法国大革命的遗产开创了一种新的古今之争,这是现代社会理论起源的核心要素。①

---

① 　罗伯特·尼斯比这样的评论者们已经注意到了,社会理论发展与后革命时期关于政治和社会的讨论之间存在着内在关联,一方面注意到了伯克、迈斯特(转下页注)

贡斯当在 1819 年的演讲中对古代人的自由和现代人的自由的比较，表明了后革命时期关于古代世界重新评价的倾向将在 19 世纪得到采纳。[①] 贡斯当关于古代共和国的集体性政治自由与现代个体性自由之间的区分，是在为代议制政府进行辩护的语境下提出的。因此，在很多重要的方面，他的观点延续了 18 世纪关于最适合于商业社会的政府形式的重要讨论。许多 18 世纪的思想家质疑了古代城邦—国家或共和国政治在商业时代的生命力，并为代议制政府和宪政政府的现代形式进行了特别的辩护。同样，贡斯当认为，古代的自由与一系列独特的历史制度紧密联系在一起——奴隶制、战争结构、公民军队和商业的匮乏——它们在现代社会的复兴，既不可能，也不可欲。然而，对贡斯当来说，古代自由的实现，不仅是不可能的，而且它也不再是一种理想的自由形式；集体性自由在其本质上是以牺牲个体性自由为代价的。对贡斯当而言，在罗马"个人，即便是公共事务中的主权者，在私人关系仍是奴隶"[②]的事实表明，古代人"是没有个人权利观念的"（《古代人的

（接上页注）（Maistre）和博纳尔德（Bonald）的反革命思想中的有机体社会观念的保守主义渊源，另一方面也注意到了作为防止原子化个人主义的壁垒和国家权力发展的中世纪社团观念的罗曼蒂克式的重新发现。尽管这些分析正确地强调了将会成为社会理论核心的概念——如对社会秩序概念的优先化，对个人主义理想的批判，以及对权威的前理性或非理性基础的强调——但是，它们没有解释现代社会理论将要采用的典型的二分形式。在这方面，通过批判启蒙运动至善论和法国大革命理想而建构的一系列相关却又不同的后革命辩论具有极其重要的价值，但却是根据对古代社会的政治、历史和社会的重新评价而展开的。见 Robert A. Nisbet,《法国大革命与社会学在法国的兴起》("The French Revolution and the Rise of Sociology in France")，见 *American Journal of Sociology* 49, no. 2(1943)：页 156—64；Nisbet,《保守主义与社会性》("Conservatism and Sociology")，见 *American Journal of Sociology*, 58, no. 2(1952)：页 167—75；Leon Bramson,《社会性的政治语境》(*The Political Context of Sociology*, Princeton,1961)。

①　Benjamin Constant,《古代人的自由与现代人的自由》("The Liberty of Ancients Compared with That of the Moderns")，1819 在 Athénée Royal 所作的演讲，见 Benjamin Constant, *Political Writings* (Cambridge,1988)，页 309—28。

②　Constant,《古代人的自由》("The Liberty of the Ancients")，页 311。

自由》,312)①在这样的社会中,法律调整着所有细小琐碎的习惯,所有的私人生活都在严密的监视之下。"他们的社会体制使他们欲求一种完全不同的自由,"这与"个人完全服从共同体的权威是兼容的"(《古代人的自由》,311)。因此,古代社会是孕育专制主义种子的温床。

19世纪重要的转折是,贡斯当为古代政治相对于现代政治的比较价值设定了更标准的讨论。他认为,事实上正是法国大革命的经验和它的极端与遗憾,最具说服力地表明了试图重建"古代政治"的实践危险。对贡斯当来说,"浸淫于古代世界图景中"的革命分子,从卢梭(还有马布里)这样的哲学家那里("他们本人也没有认识到近两百年来人类性情所发生的变化")(《古代人的自由》,317)[61]得到了艳羡古代政治的支持。

相反,"他们将属于另一个时代的扩大了的社会权力和集体主权引进我们的时代,这一崇高的精神被对自由最纯粹的热爱所激发,为不止一种类型的暴政提供了致命的借口"(《古代人的自由》,318)。卢梭的革命继承者们缺乏鉴别能力,他们试图根据古代自由的原则重新安排政治生活,坚持认为"为了实现民族主权,公民就应当完全服从;为了实现人民自由,个人就应当接受奴役",这样就使得革命中大量的非正义大行其道(《古代人的自由》,317—320)。

法国大革命的倡导者试图在现代社会重建古代体制的努力,曾经犯下了灾难性的政治错误,这一观念在整个19世纪被反复申述。② 在古代社会研究的语境中,这一主张与如下论点紧密联系在一起:事实上,这些政治灾难的根源在于对古代社会和政治的错

---

① 贡斯当本人宣称孔多塞是这一主张的首创者。

② 关于特罗尔夫妇(the Terror)在建构古代自由与现代自由之间无法逾越的鸿沟方面的影响的考察,参见 Martin Thom,《共和国、民族与部落》(*Republics, Nations, Tribes*, London, 1995),页13—30,87—150。

误认识。要纠正他们对古代社会的错误观念,就要消除古代政治的吸引力。尽管贡斯当已经有这方面推理的暗示,尤其是在他关于古代社会组织被公共权力所规制,在这里人"仅仅是机器"的主张中,(《古代人的自由》,312)但贡斯当的观点还是与后来古代社会的理论家们迥然不同。最为明显的是,贡斯当的争论主要是一种政治争论,在他为(在他自己看来)能够持久存在的现代自由和代议制政府形式做辩护时形成(它并不主要是如何理解古代社会性质的方法论问题)。此外,对贡斯当而言,古代与现代的差异不仅仅与纯粹制度意义上的政府形式的差异相关,而且还与民族的精神气质的差异相关,古代的价值与美德并非完全不可恢复。贡斯当对古代自由局限性的冷静理智的评价,缓和了对它的狂热,为古代和现代的自由形式可能的最为理想的融合开辟了道路。

然而,贡斯当继续保持着对古代政治自由(以及它与德行和自我发展的关系)的称赞,后来的历史将罗马生活描述得如此的不同质,实在是如此的古老,以至于不能进行任何形式的模仿。本世纪中叶前,在梅因和菲斯泰尔·库朗热(Fustel de Coulanges)更为保守的视野中,一种新的关于希腊罗马社会的解释,开始强调古代社会与现代社会之间最为明显的差异。在这一进程中,对古代进行了彻底的"民族志化"(ethnologized)。在这些后期贡献开始实质性地思考如何将古代社会的特性概念化时,法国大革命的幽灵继续影响着19世纪社会思想的政治背景。

[62]尼布尔(Barthold Georg Niebuhr)的《罗马史》(*History of Rome*)涉及罗马史前史的最早时期,提供了19世纪关于罗马政治制度起源的最具影响力的历史—民族学解释。① 根据莫米利

---

① Barthold Georg Niebuhr,《罗马史》(*The History of Rome*), trans. Julius Charles Hare and Connop Thirlwall(Philadelphia,1835)。Originally published as *Römische Geschichte* between 1811 and 1832。

亚诺(Arnaldo Momigliano)的说法,尼布尔"事实上开创了罗马史的现代研究。"①尼布尔倡导一种渴求科学严谨和精确的经验主义历史,但是他有意识地不把自己限定在严格的哲学和文本分析之中。尼布尔极具挑衅性地使用比较的方法来说明和思考古代社会中更为晦暗不清和极富争议的方面。激发尼布尔对于早期罗马史(也是他自认为最伟大的成就之所在)兴趣的主要问题在于澄清罗马的农耕社会、土地所有制,尤其是它们与聚讼纷纭的《土地法》(*agrarian law*)之间的关联。尼布尔最为密切关心的是,关于普鲁士土地改革、废除农奴以及补偿土地动乱所需的各种保障措施的各种讨论。尼布尔最为担心的是在普鲁士引发重新分配土地的革命热情,这已在法国大革命中亲眼目睹。尼布尔的研究是为了遏制那种限制财产权的革命性想法,尤其是遏制共产主义者们以古代社会为例,证明国家强制推行财产平等化的正当性的思潮。对尼布尔而言,出于政治目的使用古代例证的最为臭名昭著和危险的例子是,法国大革命中格拉胡斯·巴贝夫("Gracchus" Babeuf)及其追随者们呼吁实施所谓的土地法。为了质疑对土地法的支持所必然造成的激进影响,尼布尔转向关于古罗马时期这些法律的性质的历史研究。这样,尼布尔提出了关于土地法之性质和功能的根本性的重新解释,颠覆了已经得到普遍认同的解释,尤其是自文艺复兴以来的共和主义政治思想中的这一倾向。②

① A. D. Momigliano,《19世纪古典主义的新路径》("New Paths of Classicism in the Nineteenth-Century"),见 A. D. *Momigliano: Studies on Modern Scholarship* (Berkeley,1994),页230。

② 将土地法解释为平等分配财产之基础,是自马基雅维利到哈林顿再到卢梭的共和主义话语的核心主题。对尼布尔来说,关键性的错误在于支持土地法的共和主义者们将只适用于公地(*ager publicus*)的具体规则普遍化为限制财产权的观念。对公地的长时间占有将变成可继承的和排他性的权利,在实践中就像是真正的所有权。最初,对公地的这种占有权仅限于罗马公民(贵族),但是,随着平民的掺入及其势力的增长,要求更加平等地分配公地的呼声也日益高涨。土地法的制定从最初的塞尔维昂法和李奇尼法到格拉古改革,它的颁布不是为了破坏财(转下页注)

　　尼布尔质疑对罗马政治所作的革命性解释的策略,是强调那些使罗马制度富有生气的观点和现代模仿者的观点之间所存在的根本分歧。尼布尔认为,"罗马的国家制度和它的管理是建立在这种观点之上的","罗马的制度就像其衣食住行一样,与我们迥然不同"(《罗马史》,1:xx)。关于古代制度特殊性的清晰而又精确的知识,有助于防止"将一个制度移植到完全不同的时代,以至完全不能适用的愚蠢愿望"(《罗马史》,1:xiii)。对尼布尔来说,古代社会最具特色的根本制度是它的氏族制度;它是理解古代国家性质的关键之所在。对尼布尔来说,所有古代的国家都按固定的方式生活,他们的民事生活常常以特定类型的部门和[63]下属部门为标志。尼布尔认为,"若城邦将自身提高到国家的等级","我们首先会发现它细分为若干部落"(《罗马史讲义》,80)。罗马的部落是由库里亚(curiae)构成的,在希腊称为胞族(phratry),它们又由许多氏族(gentes)构成。氏族(gens)是父系共同体,它是由所有以血缘为纽带拥有共同男性祖先的人构成的。氏族(gens)的成员表面上是通过出生确定的,它的基本单位是家长制家庭。然而,对

（接上页注）产权,而是为了使少数人侵占的土地为更多的公民所共享。因此,土地法的真正目的在于将这种占有提升为土地产权,对于平民占有的情形更是如此。尼布尔断言,他对古代罗马公地性质的洞见,是通过对不同国家租赁产权的比较研究而得出的,其中最为引人注目的是他对东印度封建制度的研究。尼布尔的朋友詹姆斯·格兰特(James Grant)是一名税务官员,是关于孟加拉永久居留问题讨论的核心人物,参见《孟加拉土地所有权中柴明达尔占有制研究》(An Inquiry into the Nature of Zemindary Tenures in the Landed Property of Bengal,London,1791),他认为柴明达尔(zamindars)——他们根据康利沃斯计划而被授予财产权——不是真正的所有者,他们看起来像是所有者,是因为他们长期占有公地,但是他们只是主权者征收税负的代理人。正是关于永久居留和印度土地制度中地主性质的讨论,阐明了尼布尔关于与公地相关的世袭占有的理解。对尼布尔来说,像西方的主权者(根据公认的东方专制主义理论)是所有土地的真正所有者,古代的城邦也是类似的绝对所有者。参见 B. G. Niebuhr,《罗马史讲义》(Lectures on the History of Rome),trans. Leonhard Schmitz [based on lectures given in 1823—29] (London,1873),chap. 30, and Niebuhr,《罗马史》,前揭,2:97—130。参见 Momigliano,《19世纪古典主义的新路径》,前揭,页 232—36。

尼布尔来说，氏族(*gentes*)不是任何简单意义上的家庭，而是自由的法人团体，或是自治的联合，任何一个氏族都是由许多家庭组成的，"通过一个共同的小教堂和一个共同的男主人联合在一起"（《罗马史讲义》，80）。这些联合有他们自己的集会、法庭、宗教权利和继承法。因此，一个氏族(*gens*)同时也就是一个社会、宗教和政治制度。不仅每个氏族都有自己的氏族祭典，氏族（它的更大的集合体就是库里亚）以成员资格来确定宗教和政治特权，如在公共集会上投票的权利；对尼布尔来说，古代人不是以个人身份投票，而是以社团身份投票（《罗马史讲义》，103）。

最为重要的是，在一个特定的氏族中往往通过成员身份来确定他们作为公民的权利和义务，它是"个人与国家之间关系的基础"（《罗马史讲义》，101）。对尼布尔来说，与现代国家——它们根据领土（如行政权、选区和大行政区）来组织管理和代表形式——不同，"古代人仅仅将土地视为是国家的基础(*substratum*)而已"（《罗马史讲义》，101）。古代国家建立在作为氏族联合成员的个人的基础上，他们的成员身份与出生相关，而不管其生活在何地。伴随着对古代国家的全新理解，尼布尔将古代政治的动力学重新解释为围绕氏族(*gentes*)成员资格的争论模式。虽然氏族(*gens*)不是完全封闭的（它允许通过收养而加入），但是从其定义来看，它却是排他性的。对尼布尔来说，公民身份(citizenship)是衍生自氏族成员资格(gentile membership)的，事实上，平民与贵族斗争是为了被编入氏族体制。平民与贵族的区分不在于其贫富之别，而在于原初公民与外地人的区别，外地人是那些要么与他们的氏族失去联系的人，要么是那些不能获得公民身份的氏族成员（《罗马史讲义》，104—108）。① 因此，平民只享有不稳定的和有限的地位；

---

① 摩尔根曾经指出，平民是没有氏族的，但是他同样认为秩序冲突是为了获准进入氏族秩序和国家。参见 Lewis Henry Morgan，《古代社会》(*Ancient Society：or，Researches in the Lines of Human Progress from Savagery through Barbarism to Civilization*，1877；Tucson，1985)。

他们是国家的必要组成部分,但是他们却不享有稳定的公民权利,这些权利只能通过氏族特权而获得。尼布尔关于结构、权利和氏族组织之本性的重新解释,在某种程度上用民族学的术语实际上重写了关于古代政治——秩序的冲突——的主要剧本。

因为氏族在本质上是一个自治社会——对尼布尔来说,它就是一个国中之国——古代国家没有实力[64]经常地干涉氏族的自我构成(self-constitution)的规则。但是,古代国家在非常的历史时刻,确实对氏族/部落/库里亚进行过重整,如著名的图里乌斯(Servius Tullius)改革。这些都是罗马宪制史上的革命时刻,通过改变氏族的构成,国家的整个特性也将改变。更为普遍地说,尼布尔暗示,古代政治向现代政治转变的关键,可以从通过血缘整合的家族/氏族向地方性的领土团体的转变中发现,这在罗马是与图里乌斯改革相联系的,在希腊则是与克里斯提尼改革相联系的(《罗马史讲义》,100)。因此,在尼布尔的著作中,我们看到国家和政治义务的基础,发生了从血亲关系向领地关系这一世界历史性转变的观念起源,随后在梅因、摩尔根、马克思和恩格斯的著作中得到详尽的表达。

尼布尔关于罗马政治共同体最初建立在氏族基础之上的观点,在此后产生了极大的影响。[①] 对尼布尔来说,氏族(gens)是希腊的"宗族"(genos)的准确对应物,并且也与苏格兰高地宗族的形成、阿拉伯半岛的部落和中世纪日耳曼人的祖先(Geschlechter)相联系(《罗马史讲义》,101—103)。正如已经指出的,这些社会团体不是任何简单意义上的家庭,共同的(真实的或想象的)血统才是其典型的特征。家族不仅仅是通过它们不同的社会法律和习俗进行自我规制的小社会,而且在古代政治中是集体行动的政治联盟。

---

① Niebuhr,《罗马史》,前揭,页 1:297—330,以及 Niebuhr,《罗马史讲义》,前揭,页82—112。

氏族体制通过血缘组织并进一步聚合为更大的团体,如希腊的胞族和罗马的库里亚,现在这一发现被视为是最早的社会形式,它对自梅因的《古代法》(1861)到摩尔根的《古代社会》(1877)所有关于血亲关系的最初研究有着深远的影响。[①] 在这两本书出版期间,出现了大量关于血亲关系的经典研究:巴霍芬(Bachofen)的《母权论》(*Das Mutterrecht*,[1861]),菲斯泰尔·库朗热的《古代城邦》(*La cité antique*,[1864]),麦克伦南的《原始婚姻》(*Primitive Marriage*,[1865])和摩尔根的《人类家庭的亲属制度》(*Systems of Consanguinity and Affinity of the Human Family*,[1871])。这些书都是由法学家/法律史家所著的,它们发起了第一轮关于血亲关系的持久的理论讨论,也建立了现代人类学的核心概念。[②] 血亲关系是"通过"古代研究这 透镜发现的事实,证实了后革命时期关于希腊和罗马的法律史研究的意义,为跨社会际的系统比较奠定了基础。对这些后来的作品而言,对于氏族起源和运行的持久探讨不仅有助于解释古代法律和政治的特殊性(如继承的本质和平民的起源),而且更为普遍地说,可以作为一种对早期人类史——原始社会——进行概念化的路径。换言之,通过指明氏族是古代城邦—国家的基础,这些作

---

① 尼布尔的解释对马克思关于古代集体财产形式的分析也有影响。参见 Norman Levine,《德国历史法学派与历史唯物主义的起源》("The German Historical School of Law and the Origins of Historical Materialism"),见 *Journal of the History of Ideas* 48,no. 3(1987):页 431—51。

② 参见 Thomas R. Trautmann,《摩尔根与血亲关系的发现》(*Lewis Henry Morgan and the Invention of Kinship*,Berkeley,1987);Adam Kuper,《古代社会的发明》(*The Invention of Primitive Society: Transformations of an Illusion*,London,1988);Stocking,《维多利亚时代的人类学》,前揭;梅因与尼布尔的关联是通过他与 Thirwall 和 Hare(他们是尼布尔的译者)之间在剑桥的紧密关系而锻造出来的。参见 Nick O'Brien,《"比法律本身更古老之物":梅因、尼布尔和"未被选择的路径"》("'Something Older than Law Itself': Sir Henry Maine, Niebuhr, and 'the Path Not Chosen'"),见 *Journal of Legal History* 26,no. 3(2005):页 229—51。

品开始考察[65](并试图证明)亲属结构——血统模式——系统地与原始社会的观念和制度(尤其是等级制度/权力、财产权和古代宗教的本质)联系在一起。

菲斯泰尔·库朗热的《古代城邦》和梅因的《古代法》是这一研究脉络中的开创性作品。二者对古代社会氏族体制的起源和运行都提供了系统的理论说明,且明显地指向了一种更为普遍的社会学类型。① 他们所力求的普遍化部分是为了在古代研究中有意识地适用比较的方法,在古代研究中,雅利安人民联合(unity of Aryanpeoples)的想法使得运用古印度资料思考希腊—罗马制度最遥远的起源和更模糊的面向成为可能。此外,如尼布尔一样,菲斯泰尔·库朗热和梅因都调整他们的著作以反对关于古代罗马的激进解释,并反对法国大革命的政治意涵。

库朗热认为,革命游击队员们"不完全地注意到了古代的城邦制度",

> [他们]幻想在当世复兴古代制度。他们误解了古人的自由,只此就足以将近世之自由陷入危机之中。最近八十年的事实已清楚地表明,阻碍现代社会前进的一大障碍便是,在近人眼中总习惯性地存有希腊罗马之古代。(《古代城邦》,11)

对库朗热来说,古代人和现代人有着"根本上"和"本质上"的差异。当我们客观地进行观察时,就会发现希腊和罗马与我们的

---

① Numa Denis Fustel de Coulanges,《古代城邦》(*The Ancient City*, New York, 1873)。最初于 1864 年在巴黎以 *La cité antique* 之名发表。库朗热在发表他的著作时并不知晓梅因的作品。两位思想家在关于古罗马法中是否有私有财产观念这一问题上有最为重大的分歧(库朗热认为古罗马法中有这一观念,而梅因则认为即便是存在所有权观念,也是关于公共财产的观念)。尽管如此,库朗热对梅因还是崇拜有加,他在 1888 年梅因卒于法国之际发表了一篇悼词。

异质性，就如同"古印度和阿拉伯半岛"之于我们一样，因此，"具有绝对无法模仿的特性；现代与它们并无相像之处；将来也不会有相似之处。我们试图说明这些社会是通过什么样的规则进行调整的，并且也将坦率地承认同样的规则绝不能够再次统治人类"（《古代城邦》，12）。

希腊-罗马的社会"规则"与氏族结构或古代家庭有着根本性的关联。氏族是罗马法所称的父系家庭，它是根据父系血缘联系而成的共同体。照此而言，它是一个比核心家庭更大的实体，也不是严格地以血缘来界定的。一方面，拥有紧密血缘关系者（同族）可能会被排除在共同体之外，另一方面，没有血缘关系的家眷（如奴隶和门客）却被纳入在共同体之中，尽管是以从属的方式被纳入的。但是，如果古代的血亲关系不是严格的以血缘为基础的，即不是严格意义上的"自然"联合，那又将如何解释它的起源与维续呢？对库朗热来说，氏族断然不是自然联合，它也不能纯粹[66]依靠武力和权力建立和维续。更确切地说，这些普遍存在的制度对古代社会和政治关系的塑造是以一系列更为根本的理念和信念为基础的，它们将在库朗热所说的古代宗教中寻得。古代的血亲关系以对共同体的崇拜为标志，它反过来为婚姻、财产法、继承法和政治制度设置规则。这一宗教是雅利安家庭对于祖先的共同的原始崇拜。对库朗热来说，私有制、父权制和长子继承制都是起源于对祖先的保护和崇拜的制度。[①]

对原始宗教和罗马生活的仪式和信仰的集中考察，增添了库朗热视野的比较色彩，他有意识地用言辞挑战罗马政制起源的原发的和世俗的解释。对库朗热来说，保守主义在这个意义上更进

[①]　库朗热在 1870 年后，由于巴黎公社的经历，他转而为私有制（从古代到中世纪的例证）进行更为直截了当的辩护，并且较少关注古代社会的宗教面向。库朗热的学生涂尔干在《宗教生活的基本形式》（*The Elementary Forms of Religious Life*，1912；New York，1995）中明显地采用了乃师库朗热关于宗教和血亲关系的结构性分析。

一步,古代宗教与国家制度相互支撑,"这两种力量联合在一起,形成一种几乎是超人的力量,人们的精神和肉体共同受其奴役"(《古代城邦》,220)。换言之,追随贡斯当的建议,库朗热认为古人"对个人主义自由一无所知"(《古代城邦》,219);所有的思想和行动都受到法律的严格限制。所有的命令必须与公共的宗教规范严格地保持一致。

梅因著作中对于罗马的民族学研究,意在遏制 18 世纪罗马共和国所拥有的激进的政治意涵。而库朗热则强调,古代宗教的仪式和信仰标志着古代社会与现代社会之间的根本区别,梅因则关注父权制家庭自身的结构。与自由相对,梅因的罗马是由古代父权制家庭压迫性的各种束缚和对家族首领的服从来界定的。梅因认为,卢梭对古代自由和自然自由——革命分子竭力复兴之物——的理想化,来自于对假象的自然状态中的人的个体性、平等性和同质性的根本误解。

从自然状态中的个人动机演绎出社会起源的思想,是建立在对历史发展和古代社会的真实性质的根本误解之上的。在梅因看来,"古代法律几乎对个人一无所知"(《古代法》,250);只有家庭是权利与义务的主体,而单个的公民却不是。古代的父权制家庭是一个团体组织(corporate group),它是尼布尔的氏族体制的基本单位,通过古代父权制下的司法管辖权和家父对家属和财产的专断权力组织起来。古代社会是家庭的聚合体,而现代社会则是个人的集合。梅因认为,[67]"古代社会的基本单位是家庭,而现代社会的基本单位则是个人,这是关于这一对比的最具说服力的表达"(《古代法》,121)。正是古代家庭的社团性质成了早期法学各个法律领域的标志。

在梅因的作品中,血亲关系从本质上而言表达的是一种政治关系;所有从属于父权的个人都被认为是同族,他们都被归入到共同的族长的司法管辖权下。这种关于血亲关系的政治解读,也有助于将财产、契约和权利观念联系在一起。在父权制家庭中，"血亲关系"的空间和权力的空间是一致的；人格法（Law of Persons）涵括了所有其他的权利和义务（比如那些与财产相关的权利和义务）。从身份到契约的转变，亲属纽带的弱化，共同财产的分割，契约自由的扩张和个人权利的发展都是平行的进程。一个领域内的转变将必然关联到其他领域的变化，因此，它暗示着一个观念与制度相互影响的整体性理解，并将之作为社会形成的驱动力量。

在这些最初的研究中，血亲关系被当作一个关键的结构性的和比较的概念，它是表示社会、政治、法律和家庭关系结合并相互依存的整体标志。从根本上而言，氏族体制的亲属结构来源于政治权力（梅因）、原始宗教仪式（库朗热）、婚姻等级（摩尔根）抑或社会结构（涂尔干），这是一个统一的概念，一个在每一个其他主要的社会制度中反映出来的概念（《古代法》，121）。[①]这样，梅因和库朗热便明确地站在蓬勃发展的现代社会学理论和功能主义社会学一面，他们认为自己的方法论起点与社会结构是内在一致的。重要的是，这种对社会结构和社会内在节律差异性的认识，最后演化为一种极端对立的二元论模式，古代与现代的对抗。

"社会"与政治的局限

社会理论的兴起常常被描述为一种方法论的革命，与作为有机体和独立实体的社会的发现联系在一起，其内在的具有规律性的动力可以通过科学分析得到认识。方法论的革新似乎是对隐

---

① Fustel de Coulanges,《古代城邦》,前揭;Morgan,《古代社会》,前揭;Durkheim,《宗教生活的基本形式》,前揭。

含在早期社会研究方法中,尤其是政治哲学传统中的理想主义和个人主义的突破。但是,如果完全从方法论的视角去解释社会理论的独特性,将会忽略它对政治哲学的实质性批判,[68]尤其是对 18 世纪的政治哲学以及它所引发的独具特色的政治学的批判。"社会的"逻辑优先性的主张中同样隐含着它对卓越地位的要求。通过揭示社会在人类行为构成(行为解释的中心地带)中的普遍作用将其概念化,政治制度和权威结构被用来表达(而不是建构)潜在的社会关系。进而,"个人"被认为是通过社会结构而产生,甚至受到社会结构的限制。因此,它暗含了大量关于人的可塑性、社会生活的可塑性和人类行为的主要决定因素的理论主张。更具体而言,19 世纪的社会学思想的显著特征在于,它的产生是为了对抗和批判被认为是孕育了法国大革命激进主义的政治思想。18 世纪的革命政治学主张,社会明显是可以改变的,而且能够通过政治来加以完善,这种观点尤其体现在复兴"古典政治"的尝试中。

梅因和涂尔干等思想家往往将关于社会性质、行为的社会文化决定论和社会各领域在功能上的相互依存的方法论主张和实质性主张混为一谈。然而,当一些社会理论家对那些打着科学严谨旗号的政治哲学进行批判时,像梅因这样的思想家也主张,比如,自然平等必然包含了规范的含义,因此尤其热衷于削弱它们在经验上的有效性。对政治哲学的理想主义和乌托邦主义的拒斥,与对具体的政治哲学主张(即自由主义的设想,尤其是社会契约论和功用主义)的实质性的经验性质疑并肩作战。

从阿伦特(Hannah Arendt)、施特劳斯(Leo Strauss)到沃林(Sheldon Wolin)的许多政治思想家都意识到,19 世纪"社会"和社会科学的兴起,构成了对"政治"的威胁。沃林在《政治与构想》(Politics and Vision)中的讨论最为接近这里所呈现的分析。[①]　与此相反，阿伦特和施特劳斯的政治观念常常将政治界定为一种特定类型的活动——在施特劳斯看来，它是一种特定的有哲学意义的活动——它有其古代政治的根源。[②]　然而，我认为19世纪的社会理论挑战的政治的观念和政治哲学的观念更为具体和现代，国家和政治制度对社会产生重大影响的优先性，在很大程度上阐明了这一点（这种观点可追溯至霍布斯）。在这种政治观中，政治是变革和创造性改革的独立动因，它明确接受通过理性和意志改变社会的可能性。因此，关于潜在的、[69]普遍的社会行动者的特性（尤其是关于改变的目标）的设想，在于强调其平等性、易变性和可完善性。

大革命后对罗马的重新评价有力地证明了现代社会理论的两个独特主张，它们既是方法论主张，也是实质性主张。与现代生活的特征相比，古代生活几乎完全处于另一个世界；不仅古代生活中的一两项制度（如奴隶制）特别与现代情感相背离，而且古代文化——它的观念和制度——与现代社会的所有前提相矛盾。这些根本的差异不仅是系统性的，而且是非政治化的。在根本意义上，

---

① 沃林明确地将现代社会理论的发展表达为，致力于"侵蚀独具特色的政治"的思想传统。对沃林而言，这不单纯是描述和划分政治哲学和现代社会科学的恰当领域的方法论主张。它是一个关于政治本身地位的复杂的实质性主张。在关于现代社会的解释中赋予社会、经济和文化因素以特殊地位，社会理论将政治学视为"行动的衍生形式，它需要根据更为'根本的'的因素进行理解。"无论这些根本的因素被理解为经济、文化，甚至是心理性的，它都暗示着政治现象（观念、制度和实践）并没有独特的身份和目的，即它并不最终依赖于一系列根本的社会进程和命令。参见 Sheldon S. Wolin，《政治与构想：西方政治思想的延续与创新》，(*Politics and Vision: Continuity and Innovation in Western Political Thought*, Princeton, 2004)，chap. 9。

② 阿伦特关于"社会"的兴起对于政治自由的威胁的理解，总是以完全不同的（甚至是相反的）角度来说明。在严格意义上，社会问题"可以更好更简洁地表述为贫穷的存在"(60)，它对政治的影响并不只限定在政治领域，而是被危险地扩张到政治以外的领域。因此，阿伦特警告道，要关注政治的恰当界限，因为，"任何试图通过政治手段去解决社会问题的企图都将导向恐怖"(112)。参见 Hannah Arendt，《论革命》(*On Revolution*, New York, 1963)，页59—114。

政治制度——政府形式和政制类型——作为塑造社会生活的首要力量的地位遭到了质疑。然而,在一个世纪前孟德斯鸠的著作中,罗马法和父权制在根本上是与政府形式(共和政府)相关的;①对库朗热来说,政治观念和政治制度是基本的宗教趋向的衍生物。同样,在梅因对古代法和血亲关系更具政治化的描绘中,独立的政治生活和政治想象,因其与社会的结构性需要纠缠在一起而被排除。

正是社会性质的差异解释了古代社会和现代社会之间不可协调的差异。对血亲关系的研究,通过揭示一种对于社会组织的深刻的,甚至是因果性的逻辑,为古典社会学详细阐释的"社会"概念提供了实质性的基础。涂尔干在早期关于孟德斯鸠与社会科学的论文——这篇论文由库朗热指导并题献给他——中明确指出,恰当地承认"社会"作为一个真实而又自然的"物",与对政治哲学各种主张的排斥有密切关系。对涂尔干来说,孟德斯鸠之前的政治哲学家倾向于认为社会生活的方方面面(如法律、习俗和宗教)是人类意志的产物,因此是可以变更和完善的。社会生活的典型特征——将一个社会与另一个社会区别开来的那些特征——从根本上来说与政制类型相关,并按照政制类型进行分类。这样,所有作为改革核心的政府机构和最为重要的公共机构都主要是政治性的。在某种程度上,涂尔干的论证具有方法论意义,它将对人的意

---

① 对孟德斯鸠而言,为了维持和促进平等和节俭,共和政府需要严格的契约限制。在土地法中,这意味着最初对土地的平等分配不能被改变或轻易分割。甚至在继承方面,继承也受到管制,以至于不准许自由的遗嘱继承,因此排除了对共和国基本法的破坏。在孟德斯鸠那里,父权制——一种看似与共和主义平等相龃龉的权力原则——成了"辅助性的"权力,但它对于补充共和国中压制性权力的缺失却是必要的。国内领域——共和国风俗再生的主要场域——被正当地认为要受到家长式权力的制约。因此,对女性的监管——女性应该永远处于父亲、丈夫和亲戚的监管之下的制度性观点——被认为是公共领域的共和平等的恰当对应物。参见 Montesquieu,《论法的精神》(*The Spirit of the Laws*, Cambridge, 1989),页 44—46,50—51,107。

志的强调与对科学解释进行规范的理论化的优先性结合在了一起。按照他的说法,政治科学是"艺术",[70]而不是科学;相较于"认知"社会,政治科学试图根据某个蓝图纠正和改变社会。①

然而,这一方法论的讨论却是以实质性主张为基础的。涂尔干认为,社会科学和社会学真正缺失的不是清晰的方法,而是独特的研究目标。在将社会假定为配得上科学的主题时,必须承认社会现象是"自然的"物,"就像所有其他自然界中的物一样拥有特性,"不"依赖于人的意志"(《孟德斯鸠与卢梭》,3—4)。涂尔干认为,孟德斯鸠的伟大创新在于,他意识到政府形式与特定的社会类型有某种必然的联系。尽管他的分类是根据传统的政制类型(就共和制、君主制和独裁制而言)而阐释出来的,涂尔干认为,正是事实上的社会分类(而不是政府形式),使他第一次认识到了社会在理解政制的本性方面具有因果关系上的优先性。涂尔干认为,虽然政府形式本身是对社会安排的反映,但说好听点也只是一种附带现象,说得不好听点可能纯属偶然。不管怎样,政府形式在理解社会的本性,或在实践中塑造社会现象方面的重要性微乎其微(《孟德斯鸠与卢梭》,13)。简言之,政治哲学(除了孟德斯鸠的部分例外)在全神贯注于想象一套理想的政治安排时,遮蔽了社会现象本身所固有的和谐与融贯。这种和谐不依赖于政治权威的性质,也不依赖于公民的意志活动或立法者的(神话的)权变艺术。政治哲学的传统计划被抛弃之时,就是社会科学起步之日。因为"如果社会(政治)科学事实上是存在的,就必须认为社会有其自身特定的性质,它来自于构成社会现象的要素的性质和安排,并且是

---

① Émile Durkheim,《孟德斯鸠与卢梭:社会学先驱》(*Montesquieu and Rousseau: Forerunners of Sociology*, Ann Arbor, 1965),页 4—5。关于孟德斯鸠的比较方法,参见 Melvin Richter,《政体与社会比较研究》("The Comparative Study of Regimes and Societies"),见 *The Cambridge History of Eighteenth-Century Political Thought*, ed. Mark Goldie and Robert Wokler(Cambridge, 2006),页 147—71。

社会现象的渊源。一旦这些要素的存在得到承认,我们的立法者以及他们的传奇都将消失"(《孟德斯鸠与卢梭》,24—35)。①

与涂尔干一样,梅因盛赞孟德斯鸠为现代社会科学,尤其是历史和比较方法的奠基人。梅因认为孟德斯鸠尤其重要,因为他注意到了社会习俗和社会态度方面重大的历史和人类学变化。然而,涂尔干和梅因都认为孟德斯鸠将这一变化误解为不稳定,并夸大了人性的可塑性。为了接受社会制度的起源是人为的和建构的这一更为激进的解释,他从根本上假定人"随时随地都是一样的"(《孟德斯鸠与卢梭》,18)。因此,为启蒙运动认为社会环境是极易改变,甚至可以通过政治机构予以完善的观点铺平了道路。

[71]19世纪社会理论的这些变体阐明了关于人类行为的这样一种观点,它暗含了稳定与变化的具体结合。在行为和信仰方面,个体被认为是社会结构的产物,它天性多样化并在原则上受制于这种深刻的变化,人性能够通过深思熟虑的制度变化被彻底并迅速地改变的观点被排除了。梅因用极为简洁的语言明确表达了这一感悟,他认为孟德斯鸠的伟大因此而被冲淡,

> [他]不愿与当时流行着的各种见解公然决裂……孟德斯鸠似乎……把人类的本性看做是完全可塑的,它只是在被动地重复着它从外界所接受的印象,在绝对地听命着它从外界所接受的刺激。而他的制度所以不能成为一个制度,无疑地,错误就是在这里。他过低地估计了人类本性的稳定性。他很少或完全不重视种族的遗传性质,即每一代从前辈接受下来再一代代传下去很少加以改变的性质……在他所罗列的变例

---

① 在拉丁语原版中,这一术语是政治科学。参见 Émile Durkheim, *Montesquieu: Quid Secundatus Politicae Scientae Instituendae Contulerit/Montesquieu's Contribution to the Establishment of Political Science* (Oxford,1997),页20—20e。

> 中……有不少不是证明人类本性的变化无常,而是证明了其
> 恒久不变,因为它们都是人类在较古远的时期顽固地抗拒了
> 在别种场合可能会发生效果的各种影响而遗留下来的遗物。
> 真相是,在文明智力的、道德的和体力的组成中,绝大部分都
> 属于稳定部分,它对于变化具有巨大的抵抗力,因此虽然世界
> 上一个部分的人类社会是明显地变化多端的,但这些变化并
> 非如此迅速,也不是如此广泛,以致其数量、性质及一般趋向
> 会达到不可能确定的地步。(《古代法》,110—113)

这种对于人类行为的观点意味着,社会制度确实塑造着构成
人性的丰富多样的冲动和习惯,它们同时也被这些冲动和习惯所
塑造。因此,正是习俗、历史和风俗的差异解释了社会制度的多样
性和可变性。同时,虽然人性是可变的,但它也显示出了某种稳定
性,由于对社会结构的相互依赖,它们拒斥快速而又彻底的变革。

19世纪的自由主义政治思想家提出了一个类似的观点,认为
风俗、习惯、个性和政治制度是相互依存的,它的言外之意是,徒有
政治制度不足以保证有好的政府。正如前几章所指出的,与社会
理论家一样,密尔也表达了对政治制度的普适性——有一个适用
于所有社会的理想的政府形式——的怀疑,他部分奠基于对政府
在人类事务形成方面的决定性作用的怀疑。这种怀疑以拒斥严格
的平等主义为前提,这种平等主义假定"所有时空条件下的人都是
一样的";密尔认为[72]政治理论家们所犯的一个共同性的错误是
"在过去的时代里……通常都认为,英国和法国的代议制民主已经
被证明是适合于贝都因人和马来人的唯一恰切的政府形式"(《边
沁哲学评论》,10)。

涂尔干和梅因都坚决否认存在任何理想的政治类型"可以超
越于一切时空要素的考虑,并适用于所有人类"(《孟德斯鸠与卢
梭》,17)。事实上,梅因认为大革命起源于卢梭的错误主张,即"一

个完善的社会秩序可以演进……而不考虑与之完全不同的社会环境的实际状况"(《古代法》,85)。通过从假定的自然状态中的个人动机出发的逻辑演绎为理想的政治类型进行辩护,而不惜以历史判断为代价而冒激进主义政治结论的风险。认为人是历史动物,是习惯与习俗的造物的主张,使得对历史的关注成为必然,他们的存在模式是漫长的文明制度史的成就。契约作为进步社会不确定的成就,不是人性既定的逻辑事实(《古代法》,22—23)。因为社会生活的可塑性把早期古代城邦的公共祈祷视作现代政治的模型,政治意志的自主性也就由此遭到了批判。

对于把政治优先性作为彻底重建社会的工具的批判,与18世纪早期关于社会复杂性的一些讨论产生了共鸣,尤其是孟德斯鸠传统中所强调的,在人类社会性的形成过程中风俗与习惯互动的重要性。这在一般的亚里士多德式的思考路径上得到了重述,它同样强调调整政府形式以适应特定社会的基本社会特征的必要性。我认为,在某种程度上,19世纪批判的特殊性,一方面来自于对风俗和习惯的严格解释,另一方面来自于对社会的更为整体性的解释。19世纪的社会理论倾向于强调对社会进行大量的体系化;社会在这里是一个紧密的功能性系统。涂尔干认为,社会的独特地位意味着政治和政府形式只是一种附带现象和/或仅仅与社会生活有着偶然性的关联。梅因虽然更为关注外在强加的变革和社会进步之间相互影响的动力学,但他仍然认为社会有一种内在的融贯性和先于并独立于政治的逻辑。

到了19世纪晚期,罗马社会的重建在政治上不仅认为是不可欲的(如贡斯当),而且也被认为是不可能的,因为人更多地被历史和文化所限制。政治的自主性已经黯然失色,[73]因为它已经被简化为对更为根本的社会性质的衍生性反映,不管我们怎样去想象它。18世纪(启蒙运动)关于政治世界和人性本质上可完善性的观点遭到了质疑,这种保守主义的社会理论暗含着一种普遍的社会理论,它认为无论是古人还是今人,都因其社会形态而在政治想象和政治行动领域内更为节制。涂尔干在其关于现代社会理论特性的卓绝描绘中指出,社会现象是"自然的"物,"像所有其他自然界中的物一样,它们各有其特性",不"依赖于人的意志"(《孟德斯鸠与卢梭》,3—4)。社会是一种自然平衡,政治和政治意志不再是决定性的因素,也可以说是,不再能够不顾各种限制因素而自由地想象世界。因此,社会的出现意味着对政治的限制。

现代与传统:梅因与比较法的想象力

关于古代社会奇异特性的生动说明,产生了一种普遍的对比结构,这对于现代社会理论比较方法的想象力十分必要。在强调现代社会动力与古代社会动力的差异时,基于它们对西方工业社会独特轨迹的共同抵制,一种新的"民族学化的"古代社会将与原始社会形式、封建的中世纪社会形式和东方社会形式一道被界定为传统社会。

19世纪对比较方法的无所不在的热忱支撑着这一普遍的分类计划。这一热忱主要来源于比较语言学的成功,以及主张印欧语系与梵文、希腊语和拉丁语之间关联性的观点的巨大影响。①

---

① 提示这些古代语言之间关联性的主要人物是威廉·琼斯,他于1786年在加尔各答亚洲协会(Asiatic Society)上发表的演说中提出了这一观点。Thomas R. Trautmann,《雅利安人与英属印度》(*Aryans and British India*, Berkeley, 1997)。亦可参见 Schwab,《东方文艺复兴》,前揭;Thomas R. Trautmann,《语言与民族:殖民马德拉斯中的德拉威证据》(*Languages and Nations: The Dravidian Proof in Colonial Madras*, Berkeley, 2006);Maurice Olender,《天堂的语言:19世纪的种族、宗教和哲学》(*The Languages of Paradise: Race, Religion, and Philology in the Nineteenth Century*, trans. Arthur Goldhammer, Cambridge, 1992)。印欧语系的发现对于18世纪根据语言、种族和国家间的系谱关联寻求亲缘关系和对比的比较模型取代以政府和财产形式为基础的比较模型至关重要。关于语言模型和印欧语系的思想是如何取代早期的比较结构的论述,参见 Thom,《共和国、民族和部落》,前揭。

这一发现预示着对语言与民族之间关系的重新描绘,它彻底改变了古代希腊—罗马研究的语境,现在将印度确定为比较方法的专用领地。库朗热和梅因对古代社会进行重述时,在概念上所表现出的大胆冒进,部分来源于他们系统地(和史无前例地)使用印度证据去理解早期古代模棱两可的和无法理解的实践与信仰。一方面,印欧语系或雅利安语系的思想被用作一种合并性的框架以扩展全球比较的基础;语言方面的亲和力证明了东西方之间制度上的亲缘关系。另一方面,一种根本性的差异[74]被归因于古代的习俗、观念和制度(尤其是印度的制度);这种差异根据其与"早期社会史"的关系而被涵括和(按年代顺序)列举。在梅因的著作中,正是古代的家长制家庭和后来农业性的村社—共同体被视为普遍的制度桥梁和东方与西方、古代与现代之间的分界线。

就梅因的"比较法学"(comparative jurisprudence)而言,比较语言学是被普遍认可的模型。[①] 比较语言学的最大成就在于发现了印欧语系,"它使人想起了一群与先前所认识的完全不同的人"(《关于印度的观察对现代欧洲思想的影响》,209)。将民族学上的人际关系对印度认识论中心的支撑,理解为"一个可通过经验证实古代惯例和法律思想的现象的巨大宝库"(《东西方村社—共同体》,22)。古代法律思想"之于法学家,就像原生地壳之于地质学家一样。它们可能包含着后来法律将自身呈现出来的所有形式"(《古代法》,3)。它们是"确定已被展开的每一种道德约束形式的萌芽,现在它控制着我们的行动并塑造着我们的行为"(《古代法》,116)。虽然印度的社会状态是"野蛮的",但它是"包含着我们文明的大部分内容的野蛮,它的元素至今尚未分离,也没有展开"(《关于印度的观察对现代欧洲思想的影响》,215)。

---

① Maine,《东西方村社—共同体》,前揭,页 6。亦可参见 Maine,《古代法》,前揭,页 118。

梅因关于比较的观念建立在一种特别的人类学时间刻度上(ti-
mescale),地区与习俗的差异通过时间的差异来表现。① 比较就是
"用一系列当代的事实、观念和习俗…不仅从过去形态的历史记录,
而且从那些尚未淡出于我们的世界的例证出发,推论那些事实、观念
和习俗在过去的形态。"这将需要检查"平行现象"与同时期的数据资
料,"如果可能的话,以确立其中一些与另一些的历史继承关系为目
标"(《东西方村社—共同体》,6—7)。实际上,这意味着现存的关于
"原始"社会(如印度)的民族学数据,为以西方社会为顶点的普遍的
文明史的重建提供了重要的关联关系。雅利安语系或印欧语系的看
法通过单一的(进化的)制度发展史将印度、古罗马、封建社会和现代
欧洲牵连到了一起,因而变成了一种可以想象全盘历史的媒介。②

然而,比较语言学对梅因的调查研究而言,更像是一个鼓舞人
心的类比,而不是严格的方法论模型。虽然梅因特别关注各古代
法律体系中的法律术语在语言上的亲缘关系,但这并不是他调查
研究[75](历史学的和民族志学的)的主要模型。此外,相较于比
较语言学,本质上更具雄心的计划可能产生更多的假设性概括。
法学的研究对象是整个"人类社会的现象"和"法律、法律思想、意
见和惯例,它们更多地受到外在环境而不是语言的影响。它们更
多是处在个人意志的摆布之下,并最终更多地受到外部有意识的
变化的影响"(《东西方村社—共同体》,8)。梅因认为,深思熟虑所
导致的社会变化在"进步"社会的历史中更为言过其实,它被认为
是"对遮蔽我们从属于其中的人类的那部分最古老的制度为祸尤

---

① Johannes Fabian,《时间及其他:人类学如何实现其目标》(*Time and the Other : How
Anthropology Makes Its Object* , New York, 1983)。法比昂的著作探究了这种时间
距离的伦理意义。

② 参见 Trautmann,《雅利安人与英属印度》,前揭。最为引人注目的是,在梅因所有
的著作中,他从没有把雅利安社会视为在本质上不同于或对立于非雅利安的历史
或制度。

烈”的一个主要因素。① 对此的两个最重要的历史明证，首先是罗马帝国的特定影响（通过罗马法），其次是集中国家权力和立法（罗马也是这方面的主要例证）。正是在世界的这些非常地域——如印度与爱尔兰——这两股伟大的历史力量几乎没有被感知到，因此可以确定它们的土著性质和原始制度的逻辑。

这是印度得以继续被作为进入关于古代法律和社会讨论的特别切入点的另一个原因——它代表了欧洲“活生生的”过去。梅因认为，“可能再没有哪个国家的习俗比印度的习俗更为稳定的了”（《东西方村社—共同体》，9）。因此，对当代印度社会和政治制度的研究，精确地阐明了雅利安社会和人民过去的历史，因为印度社会被认为是一个停滞的社会，它阻止了早期阶段制度的发展，因此保存了它们的古老性格。印度“包含着雅利安的制度、习俗、法律、思想和信仰的整个世界，处于一个比它之外所存在的任何事物更早的成长和发展阶段”（《关于印度的观察对现代欧洲思想的影响》，211）。可以说，对印度制度和实践的科学观察有助于填充许多现存历史记录的空白。因为历史本身被认为有其明确的方向，对起点的恰当描述——古代所指为何——是根本性的。

从最早期的著作来看，梅因的历史兴趣是理论导向型的。从他的整个文集来看，他的目的在于重建历史的起源、逻辑和制度发展，尤其是那些形成和支撑它们的理念，以支撑对历史演进逻辑的概括。关于历史逻辑的基本的理论表达——在梅因著名的格言“从身份到契约”中得到了概括——在《古代法》（他最早的著作）中首次被提出，这主导了他后期著作的视野，并没有再对其进行明显的疑虑和改动。梅因理论的 [76]自信和融贯并非哲学史家的自信和融贯；他所呈现的理论性的结论，是通过仔细研读历史和民族志证据

① Henry Sumner Maine，《早期制度史讲义》(*Lectures on the Early History of Institutions*，London，1875)，页 11。

归纳得出的,绝非对人性和第一原理进行抽象反思的臆断。同时,身份/契约的对比也可以说是提出了同样抽象和程式化的历史叙事,在其中,现代社会逐渐被发展为古代/原始社会的极端对立面。

梅因在《古代法》中首次提出了作为"法律进步"(law of progress)的"从身份到契约"的格言,在这里"个人不断地取代家庭而成为民法的基本单元"。"人与人之间的关系,逐渐地取代了起源于家庭的权利与义务的相互性形式……就是契约"(《古代法》,165—166)。梅因认为我们现代的权利和义务观念是从"家庭"中提取出来的,而不是包含在古代父权制家庭中的血亲关系和权力的特定集合。比较法学再次为极具创生能力的印欧语系思想所支撑,它证明了作为"人类原初条件"的古代父权制家庭的广泛(甚至是普遍的)存在(《古代法》,119)。然而,对作为法律制度的古代家庭最为清晰的描述可追溯至罗马法,在后期的著作中,梅因试图确立它的普遍性,以及从印度数世同堂的联合家庭(Joint Family)、东欧(斯拉夫)家庭共同体(House-Community)到最后的转变形式日耳曼(中世纪)和印度的村社—共同体在制度方面的多样表达。根据将父权制家庭视为(印欧语系)文明世界最原初的社会政治形式,梅因为血亲关系在早期社会意识形态和制度基础中的理论重要性进行辩护。现代社会在古代家庭趋于瓦解的缝隙中开始形成,导致了个人(与社团家庭相对)的出现,并将之作为社会和领土(与血亲关系相对)的基本法律单位,也作为政治义务的主要基础。

最重要的是,所有形式的古代家庭都是团体组织,通过某种类似于古代父权——家父对家属和财产享有绝对的权力——的司法管辖权的东西进行组织。① 它是一个由男系血缘界定的父系聚合

---

① "这种群体由有生命的财产和无生命的财产,由妻子、孩子、奴隶以及货物组成,对所有这些的保有均须服从血统最古老、最年长的男性的专制权威,如父亲、祖父甚至遥远的祖先。把这种群体凝聚在一起的力量是权力。"Maine,《早期制度史讲义》,前揭,页310。

体,通过对最年长的男性祖先的共同服从而结合在一起。家父对于所有家属(母亲、兄弟姐妹、妻子、孩子、门客和奴隶)"从生到死"都享有至高无上的权威,并扩展到(他们的)财产,梅因认为他的这种持有是以"代表人的身份[77]而非以所有者的身份"(《古代法》,119)。在罗马民法中,父权制家庭有其特定的法律性质和身份,它是可以通过源于父亲和氏族的命名予以识别的可使自身跨代际永久存在的团体。在财产和继承方面,"家庭"是作为一个整体进行继承的,在债务方面,它对债务赔偿负有集体责任。梅因认为,正是古代家庭的团体性质使得它在早期法学的各个领域都留下了自己的印记。用专业术语来说,它意味着在古代法中人格法可以统摄所有其他的法律领域。因此,在古代法向现代法的转变过程中对人格法进行了不断的限制,即"家庭依赖性逐渐消除,并为个人义务的成长留下了空间。"在这一关于法律发展的详尽叙述中,现代社会达到了它的终极目标"在这一社会秩序阶段,所有的关系都因个人之间的自由协议而形成"(《古代法》,165—167)。古代家庭中家庭专制的严苛性是私法的具体特征,它与古代公民身份领域的自由和平等(尤其是父子之间)的公共原则并存。① 梅因认为,尤其体现在古代法典(如《十二铜表法》和《摩奴法典》)中的古代法,显示了一种有所欠缺却又精美细致的矛盾混合。虽然私法(尤其是与家庭相关的法律)具有严格的形式主义,其中有大量关于正当程序和仪式的详细表述,但是这一切在公法领域却付之阙如。甚至在国家法和公法形成以后,情形仍是如此,其法令的适用极其有限,很难渗透进古代家庭的司法管辖领域。正是因为古代家庭的统一和独立,梅因坚持认为,从根本上来说,古代社会就是一个国中之国(*imperium in imperio*),一个社会团体,一个家庭聚合体,与构成现代社会的个人集合形成鲜明对比。因此,现代国际法

———————

① 贡斯当对此也特别强调。

是古代公法最接近的类比，在古代最低限度的权利和义务只延伸到家长，他就是家庭领域的主权者(《古代法》，140—145)。尽管梅因在论述社会史中父权制家庭这一主要事实时谨慎地援用了菲尔默(Robert Filmer)，但是他自己关于原初的父权与主权发展之间关系的解释却走向了相反的方向。① 在菲尔默的父权制理论中，父权制家庭中的关系反映了主权者与其公民的关系。相比之下，梅因则认为，它并不是作为一个从家庭内部统治模式向外扩展而成的主权模型，而是将家庭解释为王国/主权的缩影(《摩尔根与血亲关系的发明》，136)。在古代社会向现代社会的转变过程中，父权逐渐失去了他对家属的支配权，[78]并且变得越来越受到民法/公法(它们倾向于扩张自身，并最终获得独立)的限制，最终将家庭的全部权利和义务授予个人。古代法由被理解为家庭的主权的权利与义务构成，在现代法律中，个人与个人之间的关系就像小的主权者之间的关系。

　　古代家庭是理解法律发展的动力的基本起点，因为"文明种族的很大一部分法律意识都可追溯至这个概念"，"这些法律意识的发展史，也就是古代家庭观念的缓慢的退化史"(《东西方村社—共同体》，15)。在对等级制——古代家庭的专制基础以及那一社会体系中所产生的受到高度限制的行动模式——的具体解释中，梅因提供了对原始生活的全新描述。如果人类社会的亚冰期理论倾向于将野蛮人理解为高度个人主义的——在密尔看来，野蛮人是由无法控制的欲望所驱使的纯粹的自我——梅因则将古代生活描述为一种以思考和行动的仪式性形式为特征的生活方式。文明的

---

① 菲尔默是 17 世纪绝对君主论的拥护者，因其是作为洛克《政府论·上篇》的主要敌手而被世人铭记。菲尔墨认为，主权权力从本质上而言是一种父权，就第一家父亚当而言，他的权威并非来自于他的臣民/后代的同意，而是来自上帝。参见 R. Filmer，《父权制及其他》(*Patriarcha and Other Writings*)，ed. Johann P. Sommerville (Cambridge，1991)。

发展不在于社会协调意识的成长以及向公共领域的导向,而是通过对古代法的严苛性的不断改进,使个人从公共义务的束缚中解放出来。同时,将家父权视为古代家庭得以形成的关节点,梅因也试图将血亲关系视为古代社会的基础。然而,血亲关系又绝非是一种"自然"关系;它是一种高度人为的和想象的关系,完全由权力结构充斥和构成。①

男系家庭意识形态建构的最简单说明在于,它给家庭谱系中的一系赋予特权,而将同样具有近似的连带关系(同族)的他系排除在外。通过收养实践的普遍化(梅因认为这是古代社会体系普遍的、基本的特征),"外乡人"得以在法律上被承认为同族。血亲关系作为一种制度,不是对"自然的"社会关系的反映,而在梅因看来,应该被理解为以服从公共权威为标志的政治制度。血亲关系在本质上是政治关系和权力配置的古代意识形态标志和名称。相比之下,摩尔根和麦克伦南则认为,血统制度(lineage systems)出现于婚姻制度(尤其是通过异族通婚和同族通婚所确立的婚姻等级制度)的不同演进阶段,并且也是对它的证明。库朗热则认为,男系血亲和父权制家庭出自于先前的宗教取向,也就是祖先崇拜的结构,以及被授权执行一定神圣仪式的人的等级构成。涂尔干认为,[79]社会结构本身是古代制度分类(理解逻辑分类的起点)的主要的和先验的渊源。

然而,在梅因的模型中,权力和血亲关系总是以这样一种方式扭结在一起,权力被认为是人们聚合在一起的最初原因和"形成"原因(以及约束这些团体的持续性力量)。② 因此,作为社会制度

---

① 按照梅因的话来说,"任何关于人性的肤浅的激情、习惯和倾向都不能充分地解释它。" Maine,《东西方村社—共同体》,前揭,页 15。

② 梅因对摩尔根和麦克伦南关于早期社会史中没有权力的观点进行了明确的批判。参见 Henry Sumner Maine,《论早期法律和习惯》(*Dissertations on Early Law and Custom*,1883,New York,1886),chap. 7。

的血亲关系不仅来自关于性与婚姻的生物(或文化)理论、宗教情感或社会结构,尽管它自己总是暗自潜入甚至构造这些领域。当然,血亲关系是古代政治理论中的核心概念装置;它主要是作为一种命名(理解和遮蔽)政治关系的方式。据梅因所言,"仍处在古代思想影响下的社会缺少某种能力,还不能通过血缘关系之外的任何制度将人们凝聚起来"(《早期制度史讲义》,247)。在梅因看来,社会在一个同心圆中通过家庭核心向外延展,逐渐包括进氏族(家庭的聚合),部落(氏族的聚合),最后形成国家。血亲关系的每一次扩展都将承载一系列具体的相互间的权利和责任。当血亲关系超出自然家庭的范围(如在古代父权制家庭中一样),而将氏族和部落囊括进来后,它事实上就成了一个人为的、想象的和虚构的关系,它的意识形态功能将遮蔽这些转型,它们包含在向大规模的以领土为基础的政治共同体的缓慢转变之中。

梅因认为,"政治思想的历史是从这样一个假定开始的,即以血缘为基础的血亲关系是共同体政治功能唯一可能的基础"(《古代法》,124)。虽然从经验来看,没有哪个家庭(或部落、国家,就此而言)纯粹源出于某个大家所熟知的祖先,但是法律拟制是一个使政治共同体的成长得以可能的虚构。古代政治如同所有现存的政治共同体一样,都是通过战争、征服和兼并产生的,尽管如此,它们还是不断地得到重构,并通过血亲关系的联合模型重整秩序,"所有的思想、法律和语言都自我调整以适应这一假定"(《古代法》,127)。法律拟制的效能和灵活性解释了在传统社会凝聚人民的血亲意识形态的广泛性和持久性。它被另一种政治联合原则(即地域和领土原则)所取代,如果不是世界历史革命,它将什么也不是。政治意识形态史上,没有"一次变革如此地惊人和彻底,直到……地方毗邻……第一次确立为共同政治行动的根据"(《古代法》,124)。

尽管这一举世瞩目的变化事实上是一场革命,但是梅因认为,它是极其缓慢地发生着的历史发展,[80]并以大小不等的规模按照同样的形式逐渐形成。这一从血亲关系到土地(locality)的大规模转变,标志着从部落主权到现代民族国家领土主权的转变。梅因以欧洲君主的命名变化作为这一转变的证据,即从法兰克人的国王到法兰西国王的称呼转变(《古代法》,103—104)。① 前者代表一种针对特定人群的权威关系,而后者则指的是对于某块特定土地的支配关系。这种转变意味着对土地的专属所有权的优先发展。梅因认为,主权(sovereignty)与统治权(dominion)的结合是欧洲封建化发展的具体结果。统治权对领土主权的重要意义在于它得到了现代国际法原则的确认和认可,尤其是那些从罗马法输入的形态。梅因认为,对主权国家在国际法上的概念化是对罗马民法的模仿。因此,主权者之间的关系就像罗马个人所有者之间的关系一样(尤其是法律中与使用、占有和支配相关的问题)。②

从较小的范围来看,这种从血亲关系向土地的转变(它是公共关系和义务的根源)始于原始的血亲团体(主要地)变成农业共同体,即部落共同体"定居于某块特定的土地之上"。在这一进程中,"土地开始取代血亲关系成为社会的基础……血亲关系也日益变得难以辨认"(《早期制度史讲义》,72)。这一转变的主要例证是农业村社—共同体,梅因认为,无论是在东方社会还是在西方社会它都是基本的社会形式。梅因后期的著作开始集中研究村社—共同体,因为正如他在《古代法》结尾处所设想的,我们能够描绘出血亲关系的意识形态控制日益崩解、家庭依赖关系的瓦解以及相伴而生的个人主义成长(最终发展为土地私有制)的历史发展进程。用梅因自己的话来说,"我们在研究人法时,似乎可以看到家族扩张

---

① 或者换一种表述方式,"以前,英格兰是指英格兰人的居住地;现在,英格兰人则是指居住在英国的人。"Maine,《早期制度史讲义》,前揭,页73—74。

② Henry Sumner Maine,《国际法:惠威尔讲座讲义》(*International Law: The Whewell Lectures*, London, 1888)。

而成为宗亲团体,然后宗亲团体分解成为各个家庭;最后家庭又为个人所代替;现在可以提出这样的意见,即在这个变化过程中每一个步骤相当于所有权性质中的一次类似的改变"(《古代法》,261)。私有财产权,"就我们所看到的那种形式而言,主要是由一个共同体的混合权利中逐步分离出来的个别的个人权利所组成的"(《古代法》,261)。

梅因对于土地私有制出现的精确解释将在第四章中得到更为直接的讨论。现在,我将集中考察梅因在描述村社—共同体时所欲揭示的传统社会的性质。可以说,村社—共同体代表了[81]血亲关系和土地的中间点。实际上,它标志着一种血亲关系和土地的纯粹结合;"印度的村社—共同体曾经是一个有组织的父权制社会和共同所有人的集合。私人关系与财产所有权难以分辨地混杂在一起"(《古代法》,252)。在后期的著作中,梅因强调了村社—共同体持续不断地趋向于,用一种由关于土地的相互间的权利义务关系所聚合的更为抽象的共同体观念,来代替同族者自我认同的内在轨迹。值得注意的是,虽然逐渐转向了以土地作为认同的主要渊源,但它仍然是一种公共义务架构,村社—共同体仍然与体现在以契约为基础的社会中的个人主义的自由统治相去甚远。虽然从血亲关系向土地的转变对于古代社会意识形态基础的淡化有着根本性的作用,但是距离契约社会的到来还需很长的一段过渡时期。

梅因在《古代法》中提出的身份与契约的对比,是对罗马法历史轨迹(同样也是对西方法律制度发展)的构想,它开创了一个普遍的分类框架,因为古代是与同现代相对的其他社会体系等同的。古代家族和(甚至是更为重要的)村社—共同体变成了比较的节点,梅因将用它把雅利安谱系上的各个分支(印度、爱尔兰、罗马和日耳曼)的历史一起编织进私人财产、契约自由和个人权利进步发展的绵延不绝的制度史之中。梅因对比较方法的使用(尽管它有全面的历史和地理学的想象),倾向于加强身份与契约之间的概念对比,并将之视为极端对立的社会形式的结构性原则。尽管梅因利用了广泛的历史资源(涉及从日耳曼、印度和罗马到斯拉夫、俄罗斯和爱尔兰),但是这种多样性仍然被限制和包含在身份与契约这一基本的对比之中。身份(或习俗)和契约不仅界定了历史发展的两个端点,而且决定了所有中间阶段的性质,它展示了并非出自于身份或契约架构的组织体制的无差别的内在原则。比如,在解释欧洲和印度存在的各种类型的村社—共同体(尤其是那些在封建主义的方向上发展的)时,梅因考察了许多历史上和当代的土地法作为例证,在那里习俗原则和契约原则混杂在一起。梅因倾向于将他们视为从身份到契约的大规模转变中的若干节点,而不是寻找一个单一的定义。习俗或公共原则[82]的当代证据被认为是古代样态的"痕迹"和"残存"。因此,身份和契约是被用来描述古代社会和现代社会相互对立的典型表述,而不是用于区分历史上不同的历史演进阶段。

比较方法的时间视野进一步加强了这一对比,它倾向于把社会形式的差异概念化为发展型国家的差异和时间上的差异。例如,梅因关于村社—共同体的研究以这一时空对比为前提并被其加强,尤其是在东方/西方和传统/现代的二分法这条线索上。以财产公有制为特征的父权制村社—共同体是一个主要的连接点,围绕这一连接点,英国、条顿人(日耳曼人)和印度(延展至俄国、斯拉夫和爱尔兰)的农业和法律的历史被编织进了一个共同的理论架构。在确立这些历史亲缘关系时,这一架构却在中世纪的西方制度和当代的东方现象之间产生了时间上的等同,和一种超出欧洲的也是欧洲之前的过程的比较。①

---

① Bernard McGrane,《超越人类学:社会及其他》(*Beyond Anthropology: Society and the Other*, New York, 1989), chap. 3。

此外,在当代东方与前现代的西方之间确立的共同性,不仅仅是建立在时间距离的基础上的,而且更为重要的是这种共同性被解释为以这种方式加强身份导向的或传统社会的统一概念,而这一概念与独特的西方现代性相对。古代、中世纪和原始的社会都已崩溃,最后被归入传统这一概括性的范畴之下,这一范畴与现代西方的独特性相对立。因此,西方现代性的特质是通过人类学的时间框架和指涉前现代的传统这一统一的、普遍的范畴之整合,西方现代性的特质得以建构的。

走向文化和社会的整体模型

梅因利用比较的时间维度来强调身份与契约、传统与现代的二分解释的路径,表明了他的著作的主要特征,这一特征削弱了对梅因和维多利亚时期主流的进化论的整体性认识。许多的进化论人类学家(如摩尔根)继续保留了 18 世纪原始—野蛮—文明的三位一体,并试图严格地划分文明演进的等级阶段,与他们不同,梅因倾向于用一种二元模式去划分社会。正如我们所看到的,身份—契约的二分法[83]是对历史结合和社会形式(如村社—共同体的兴衰以及封建制度的运行)更为详尽的整体考察的元结构(metaframe),它占据了两极之间的空间。尽管时间逻辑内含在他的比较方法和对进步史观的概括当中——它们都与维多利亚时期的进化论思想产生共鸣——但是梅因从根本上被更为恰当地理解为一个二元论者。① 正是它与古典社会进化论的差异,才使得人们能够更好地理解梅因的著作对于社会理论和(20 世纪)人类学

---

① 布罗(Burrow)认为梅因一直摇摆于进化论者和二元论者之间。但是,就梅因的二元论而言,布罗更为关注的是梅因在静止社会和进步社会之间的区分,而不是他的身份/契约二分,梅因确实做出了静止社会和进步社会的区分,但是他对此有着明显的犹豫。参见 Burrow,《进化与社会》,前揭,chap. 5。

的共鸣。从社会理论的角度而言，身份/契约二分法提供了特别具有启发性的分类计划和社会结构的系统概念。对人类学来说，梅因对传统社会的解释（尤其）对社会的系统性产生了巨大影响，并且预见了一个能够对它进行概念界定的文化模型。

与理想型社会相对的模型用一种新的空间化形式激发着梅因对社会的概念化；身份与契约是一个关于社会形成的深刻的共时性解释的一部分。身份和契约是合理地规制和界定内在关系的原则，正是这些内在关系支配着观念、制度和实践。这样，无论是通过身份关系调整的社会，还是通过契约关系调整的社会，它们都从根本上被认为是整齐有序且结构严谨的整体性社会，在那里，主要原则驱动并连接着不同的关系和制度。于是，这样一幅巨大的画卷展现的并不是一个将所有社会分等级安置的文明阶梯，而是一个各有界限的社会并排存在的空间领域，然而更值得注意的是，它们是在不同的时间点上。①

在实质性意义上，无论是古代家庭还是村社—共同体都是由其社团或公共性质而界定的传统社会形式。家庭作为一种法律建构，显然仅仅是沿着社团的轨迹而被型构的，在那里家长扮演着某一个单位的代表信托人（representative trustee）的角色，他普遍地继承并保存着这个单位的代际人格。血亲关系是它的基础；血亲关系原则分配着法律/民事等级并决定着人们之间的身份关系。重要的是，血亲关系和血亲关系术语并不仅仅是习俗和惯例的集合；不能将它们仅仅简化为一个命名系统，一个纯粹的心理导引或者是物质关系、宗教观念或生物性驱动力的副产品。血亲关系原则是构成社会关系和社会秩序的基本要素；正是血亲关系使得社会关系具有了系统性。20世纪晚期研究血亲关系的理论家们，将

---

① 正如我将在第五章讨论的，正是这一空间视野加强着间接统治原则的理论和实践基础。

这一系统性面向称之为对血亲关系的结构性或共时性分析,其中的许多要点都来自于梅因的原创性洞见。①

[84]作为一种传统社会的模型,村社—共同体呈现了一种公共社会形式,在某种重要的意义上它被认为是自给自足的。村社—共同体不仅通过对土地耕作、分配和转让的方式的公共限制保存了与血亲关系相关联的遗迹,而且具有一种适应性的特征,从不同的方面以"自我行动"、"自我管理"和"自我组织"的能力而闻名。在这个意义上,村社—共同体对其自身而言是独立的和完整的;它"自身拥有继承其所占有财产的手段,而不需外在力量的协助"(《东西方村社—共同体》,175)。它是一个功能性的整体,它的自我维续能力允许它调整社会、政治、法律和经济领域内的各种事务以趋向于公共的目标。

随着对社会领域内的共时相关性的强调,这一特征在其中尤其凸显,但重要的是,它并不限于梅因对传统社会公共整合的强调,梅因的著作同时在实质性方面和方法论方面强调将社会视为理性的和功能性的整体。这一特征在梅因的殖民主义社会学(我将在第五章对此进行更全面的讨论)中得到了更进一步的强调,由于与现代的接触,传统社会的基础遭到了愈发严重的破坏。传统社会的崩溃被认为是对脆弱的社会和文化平衡的破坏,并最终趋于瓦解。印度的村社—共同体在英帝国主义的铁蹄之下瓦解,殖民进程为把传统社会和现代社会带入引人注目的、活生生的(同时也可能是毁灭性的)对立之中的路径提供了生动的例证。

将社会概念化为系统性整体,这一发展是孔德、涂尔干和斯宾塞社会学的核心所在,它是 20 世纪社会学中结构功能主义、社会

---

① 福特斯(Fortes)认为摩尔根是血亲关系分析的另一个成果丰硕的源泉(一旦剥去他对进化论的热情投入)。参见 Meyer Fortes,《血亲关系与社会秩序:摩尔根的遗产》(*Kinship and the Social Order: The Legacy of Lewis Henry Morgan*, London, 1970)。

人类学和文化人类学概念的主要特征,这在 20 世纪前几十年博厄斯(Franz Boas)的著作中得到了整合。① 相比之下,文化在进化人类学中,比如在泰勒(E. B. Tylor)关于原始文化的开创性贡献中,更多的时候是指示一种人文主义教养的心理状态,它与艺术的发展相关,并且常常与文明这一概念交替使用(《种族、文化和进化》,chap. 9)。在泰勒的著作中,虽然文化的面向(如宗教和哲学)是根据发展阶段来分析的,但是这些特征并没有用于支撑和表达各个社会的性质。它们并没有被看成是与心理状态相对的独特的社会制度。文化(是一个单数的而非复数的概念)的演进并没有揭示原始社会的结构,而是揭示了原始心灵的特征(尤其是那些与文明人共享的倾向,[85]如理性和创造性)。在这个意义上,文化与传统无关,又从另外一种意义上而言,它约束和限制着人类的行为和想象。

与这种至善论和文化的进步观念相比,现代人类学的文化概念强调历史性、多元性、整合能力和文化的相对性(它们被看成是一个有界限的整体),它认为文化是人类行为的决定性塑造者(《种族、文化和进化》,chap. 9)。这种文化概念可能是 20 世纪人类学的主要的和典型的概念,它建立在对许多维多利亚时期的人类学的种族基础和进化基础的批判之上。这一批判是由人类学的文化和结构功能主义学派发起的。博厄斯和文化学派对比较方法及其他曾宣布予以揭露和系统化的进化上的差异发起了成功的批判。博厄斯认为,相似的现象(即相似的习惯性的实践)可能是传播和模仿的结果,而不是进化的结果;它们没必要拥有共同的起源或共

① 参见 A. L. Kroeber,《文化的性质》(*The Nature of Culture*,Chicago,1952),A. L. Kroeber and C. Kluckhohn,《文化:对概念和定义的批判性评论》("Culture: A Critical Review of Concepts and Definitions"),见 *Papers of the Peabody Museum of American Archaeology and Ethnology* 47(1952),以及 George W. Stocking,《种族、文化与进化:人类学史论集》,前揭。

同的原因,这使得把一些实践界定为与"先进的"或"发达的"相对应的"早期的"或"原始的"不再可能。此外,通过强调传播的历史条件,博厄斯对将种族(生物性差异)作为一种评价标准以及把它作为习俗与实践之差异的继续保存的解释提出了质疑。① 由于种族的解释效能遭到了破坏,文化传统的根深蒂固作为一种事实反而得到了加强。文化现在被看成是单一的和独特的现象,它呈现于所有人之中,仍然作为行为的决定性因素。文化决定的普遍性——社会主要被看成是一个文化整体——是文化多样性和相对性的基础,不再与种族或文明进程的包罗万象的外在标准相关联。

同样地,社会人类学的结构功能主义学派也对社会进步的进化论概念和阶段式概念提出了质疑,比如,他们否认婚姻形式和血亲关系结构是按照从原始乱交、母系社会、父系社会到现代核心家庭前后相继的阶段发展的观点。② 同时,功能主义者对进化论的批判复兴了对血亲关系进行结构分析的兴趣,它作为(尤其是)部落社会的社会结构的独特基础。血亲关系的结构功能主义理论切断了与血亲关系结构的推测性阶段理论之间的联系,它同时也加强了共时融贯性和社会结构的有界性,其中习俗和惯例是内部构成的(又认为普遍的比较方法不适于离散的文化社会整体的研究)。正是在英国社会人类学传统中,梅因关于血亲关系的法律模型得到了[86]全面的复兴。③ 虽然结构功能主义和文化学派发展了社会和文化概念,他们在方法论的意义上关注相对性、有界性和整体论这些概念,但是他们(如同在梅因的著作中一样)同时也以传统社会性质的实

---

① 参见 Franz Boas,《种族、语言与文化》(*Race, Language, and Culture*, New York, 1940);Boas,《原始人的心灵》(*The Mind of Primitive Man*, New York, 1913)以及 Boas,《人类学与现代生活》(*Anthropology and Modern Life*, Westport, 1962)。

② 他们也质疑将血亲关系到土地的转变作为社会秩序原则是普遍发展的观点。

③ 参见 A. R. Radcliffe-Brown,《原始社会的结构与功能:论文与演讲集》(*Structure and Function in Primitive Society: Essays and Addresses*), New York, 1965。

质性命题为基础，这一混合倾向于在两个层面上加强传统社会的内在凝聚力和公共导向，以及个人行动和行为的文化和社会决定性，因此，不再强调（政治的）冲突、变革和机构。①

如果我们回到梅因关于传统社会的实质性描述和隐含的政府机构的观点，我们将会看到，方法论规则和实质性规则的结合将产生一个独特的政府机构观。在梅因描写原始人有限的理论想象力和对变革的含蓄的心理抵制中，形成了文化和社会规范深刻地塑造和限制人的行动和行为的解释。梅因认为，血亲关系是原始社会主要的组织原则，这表明他坚持认为新的法律思想和实践是缓慢而渐进地形成的。梅因认为，社会总是"先于"法律的（尤其是在进步社会中）。法律变革从本质上来看是调整严格而又机械的范畴，以适应新的社会关系的进程。② 然而，东方思想"在不断自我重复中做着循环往复的运动"，梅因看到了东方与西方的差异"仅仅是一个度的差别"。甚至在最为进步的西方社会中，"智力丰饶受到的自然限制，要多于我们自己通常所承认的"（《早期制度史讲义》，228）。人的一个根本性的事实在于，无论是古代人还是现代人，他们的内在心理都是抵制变革和创新的。③ 在其最后的设想中，梅因采用了一种据认为是古代社会特征的心理倾向，并将它提升为人类的普遍特征。

因此，这一对人类行为的最终解释不仅是古代社会或前现代

---

① 我已经强调了文化与社会这一等值关系是一个准自主的领域，事实上这些术语常常是可以交替使用的。考虑到社会人类学和文化人类学的重大差别，与梅因关系最为紧密的英国社会人类学传统尤其批判文化的使用（以及它对意义的强调），我的用法可能被误导。我主要关注社会和文化功能以相近的方式作为解释模型的一些路径，这种相似性在当代关于文化的调用方面得到了强调，尤其是在政治理论和政治科学领域。

② Maine，《古代法》，前揭，页22—24。亦可参见第三章对梅因的法律变革观的详尽分析。

③ 梅因对这一观点的坚持在政治控诉中尤为坚定，在《民众政府》中对民主的批判中达到顶点。

社会的特征,而且蕴含着一种关于人类社会性的一般理论。然而,对斯宾塞来说,"习俗的暴政"是社会的早期阶段所独有的,梅因将之提升到关于人性的社会学常量和格言的地位。人类行为被解释为社会知识、制度调节和通过历史与文化获知的习俗的产物。直到 19 世纪末,这些要素开始构建现代人类学文化定义的核心。正如亚琪(Margaret Archer)所指出的,这一概括导致了对现代/传统二分法的颠转,对传统社会的人类学研究[87]开启了一种新的文化观,它后来又作为对社会整合和结构相关性的一般解释再次回到了社会学传统之中。这一转变在方法论上的主要意义在于,现代社会理论的结构/机构问题如何体现了对文化/机构问题的结合和反映(《文化与机构:文化在社会理论中的地位》)。

人类学与殖民主义

梅因对于后来文化人类学模型的吸引力,是将他的著作与同时代的社会进化论者区别开来的特征之一。此外,他是那一传统的局外人的地位,也使他的著作更容易与帝国政策产生共鸣。在 19 世纪晚期,进化人类学高度关注纯粹的文明起源。从实质上来看,这必然会引起对"史前史"和"野蛮"社会的主要兴趣;从方法论上来看,这将转向达尔文主义者所激发的关于进化的推测性理论。在这样的语境下,梅因的父权制理论一直遭受挑战并最终被抛弃。但是,虽然进化人类学(尤其是它更具民族性的模型)预知并证成了关于帝国的普遍意识形态框架,它对殖民统治模式含蓄的批评可能更为折衷。①

---

① Stocking,《维多利亚时代的人类学》,前揭,页 236—37。亦可参见迪尔克斯关于人类学方法对于殖民统治的影响的解释,Nicholas Dirks,《心灵的种姓:殖民主义与现代印度的形成》,前揭。

　　帝国管理层对梅因著作的热情,部分来自于梅因关注土地所
有制、法律转型、村社社会这些在帝国统治中管理层最直接关注的
问题,这与他们对诸如陆巴克(Lubbock)、麦克伦南或泰勒的著作
的态度截然相反(《维多利亚时代的人类学》,236)。但是,在梅因
关于传统社会的研究方法和殖民统治的迫切需要之间有一种更为
深刻的理论亲和力。随着对进化论模型的批判,梅因的著作在 20
世纪的人类学中得以复兴是对这一亲和力的明证。梅因的著作被
直接接纳并用以塑造结构功能主义人类学是由布朗(Radcliffe-
Brown)所开启的。梅因关于血亲关系和文化的"法律"模型(作为
相互的权利义务),有意识地在福特斯(Fortes)和格鲁克曼
(Gluckman)各自关于非洲政治和法律制度的著作中被采用。① 但
是,这一引用中最为显著的是,梅因的著作表现出了在殖民地社会
的人类学研究语境中的特殊相关性,这与非洲的间接统治的理论
和实践深深地牵连在一起。像梅因对传统社会的理解一样,这些
著作也假定了原住民社会的整全性质,在这种情况下,[88]对非洲
政治制度中规范性的和社会性的凝聚力的强调取代了部落社会中
政治和权力问题。② 正是在这个意义上,梅因著作中开创的文化
人类学模型和对传统社会的结构功能分析,支撑着它与殖民权力
和晚期帝国意识形态之间具体的和紧密的(与偶然的相对)关系。

---

① 　参见 Max Gluckman,《巴拉策法理学中的理念》(*The Ideas in Barotse Jurispru-
　　dence*,New Haven,1965)以及 Meyer Fortes and E. E. Evans-Pritchard,《非洲政治
　　制度》(*African Political Systems*,London,1940)。

② 　Talal Asad,《关于非欧洲统治的两种欧洲想象》("Two European Images of Non-
　　European Rule"),见 *Anthropology and the Colonial Encounter*, ed. Asad(New
　　York,1973)。

第三章　东西方的法典编纂

[89]传统社会的发明是间接统治的理论和实践的主要观念前提之一。梅因对于间接统治理论化的开创性贡献,在于他在晚期帝国意识形态形成过程中所产生的重要影响(将在第五章中进行更为直接的讨论)。随后两章将考察梅因的传统社会模型变成两个至关重要的帝国政策领域——法律改革和土地所有制——的详细阐述和密切关联的具体路径。法典编纂和土地收益管理与英帝国在南亚统治的意识形态和实践基础之间存在着错综复杂的关联。① 它们是帝国统治中直接涉及和面对的日常生活的基本制度的领域,在这些关键领域,"印度社会"的思想被确立和运用。此外,对自由主义—帝国议程而言,除了教育改革以外,法典编纂和土地制度修改对于任何现代化改进计划都是根本性的。

对早期历史以及法律和财产权发展轨迹的追溯,是梅因学术

---

① 参见 Bernard Cohn,《殖民主义及其知识形式》(*Colonialism and Its Forms of Knowledge*,Princeton,1998);Radhika Singha,《法律的独裁:早期印度殖民地的罪恶与正义》(*A Despotism of Law*: *Crime and Justice in Early Colonial India*,Delhi,1998);Jon E. Wilson,《陌生人的支配:印度殖民地的现代治理》(*The Domination of Strangers*: *Modern Governance in Colonial India*,c. 1780—1835,London,2008)。

努力的核心关注点；正是这一议程对他在当代社会声望的形成起了至关重要的作用，它与对帝国统治的思考极为密切得关联在一起，这表明了梅因在帝国政策辩论过程中的卓绝地位。第三章和第四章将依次关注法律和所有权这两个广泛的问题，根据梅因在他的历史、法律和政治思想中提出的理论议程来考察他在印度政策辩论中的实际贡献。

就梅因关于印度社会研究的方法而言，评论者们认为梅因将关于古代社会的预先设定的理论适用到了印度，因此他们忽略了梅因在印度的七年任期对他的原始社会概念模型的形成所起的实质性作用（他的社会理论更具普遍性）。就帝国政治而言，梅因不仅加强了他关于传统社会动力的解释，而且阐释了一种独特的殖民主义社会学，认为原住民社会通过与现代思想和制度的接触而愈来愈濒临瓦解。就法律改革问题和土地所有制政策而言，梅因将揭示由于帝国统治的强制，使原住民社会的习俗基础遭到显著破坏的各种途径。[90]梅因对原住民社会的结构性条件，以及这些条件是如何随着帝国统治的到来而发生变化的理解，修正了关于帝国改革和稳定的讨论话语。

梅因极力阐明，对法律的理解不在于其抽象的和理想的形式，而在于其历史发展的不同阶段，从而成了英国历史法学的主要人物。他部分地受到了萨维尼的著作和德国历史法学派的启发。梅因作为法律理论家的声名来自于他对功用主义学派和奥斯丁著作中所阐明的"分析法学"的批判。为了反对奥斯丁的法律是"主权者的命令"这一定义，梅因以罗马法的发展为例阐明了法律的时代变迁，如习惯法时代，只有经历了这一时代才实现了现代的立法形式。在这一章中，我将关注梅因对于法典编纂这一聚讼纷纭的问题的态度，尤其是他在印度法典编纂的广泛争论中的介入，进而详细阐明他独特的历史法学标签所具有的理论和实践意涵。我认为，梅因关于统一民法典的提议并不是以边沁信仰的文明法典的内在优越性为前提的,而是以对益格鲁—印度法律当前的混乱状态的实践局限的独特解释为前提的。这一解释与他关于习惯法的自然轨迹和帝国统治对原住民法律的有害影响的理论洞见密切相关,这些洞见都是通过对法律变革、法律实践和社会转型之间的紧密关联的理解而得到的。这样,梅因作为总督委员会法律成员的工作,将根据当时关于印度政策的讨论和作为整体的梅因法学而得到评价。

东方的法典编纂:从麦考莱到梅因

当 19 世纪英国主要的知识分子对英国在印度的统治困惑不已时,一个会产生积极的理论与实践辩论的尤为突出的议题是"法律和法律改革",尤其是关于何种法律最适合于英属印度的问题。从麦考莱最早任职到 19 世纪 60、70 年代梅因和斯蒂芬的任期,印度政府法律成员①的职位依次由 19 世纪法学领域中的主要人物(各主要学派的代表)所占据。在某种程度上,到 19 世纪末法律统治实际上已经成了为英国统治进行辩护的代名词;[91]法律统治在印度的确立被认为是帝国统治的最高礼赠。按照斯蒂芬的说法,法律简直就是"英国的福音书",是对印度进行"道德征服"的关键。② 同时,在整个 19 世纪,将英国法输入印度的问题都是极为复杂的,不仅在于帝国统治是否应该以改造原住民习俗和实践为目标,而且更在于法律改革者和法学家群体中盛行的对于英国普通法现状的普遍的不安情绪。在这样的语境下,关于印度法律改

---

① 法律成员的职位是由 1833 年的《特许状法》(the Charter Act of 1833)所创立的,起初是作为总督委员会的顾问,1861 年以后便成了总督立法委员会的正式成员。

② J. F. Stephen,《梅奥勋爵治下的立法》("Legislation under Lord Mayo"),见 *The Life of the Earl of Mayo*, *Fourth Viceroy of India*, *Volume II*, ed. W. W. Hunter (London,1876),页 168—69。

革和法典编纂的讨论,必然与当下关于英国普通法现状与未来形态的讨论纠缠在一起。因此,在某种程度上,它被证明是对改革模式进行尝试,然后再输入英国的重要渠道。

对于后维多利亚时代而言,尤其是关于法典编纂的问题,人们普遍认为印度的法律改革已经超过了英国的改革努力。《印度刑法典》(1861年)不仅被认为是印度政府的标志性成就,而且就其制定和颁布而言,它也是以理性和演绎原则为基础,建构有效的实体法法典的科学法学(scientific jurisprudence)之可能性的实践证明。科学的法典编纂运动有其启蒙法学(enlightened jurisprudence)的根源,1804年的《法国民法典》(或《拿破仑法典》)的采行对这一运动有着极大的鼓舞。19世纪的法典编纂运动呈现了某种全球性的特征——从萨维尼与蒂博关于在普鲁士通过《拿破仑法典》的辩论,从纽约州的法典编纂计划到1900年《德国民法典》的颁布——对它的抵制也变得越来越激烈,尤其是在普通法传统的国家里。英国的法典编纂运动(尤其是其最为纯粹的边沁色彩)遭遇了巨大的失败,尽管它任命了许多法律委员汇编和/或编纂普通法的方方面面。[①]

在这一语境中,印度法典编纂的成功因其独特性而凸显出来。《印度刑法典》是最早的刑法典,甚至可能是普通法国家最早通过的法典。美国的许多州和英国殖民地相继通过了刑法典:纽约于1881年,加拿大于1892年,新西兰于1893年。[②] 英格兰经过了19世纪30年代的重要努力后通过了刑法典,19世纪80年代在斯蒂

---

① 参见 Michael Lobban,《普通法与英国法学,1760—1850》(*The Common Law and English Jurisprudence*, 1760—1850, Oxford, 1991)以及 Lobban, "How Benthamic Was the Criminal Law Commission?",见 *Law and History Review* 18, no. 2 (2000):页 427—32。

② 参见 M. E. Lang,《英帝国和美洲的法典编纂》(*Codification in the British Empire and America*, Amsterdam, 1924)。

芬的影响下再次通过了刑法典，在最近的 1989 年刊行了英格兰和威尔士的刑法典草案。[①] 此外，与后来的实体法法典不同，《印度刑法典》不是一个汇编或合成的作品，即它不是对英国法的系统化、简明化和合理化，而是以第一原则[92]为基础，并从其他系统化的法典（尤其是《法国刑法典》和利文斯顿[Livingston]的《路易斯安那法典》）中吸取灵感以建构一部全新法典而进行的有意识的努力。在某种意义上，《印度刑法典》可能是 19 世纪颁布的法典中最接近于纯粹哲学法典的。[②]

　　《印度刑法典》是在印度立法的风潮中被通过的，它以 1860 年《民事诉讼法典》（于 1882 年修订）的通过为先导，随后相继于 1862 年通过了《刑事诉讼法典》（在 1872 年和 1882 年经过两次修订），1872 年通过了《证据法》，并通过了一系列关于继承法、合同法和商法的实体法法典。[③] 关于这一时期法典编纂的速度，斯蒂芬自信地说道，"可以毫不夸张地说，印度的法律几乎全部被法典化了，"[④]尽管还没有统一的民法典。在解释印度法典编纂成功的原因时，一系列难题产生了。在实体法的法典编纂在英国几乎完全失败的前提下，19 世纪晚期最为著名的法学家何以还能成功推

---

① Lindsay Farmer，《重构英国法典编纂之争：刑法委员会》（"Reconstructing the English Codification Debate：The Criminal Law Commission"），见 *Law and History Review* 18，no. 2(2000)：页 397—425。

② 当然，这一评价依赖于对法国和德国法典（或者《印度刑法典》）是否已经实现了其所宣称的文明法典模型的目标的判断。对这一成就的怀疑参见郎（Lang）对法国和德国法典的论述，以及斯库（Skuy）对《印度刑法典》的论述。Lang，《英帝国和美洲的法典编纂》，前揭，以及 David Skuy，《麦考莱与 1862 年印度刑法典》（"Macaulay and the Indian Penal Code of 1862：The Myth of the Inherent Superiority and Modernity of the English Legal System Compared to India's Legal System in the Nineteenth Century"），见 *Modern Asian Studies* 32，no. 3(1998)，页 513—57。

③ Whitley Stokes, ed. ,《盎格鲁—印度法典》（*The Anglo-Indian Codes*，London，1891）。

④ J. F. Stephen，《印度和英格兰的法典编纂》（"Codification in India and England"），见 *Fortnightly Review* 12(1872)：页 650。

动印度法典编纂，并且是在功用主义在多个场合发出警告之后。此外，印度快速进行法典编纂的时期与后兵变时期雄心勃勃地对印度社会进行现代化和同化的计划相疏离的时期十分不稳定地协调在一起。梅因与斯蒂芬不仅监管着这些立法的颁布，而且继续对命运多舛的民法法典化大加倡导，民法的法典化遭到了"推测"法学（"speculative" jurisprudence）的强烈质疑。梅因在英国（和印度）的声名主要建立在对边沁和奥斯丁的分析法学进行批判的基础之上，而且他被认为是竞争性的历史法学派（rival historical school）的领袖人物。

梅因对过度主张分析法学的厌恶，不应该掩饰他对边沁和奥斯丁法学方法的慎重赞赏。尽管梅因决非是一个功用主义者，但显而易见的是，他对现代自然法学派的批判要远胜于对分析法学学派的批判。他对印度法典化的富有创新精神的辩护，既反对支持科学的法典编纂的纯粹理性主义的辩护，又反对对立法进行保守主义和历史主义的批判，这使得它能够对梅因更具方法论意义的著作的实践意涵和规范基础进行杠杆调节。就此看来，梅因的法学是对自由主义改革的复杂而又保守的辩护，它试图保存不稳定但具有进步逻辑的现代性所取得的历史成就。

据哈里森（Frederic Harrison）所言，"科学法学（Scientific jurisprudence）并非是智力游戏，而是英国法律人的实践需要。"[①]对于一个多元的和扩张性的帝国而言，设计法律（fashioning law）的实践需要一种更为抽象的法律方法，而不能[93]从狭隘的普通法律师那里信手拈来。因为英国不能够仅仅依靠向海外派驻"我们的法官或律师"——即通常两种制度都需要对普通法裁判的不确定性和随意性进行必要的检查——它必须设计出一套使得英国的

---

① Frederic Harrison，《英国的法学流派》（"The English School of Jurisprudence"），*Fortnightly Review* 25（1879）：页 130。

法律能够被那些缺失法律训练的帝国管理者和政治官员易于理解和进行管理的方法。哈里森认为，简化和理解英国法律以及使之适应于外国人的实践需要，必然驱使英国法学家将英国法律变得更为系统化和条理化。随着印度法典成为典范——甚至成为将来"英国法典"的基础——通过帝国这一奇异的途径，英国的普通法将会变成"科学的和更为现代的形式"（《英国的法学流派》，118—119）。

哈里森的评论不仅提醒我们注意人们看待印度法典化的乐观主义，而且要注意盎格鲁—印度被塑造成型的独特条件所提供的独特机会，帝国的困境需要，使得创新性的立法回应成为可能。限制英国在印度统治的异常结构（anomalous structure）常常被认为是引起大胆的法律实验的首要政治事实。最具雄心的帝国立法者（如麦考莱和斯蒂芬）认为，专制政府是唯一适合于系统的法典编纂目的的政府形式。1833年英国下议院在讨论东印度公司特许状续约问题时，麦考莱强有力地指出，

> 我认为印度比世界上其他任何一个国家更需要一部法典，同时我也认为没有哪个国家能够被更容易地赋予更大的利益。法典几乎是唯一的赐福，专制政府相较于民众政府更适合于赋予一个民族以法典……这项事业在野蛮时代是很难被完成的，甚至在自由时代如果不经过重重困难也是难以被实现的。这是一项专属于像印度政府那样一个文明而又慈父般的专制政府的事业。[1]

越是被派系撕裂，就越是尊重已经确立的律师和法官的权力，

---

[1]　T. B. Macaulay，《印度政府》（"Government of India"，10 July 1833），见 *Macaulay：Prose and Poetry* (Cambridge，1970)；页 675。

麦考莱认为，像议会那样的民众集会尚未证明自己适合于完成法典编纂这一使命。但是，这些关键制度在印度的缺失，也就意味着单纯地将现存的英国法律移植到印度，只会使问题更加混乱。麦考莱认为，印度的条件使得普通法法学的缺陷进一步加剧；"法官造法"的内在不确定性，如果不能够缓解有根有据的法律和公众舆论的影响，就会产生一个"不是法律，而只是一种粗俗任性的公平"的体系（《印度政府》，679）。麦考莱认为，法官造法与绝对政府的结合是"不能够忍耐的祸根和丑闻"（《印度政府》，679）。

[94]麦考莱的解决方案是立即制定并通过一部"完整的成文法"（《印度政府》，679）。麦考莱认为，法典编纂将成为一种根本性的需要；他的基本路线被整个世纪倡导法典编纂者所重复。麦考莱对法典编纂的必要性及实际需要什么样的法典的理解是与众不同的，其观点受到了1833年特许状讨论及其改革精神的政治意旨（以及英国法典编纂的普遍利益）的影响。《1833年特许状法案》第一次在加尔各答确立总督委员会为印度的立法机构，它将为整个英属印度制定法律。关于立法事务，当出现立法问题时，由法案确立的法律成员与委员会协同处理，同时建立了印度法律委员会，并明确赋予其制定成文法典的职责。詹姆斯·密尔好大喜功地将法律成员设想为印度的哲人—立法者；但是从制度上来看，法律成员仅仅是平民（并非东印度公司的雇员）。麦考莱是第一任法律成员和法律委员会的主席，他乐于将自己视为是印度的第一任现代立法者（《英国的功用主义者与印度》，184—218）。

主要由麦考莱制定的《印度刑法典》，是对法律编纂的广泛利益充满信心的新时代的第一部最为重大的成就。法律被视为是一个相互依赖的系统，刑法的系统化仅仅是法律整体统一性（以实体民法典的制定为顶峰）之努力的第一步。麦考莱曾明确地指示他的委员会将他们的事业理解为以改革为导向的法典编纂，而不仅仅是对现存法律的合并。他的法典在1860年没有得到正式的通过，但它的志向是明确的。麦考莱将其称为是真正意义上的科学法典；它"不是对现存体系的汇编"，因为"现存体系并没有给我们提供基础。"①法典虽然参考了"最为著名的西方法学体系"（如法国法典和路易斯安那法典）的各个方面，但是它的风格和内容仍然是描绘他们自己的路线。②

尽管麦考莱对功用主义伦理学有过著名的批判，但这部法典是他最具边沁色彩的努力。就法典的草案而言，麦考莱注意到在法学领域没有人能超过边沁。③ 与边沁一样，麦考莱也试图以理性主义的惩罚和威慑观为前提制定一部简单完整且又高效易懂的法典。法典编纂与这样一种法律模型相关，它将立法（legislation）视为制定法律（law making）的唯一适当的手段，因此麦考莱有意识地批判了普通法的形式与实践。[95]与边沁一样，麦考莱认为"法官造"法的随意性为专断和贪腐创造了条件。这种制度必然导致权利与义务的不确定。他在风格方面的创新（在立法实践方面完全独具特色），在于他对每一条款所配的"说明"，就如同定理之后的几何应用一样。麦考莱试图明确区分这些案例说明和英国判例法上的类推。它们"并没有制定任何法律，但是如果没有它们，法律将不再是法律。"④它们

---

① 印度的法律委员会成员（T. B. Macaulay, J. M. Macleod, G. W. Anderson, F. Millet）致委员会中的印度总督奥克兰勋爵（Lord Auckland）的署期为 1837 年 5 月 2 日的信件。重印于 C. D. Dharkar, ed.，《麦考莱勋爵的立法备忘录》（*Lord Macaulay's Legislative Minutes*, London, 1946），页 259—71。引自页 260。

② 致奥克兰勋爵的信[Dharkar，《麦考莱勋爵的立法备忘录》，前揭，页 263。]亦可参见斯库关于《印度刑法典》具有设想中的英国刑法典之印记的论述，尽管麦考莱宣称其原创新。Skuy，《麦考莱与 1862 年印度刑法典》，前揭。

③ 参见斯托克斯关于麦考莱与边沁在这方面关联的全面讨论。Stokes，《英国的功用主义者与印度》，前揭，页 219—20。

④ 致奥克兰勋爵的信[Dharkar，《麦考莱勋爵的立法备忘录》，前揭，页 263。]在边沁的《刑法典样本》（"Specimen for a Penal Code"）和奥斯丁为马耳他提供的法典中有关于这一思想的印迹，但是，麦考莱可能是第一个在颁布的法律中使用"法律说明"（illustrations）的著作家。参见 W. Stokes，《盎格鲁—印度法典》的导言。

的适用是有前提的——更多是对罗马帝国法令的模仿——它们的目的是限制法官解释法律的权力。如同法律一样，案例也应尽可能具体。它们只是被视为立法解释和重新立法的对象，同时，通过审判程序剥夺了高等法院制定新法的权力。

从许多方面来说，边沁主义在印度所取得的相对短暂的胜利，代表了麦考莱最具边沁色彩的时刻。这一时期关于法典编纂的讨论很容易同创新与改革的精神结盟，在这种情况下，恰当地把印度视为一个政治空白地带，也就能够使印度成为一整套制度改革的试验田。印度的改革者们拥有自行决定权，因为印度没有根深蒂固的利益破坏英国法典编纂的进程。① 此外，麦考莱关于法典编纂的辩护与帝国统治的自由主义辩护紧密相连。法典编纂能够产生统一的普遍利益和法律的确定性，也能够保证原住民与欧洲人的平等。

麦考莱认为，平等问题已经获得了一种政治紧迫性，因为《1833 年特许状法案》解除了先前所有对欧洲人进入印度的限制。② 实际上先前在政府的严格管制下英属印度诸省都受到限制，新的政策预示着欧洲人在次大陆内部的迅速殖民。麦考莱认为，虽然这些对欧洲人进行社会交流与思想开放的新条件对印度的原住民极为有利，但是事实上出现一个新的压迫阶级的危险始终存在。对于限制这些新的臣民和使他们具有与原住民同等的法律地位而言，法律统一和司法管理是同样紧迫的。麦考莱在印度任期内的另一项重大成就是臭名昭著的 1836 年《布莱克法案》的通过，之所以如此，是因为它激起了欧洲居民的反对狂潮。《布莱

① 参见 Lobban，《普通法与英国法学》(*The Common Law and English Jurisprudence*)，chap. 7。
② 参见 Elizabeth Kolsky，《法典编纂与殖民的差别统治》("Codification and the Rule of Colonial Difference：Criminal Procedure in British India")，见 *Law and History Review* 23，no. 3(2005)：页 631—83。

克法案》(尤其是就反对它的法案而言)是 19 世纪 80 年代针对伊尔伯特法案论战的先导。麦考莱的法案试图通过使加尔各答以外的欧洲居民的民事案件立即处于东印度公司法庭的管辖之下(剥夺他们直接诉诸于高等法院的权利),[96]从而在民事审判领域内实现欧洲人与原住民之间的平等地位的制度化。虽然麦考莱常常通过宣称法案仅仅是为了纠正管辖权的异常来安抚他的批评者,但是他从不回避以道德为基础对平等原则进行辩护:

> 我并不是想要使英国殖民者的任何使其印度邻居遭受罪恶的行为都免于处罚。很遗憾这些罪恶是存在的,它们不仅存在,而且我要让它们被感知到,不仅是通过缄默、柔弱和无助的方式被感知到,而且是要通过喧闹、大胆和强劲的方式被感知到。①

然而,麦考莱并没有像詹姆斯·密尔那样将法律视为改进的主要模式,法律统一与平等对保护臣民免受权力滥用之侵害至关重要,从长远来看,它也是培养政治自由的实践。与管理制度中的自由主义教育与原住民参与(inclusion of natives)相结合,法律平等将成为麦考莱自由主义帝国模式(它公然宣称以自治为目标)的基石(《印度政府》)。

《印度刑法典》是最具哲学品质的印度法典,极具讽刺意味的是,这部法典在 1861 年生效,此时官方恰恰又抛弃了对本地法进行彻底法典化的目标。印度兵变抑制了主要的立法改革的勃勃雄心,尤其是那些可能侵害原住民生活实践和宗教信仰的改革计划。同时,后兵变时期也见证了广泛的法典化进程,这一时期刑法典、

---

① T. B. Macaulay,《1836 年 3 月 3 日备忘录》(Minute of 3 March 1836,No. 5)。重印于 Dharkar,《麦考莱勋爵的立法备忘录》,前揭,页 190。

民事诉讼法典和刑事诉讼法典（此外还有各种商事法律）相继通过。然而，后来的这些法典更像是对现行英国法的汇编。麦考莱法典的边沁底色是一种反常的事物，就像后来的法典编纂者反对"思辨性"（speculative）立法一样。

梅因认为，总督委员会法律成员的职位在后兵变时期的这些关键时期被加强了。他于 1862 年到 1869 年在任，并且是 19 世纪法律成员中任期最长的一位。当前对梅因任期的评价主要强调两种相反的倾向。一方面，梅因被认为是一个对实践导向不大热情的立法者，他优良的政治意义在于对激进改革的谨慎。① 另一方面，由于两百多项立法在梅因的监管下获得通过这一事实，所以又有另外一种观点认为，梅因是一个大胆的彻底法典化的倡导者，认为他对将西方法律大量引进印度所带来的最终利益信心满满。这一相互矛盾的评价暴露出了一些关于梅因任期和这一时期进行的相互冲突的议程的错综复杂的性质。同时代关于梅因任期的评价，也在无所作为和"过度立法"的指控间犹疑徘徊。

[97]对于梅因时常矛盾的评价也给我们提供了一条认识他对于立法和法典编纂之复杂态度的线索。梅因对于印度法之独特性的体验激发了他献身于立法事业的广泛热情，但是他却对边沁式的立法模式始终保持着有意识的批判。在梅因看来，认为印度没有思辨性立法实验的观点是导致政治灾难的原因。然而，盎格鲁—印度法的现状在于，英国普通法最糟糕的方面被持续不断却又杂乱无章地引入本已混乱不堪的本地法体系，从而建立了一个脆弱的制度框架。此外，对任何类型的法律制度化的推进都遭到

① Gordon Johnson，《印度与梅因》，前揭。亦可参见 Sandraden Otter，《"立法帝国"：维多利亚时代的政治理论、法典与帝国》（"'A Legislating Empire': Victorian Political Theorists, Codes of Law, and Empire"），见 Victorian Visions of Global Order: Empire and International Relations in Nineteenth-Century Political Thought, ed. Duncan Bell（Cambridge, 2007）。

了统治精英的抵制,他们愈来愈清楚地认识到,无限制的慈父般的专制是统治后兵变时期印度的最佳政府形式。

梅因的解决方案为立法编纂提供了独特的论证,它强调可取的和可以实现法典编纂的历史和实践条件。在他对法典编纂史的考察中,尤其是在《古代法》和他对法典编纂在英国实现的可能性的当代评论中,梅因持一种更有利于法典编纂的态度,而非乍看上去他更偏好历史法学。梅因认为,当法典编纂被恰当地实现时,它将有助于协调现代社会所产生的新需求与法律之间的关系。就印度目前的情形来看,虽然它与现代立法相应的历史阶段相去甚远,但是帝国状态的独特性使得法典编纂成为应对各种法律困境的唯一可行的解决方案。在这方面,梅因的印度法学建立在他关于法典编纂的深思熟虑的见解之上,但是,有时他自相矛盾地在一种更加普遍主义的方向上改进它们。尽管他对分析法学进行了持续不断的攻击,但是他的印度经验使他有时重复其边沁主义先驱来主张彻底的法典化。这部分归因于他对普通法在印度的现实运作的体验,这加深了他对普通法及其传统主义支持者的怀疑。在印度期间,梅因变成了一个更为热情的法典编纂的倡导者和对普通法的更重要的批评者这一事实,为理解保守的印度立法者在19世纪最后几十年里继续支持法典编纂的原因提供了洞见。英国普通法的倡导者有时会发起一场反对激进改革者的成功辩护。就梅因的印度经历来看,从他对法典编纂的理论态度发生巨大转变中,我们可能会获得关于梅因法学思想之性质和遗产的更为精确的认识。

法典编纂与历史法学:罗马法的启示

[98]拿破仑战败之后,德国历史法学派的领军人物萨维尼于1814年发表了题为《论立法与法学的当代使命》(*Of the Vocation*

in Our Age for Legislation and Jurisprudence)的小册子。[①] 萨维尼批判了在德国制定统一民法典的建议,并在 19 世纪 30 年代被翻译成英文,这一批判界定了 19 世纪关于法典编纂讨论的广泛的哲学路线。萨维尼认为法典编纂的现代观念及其最著名的例证《拿破仑法典》的智识起源来自于 18 世纪的精神。萨维尼指出,在这一时期,

> 整个欧洲被一种盲目的发展激情所鼓动。所有关乎伟大的感觉、意识和情感,都对历史有所助益,并最终完全丧失殆尽,而这一切原本是其他时代的特征所在,也是共同体及其制度的自然发展;其原有的位置已被现时代所有强烈的预期所取替,人们确信这一预期所指向的正是一幅绝对完美的图景。(《论立法与法学的当代使命》,20)

在法律领域里所标榜的完美主义,是通过倡导彻底的法典化来体现的,并将之作为一种克服法律制定和实施过程中的不精确和专断恣意的手段。萨维尼认为,这是一种幻想,是对纯粹抽象的普遍性的渴望,是对基本上能够适用于"一切民族和时代"的法典的热望(《论立法与法学的当代使命》,21)。

从政治上来看,现代意义上的法典与统一的主权有着内在的联系。萨维尼认为,对现存地方法律的法典编纂的忽视,威胁着作为人民身份认同基石的地方性权威。根据孟德斯鸠的论述,萨维尼提出了为自由和习俗的神圣不可侵犯性进行辩护的社团主义论证,自由和习俗被认为常常受到无中介(unmediate)的主权的威胁

---

① Friedrich Karlvon Savigny, "Vom Berufunserer Zeitfür Gesetzgebungund Rechtswissenschaft", in *Thibaut und Savigny*, ed. Jacques Stern(Munich, 1973)。引自 Abraham Hayward 对萨维尼著作的英译本,《论立法与法学的当代使命》(*Of the Vocation of Our Age for Legislation and Jurisprudence*, London, 1831)。

(《论立法与法学的当代使命》,58—60)。此外,它试图确定一部原则上全面的法典,即一部能够预见一切情形的法典,一部假定现代的法律知识和科学已经达到了已经超越先前所有历史时期的先进阶段,能够对现存法律进行详尽分析并建构新的法律的法典。它需要这样一种人,他们拥有把握和理解当下纷繁复杂的法律实践的能力,也拥有提炼和建构法律原则和公理的专业技能。萨维尼认为,不管一部全面法典的想法是如何不现实并有政治上的危险,但在实践方面,迅速发展的新的法学科学(science of jurisprudence)显然不能够担当重任。

[99]梅因在其早期的论文《罗马法与法律教育》("Roman Law and Legal Education")中直接探讨了法典编纂的问题。梅因认为,英国普通法尤其能够通过一些理性编纂的形式而受益颇丰,在他看来这种理性编纂能够消除以法律教育、法律先例和判例法为基础的体系所固有的歧义性和矛盾性。以一种类似于萨维尼的方式,梅因表达了对在英国制定一部良好的成文法典的实践可能性的怀疑。梅因问道,"有人能够将关于现存法律的精确知识与完整的立法表达的需要以及对法律分类原则的熟稔结合在一起吗?"①在 1856 年,梅因的回答显然是否定性的。梅因同意萨维尼,认为不可能制定一部如此全面以至于能够预见到所有未来情形,或用不着司法解释对之予以改变的法典的观点。梅因认为,司法立法的危险——尤其是作为普通法中歧义性的渊源——是永远可能发生的事情,它与边沁式的立法相反,绝不可能消除,而只能在范围上进行限制。虽然梅因的怀疑部分是通过对支持立法的更为抽象的论证的普遍怀疑而形成的,但是它更多地是对英国法的

① Henry Sumner Maine,《罗马法与法律教育》("Roman Law and Legal Education"),见《东西方村社—共同体》(*Village-Communities in the East and West*, London, 1876),页 365。于 1856 年首次发表于 *Cambridge Essays*。

现状，尤其是对英国法学的怀疑。正是英国法学及其通过案例发展法律的独特模式，阻碍了现代立法计划所需的法律推理和法律明晰化所需的专业技能的出现。

正是由于这一缺失，他建议将严肃的罗马法研究设置为维多利亚时期法律教育的核心内容。[①] 对罗马法律发展的研究将为英国法律人提供他们自己的法学所明显缺乏的东西，即建构一般的法律原则所需的推理模式和专门术语。梅因引人注目地指出，

> 并不是因为我们自己的法学与罗马的法学曾经是相似的，所以我们才应该结合在一起来学习，而是因为它们将会趋于相似。正是因为所有的法律在成熟期都会趋于相似，无论他们在初期是多么的不同；也正是我们英国人迟缓而又可能是无意识，但却正在适应的那些法律思想和法律原则的相同概念，罗马法学家们已经通过几个世纪的经验积累和孜孜不倦的教育训练而获得了。（《罗马法与法律教育》，333）

最为重要的罗马法研究的实践课程能够教给维多利亚时期法律人的，不是实质性的内容，而是其形式和历史。与大陆法系不同，罗

---

① 这篇 1856 年的论文，与他 1875 年更为著名的里德（Rede）讲稿一样，在一定程度上可以说是教育学的文章，它认为关于罗马法的历史知识对于英国法律人的实践训练是至关重要的。那个时候，梅因正被卷入法律教育是否需要进行根本改革的广泛辩论之中，并在关于法律教育的精选委员会上作出的 1846 年报告中实现了一定程度上的合意。这一发现强调关于英国法史和罗马法史的更为正式的训练的重要性。在那个时候这种训练对法律人而言是微不足道的，只有伦敦大学学院是个例外，在那里奥斯丁开设了法理学的课程。根据 1846 年报告的建议，法律教育委员会试图更为正式地在中殿律师学院（一个获取法律实践职业资格认证的机构）整合法学教育和训练。当时设立了五个高级讲师的职位，关于法学和民法的课程是由梅因接受并讲授的。梅因于 1853 年到 1860 年在中殿律师学院的构成了《古代法》的基础。参见 R. C. J. Cocks，《亨利·梅因爵士：维多利亚时代法学研究》（*Sir Henry Maine: A Study in Victorian Jurisprudence*，Cambridge，1988），页 39—51。

马法在 12 世纪复兴以后,对英国普通法的影响微乎其微。虽然梅因否认《国法大全》(*Corpus Juris*)——公元 6 世纪查士丁尼皇帝[100]作为罗马法大纲而发布,并且对它的研究和传播在 12 世纪复兴——应当被严格地解释为具有抽象的成文理性(*ratio scripta*),他认为在其历史发展中的罗马法"因其基本原则的一致性和对称性而与所有其他的法律区别开来"(《罗马法与法律教育》,332)。因此,罗马法可以作为成熟法学的原型或范式。

罗马民法是英国法原则与法理的来源这一观点并非梅因首创,而是普通法改革者当中普遍流传的看法。布莱克斯通试图根据罗马法的结构重新表述普通法,通过展现怎样根据自然法原则来重述英国法,从而强调法律的统一性。[①] 边沁放弃了他自己根据理性重构普通法的计划,它支持纯粹演绎式的法典,奥斯丁根据罗马法学家们的方式看到了罗马法的价值,罗马法学家们"准确且富有洞见地把握了罗马法的一般原则,而且运用令人敬佩的逻辑方法,将这些原则运用于法律的细节说明。在这个基础上,他们将实际存在的松散的法律体系,归纳为一个简洁一致的整体。"[②]虽然梅因同意对罗马法的系统性的赞美,但他并没有将罗马法视为能够从中简单地推导出普遍法学的模型。而是应该诉诸于它的历史发展中的教训。

在这方面,德国历史法学的影响,尤其是萨维尼的影响至关重要。虽然梅因对立法时代法典编纂的最终利益更为乐观,但是

---

① 参见 David Lieberman,《立法的范围:18 世纪英国的法律理论》(*The Province of Legislation Determined: Legal Theory in Eighteenth-Century Britain*, Cambridge, 1989), chaps. 2 and 3; Michael Lobban,《布莱克斯通与法律科学》("Blackstone and the Science of Law"), *Historical Journal* 30(1987):页 311—35。

② John Austin,《法理学范围之限定》,(*Province of Jurisprudence Determined*), ed. Wilfrid E. Rumble(1832, Cambridge, 1995),页 161。奥斯丁对罗马法研究并不陌生,他曾在蒂博(萨维尼在关于德国法典编纂的辩论中的主要对手)所在的哥廷根大学学习罗马法。

萨维尼对法典编纂的许多攻击和他对罗马法史的创新性研究，影响了梅因关于罗马法对现代法学教训的影响的理解。梅因的论文及其后来的《古代法》模仿了萨维尼著名的小册子的修辞特征和方法论特征，即通过对罗马法历史研究的意义和价值的思考去建构他的理论和规范主张。在更具实质性的意义上来说，梅因将利用和发展萨维尼关于罗马法学（在其漫长而又不间断的发展史上）被用作法律推理模型的原因的论证。对梅因和萨维尼来说，这为法律技术要素的完善提供了帮助（《论立法与法学的当代使命》，29）。

　　萨维尼在解释法律发展时指出，最古老形式的法律与一个民族的生活整体地联系在一起。与一个民族的语言和习俗相类似，法律的表达与成长是与整个民族的生活有机地联系在一起的。但是，一个民族在其"幼年"时期它的智力世界是有限的；在一般的原则表达方面进步甚微。法律通过正式的和仪式性的法案予以表达，它的权威并不与其规范本身有意识地联系在一起。虽然法典[101]常常出现在这一时代，但是它们很少被当作复原的模型（《论立法与法学的当代使命》，24—27）。它们最为缺失的正是现代法典编纂所欲求的精确性和清晰性。随着民族的进步，这一技术要素也常常在一个专业的法学家阶层的监护下取得进步；在罗马这是法学家独特的作用。梅因也热衷于将罗马法演进模式的重要性作为英国普通法发展的矫正性参照。

　　普通法对法律先例和判例法权威的严格遵守培养了对普遍化和一般化的不信任感，它将使得专业术语退化并被大众的和不精确的法律表达（梅因以《法律报告》的篇幅和语言为例证）所取代。边沁在批判普通法中的法律拟制和支持法典编纂时，也需要回应这个相同的难题。梅因认为，将真实的案例视为表达法律原则的唯一手段，是英国法不能够产生理性的和一般的法律原则的主要原因。相比之下，罗马法的发展是在其法学家的著作和不受任何具体案件的严格条件限制的评论和注释中展开的。因此，罗马法学是不受这些限制的，所以它才能够创造出新的问题并设想新的案例，这就促进了一般规则的发展。①

在罗马法的例证中（尤其是作为英国法的实践教训方面）最为关键的，不仅是其精致的系统化和技术上的明晰性，而且"因为它通过制度史的论文表现了一门发育不全的新专业语言，以何种方式不断地为新的法律概念提供表达方式，并为逐渐废止的古老术语（technicalities）提供一席之地"（《罗马法与法律教育》，340）。在这方面，梅因热衷于从罗马传统中揭露和介绍系统化的方法——法典编纂的方法——这将避免停滞不前和激进颠覆的双重风险。梅因《古代法》的主要任务在于，从罗马法发展的千年历史中引出关于法律演进与社会进步之间关系的规范理论，其中恰当的法典编纂的问题是至关重要的。

在一个重要的方面，梅因与萨维尼分道扬镳了。萨维尼认为，法典编纂只是不成熟和衰落的产物，总是出现于法律的基础和渊源最不稳定的历史关头。在民族繁荣的鼎盛时期，在它的法律科学最具影响力的时期（如凯撒治下的古典罗马法时期），对法典化的需求并未被感知到。相比之下，《国法大全》（Corpus Juris）是衰退时期的产物，[102]它试图努力恢复和复兴古典时代失落的法律科学（《论立法与法学的当代使命》，50—51）。

然而，梅因认为法典编纂不仅是"人类努力追求的最崇高和最值得的目标"（《罗马法与法律教育》，365），而且正如罗马法史所表明的，它对于法律进步也是不可或缺的。正如梅因在《古代法》中对许多法典编纂的历史节点的解释一样，法典编纂的历史使命在于努力表明人们在面对历史时要有谦卑的审慎意识。成功的法典

---

① Henry Sumner Maine,《早期制度史讲义》，前揭，页44—50。亦可参见 Henry Sumner Maine,《古代法》，前揭，chaps. 1—3。

编纂在历史上是极为少见的;对于早熟的希腊而言,它显得太过急躁,而对印度来说,它又来得过于迟缓,并为(宗教)仪式所负累。罗马的法典编纂是唯一一成功的例证,因为它拥有将创新和传统很好地整合在一起的能力。因此,与萨维尼将罗马法解释为一个从诞生、开花结果到最终腐朽的循环的有机过程不同,在梅因的进步主义理解中,法典编纂的伟大成就在于为罗马的历史繁荣搭建了舞台。尽管他们对于罗马法发展的重要时刻的描述相去甚远,但是梅因和萨维尼都将罗马视为所有追求科学法学者的主要历史典范。萨维尼认为,尽管罗马法学家阶层最终趋于衰落,但他们仍然是严格意义上的法学方法的楷模,它明显地结合了对过去的敬畏和根据原则进行创新的远见和能力。最终,对萨维尼和梅因而言,罗马法的例证表明,历史对于缓解现代法学所追求的重新改造社会的主张有着重要的作用。

"世界上最为著名的法学体系从一部法典开始,也因之而结束"(《古代法》,1)。梅因在其最为著名的《古代法》(1861)开篇就明确断定了法典编纂对于法律演进的重要地位,这预示了他为法典编纂所进行的辩护和他对法律进步的历史基础的独特解释。他在极为关键的《古代法》导论中提出了对法律发展阶段的解释,在那里法典编纂标示并界定了法律演进的两个重要循环。梅因认为,法典编纂有两个独特的意义,并发挥了两种不同的历史作用。更为原始或古老的法典编纂形式标志着从不成文法向成文法的转变,因此也预示着"自发的"或自然的法律发展的终结。第二个更为进步的法典形式与立法的时代相关,被认为是法律变革最新潮、最科学的工具。在这两种意义上,法典编纂的结构和时间安排对法律的形成和社会的进步有着巨大的影响。

在对法律发展阶段和法典编纂的历史作用的阐释中,正如罗马法千禧年史中最为清晰地表明的,梅因试图对所谓的分析法学

家们所提出的关于法律的抽象描述提出挑战。① 奥斯丁认为，
[103]实定法包含着明确的和逻辑必然的结构；实定法通过主权机构发布的一般命令和对义务的相关强制或服从责任来界定，它们都以武力威胁或惩罚为后盾(《法理学范围之限定》，第一讲)。梅因认为这一法律概念是恰当的，因为它描述了法律发展最高阶段(即立法时代)的现代法的特征。在这方面，为了实现其科学系统化的目标，功用主义法学为法学和道德研究提供了"严格一致的术语"《早期制度史讲义》，369)，因此，可以认为它带来了英国法律概念所缺乏的清晰性。然而，对早期法律形式的历史的理解却不能以同样的分析开始，因为"如果我们对于古代法律思想史研究得越深入，我们就会发现自身与边沁所主张的所谓法律是几个要素的混合物的这种观念的距离越远"(《古代法》，7)。梅因认为，奥斯丁的法理学术语假定了一种关于现代法律普遍性的制度条件的先在的历史权威(prior historical establishment)，即集权国家的发展和领土主权原则的确立。梅因对功用主义思想最明显的反对(同样适用于对政治经济学的批判)，不在于它接近现代法的方法，而在于它所要求的普遍性，这一要求必然遮蔽不同法律体系的基本原则的差异性。

据梅因所言，与现代法所引起的普遍性相对照，古代法以特殊且逐渐演变为一些习惯法的法令为开端。虽然最初阶段的法律以

---

① 梅因发明分析法学这一术语，可能是为了描述奥斯丁和边沁的著作(梅因常常将他们关于法律的基本观点交替使用)。见 W. E. Rumble，《奥斯丁与其 19 世纪的批评者：以梅因为例》("John Austin and His Nineteenth-Century Critics: The Case of Sir Henry Maine")，见 *Northern Ireland Legal Quarterly* 39，no. 2(1988)：页 119—49。亦可参见 W. E. Rumble，《奥斯丁的思想：法理学、殖民改革与英国宪法》(*The Thought of John Austin: Jurisprudence*, *Colonial Reform*, *and the British Constitution*, London, 1985)以及 Philip Schofield，《边沁与 19 世纪的英国法理学》("Jeremy Bentham and Nineteenth-Century English Jurisprudence")，见 *Journal of Legal History* 12，no. 1(1991)，页 58—88。

统治者的命令开始，但这些命令是专断的，其合法性与普遍的规范不同。这些命令（而非法律本身）被很好地解释为一系列孤立的裁判，通过其与生俱来的调整力量（即神圣的血亲关系）而不是内在原则而被整合在一起。紧接着的习惯法时代，随着贵族阶级的出现及其对传统规则的垄断而形成；这些规则仍然只体现一系列实践的累积，除了传统和先例以外并不围绕任何合法性原则而形成。习惯法就其最古老的形式而言，倾向于与行为规则相类似；就其性质而言，它们具有高度的仪式性和形式性。真正的习惯法是不成文法。当习惯规则第一次被书写出来并以古代法典的形式颁布时，习惯就被转化为一系列的法规，因此就终结了法律的自发性发展。社会意识到这些古代法典的方式和时间，"在社会进步的哪一个阶段，他们应该把法律书写成文字"（《古代法》，15），深刻地影响了后来的法律进步；[104]成功的法典是最初将世界划分为"进步社会"和"静止社会"的标准（《古代法》，21—24）。

自然的法律史（法律演进的第一个周期）不仅是一种纯粹的内在发展，而且与政治转型紧密相关。梅因认为，法律从纯粹命令向习惯法的转变是与从（神圣的）血亲关系到贵族兴起的政治革命相对应的，贵族既是法律的仓库（depositories），也是法律的管理人（administrators）。根据这些贵族主要是民事的、军事的或是宗教性的，他们的法律也相应地呈现出不同的侧重点。同样，虽然最初向法典编纂的转变是由书写技术的发明促成的，但是政治形式也塑造了对法律的编纂。在梅因看来，早期的法律尤其对两种危险存有怀疑，过分的严格和所有仪式的丧失都与法典编纂的时间选择（*timing*）有关。首先，不成文的习惯总是有演化为迷信的危险，这些实践和惯例曾经为了某种权宜之计而被保存，随着时间的流逝积累起了某种敬畏感和正当理由，这与它们最初的繁荣和当下的有用性完全不同。法典编纂的不稳定性以及某种意义上所有的法律发展都起源于这样一个事实，即法律规范（在这里是指不成文的习惯）

应当在作为其基础的惯例和实践仍然有益且有用的情况下被恰当地编纂(《古代法》,18—19)。梅因认为,印度法是法典编纂出现太晚的一个主要例证。它代表了一种被扭曲和遏制的发展,当法典编纂发掘出那些曾经被对宗教典籍的繁文缛节和迷信忠诚所遮蔽的印度法的理性内核时,宗教贵族阶层竭力维持对传统和习俗秩序的垄断权。因此,《摩奴法典》几乎没有呈现出其编纂时期印度法的实际状态,它更多地是"一幅婆罗门观念当中的应然法的理想图景"(《古代法》,17)。因此,它是与实际情况完全断裂的,仅仅根据神学的命令自由地为保存过时的实践和发明新规范(在梅因看来,就像种姓制度这种非理性和荒谬的规范)进行辩护。

正是在这个意义上,梅因认为,"事实上印度法的命运是衡量罗马法典价值的尺度"(《古代法》,19)。不仅罗马法律秩序的民事(而非宗教)财产权,而且还包括法典编纂本身,都是民众和平民力量成功挑战这一秩序的结果。这一挑战不仅为西方早期的法典编纂留下了空间,而且使得法典一方面成为对寡头权力的公共抑制,另一方面成为制度被固化和发展的正式模式。如果晚期的法典编纂与法律所坚持的严格性相关,那么早期的法典则是对法律仪式本身的威胁。在这里,梅因指出[105]希腊开启了一条过快的法律发展之路,这是由早期法典所促成的。在这种情况下,当成文规则和术语开始与大众的正义观念相冲突时,它就开始遭到越来越强烈的怀疑。希腊思维中的"高贵性和灵活性"(《古代法》,72)与正义的大众法庭的制度性力量结合起来,以获得更公正的判决为由毫不犹豫地放松了法治(rule of law)。从长远来看,这一倾向必然破坏对法治的所有敬畏和法律发展所需的制度稳定性。①

---

① 尽管梅因认为"很少有民族社会的法学曾遭遇到过早成熟并最终瓦解的危险,"但是他看到了一些类似于随着民众政府(梅因认为这是古代民主及其所有缺陷的复兴)的兴起而产生的不稳定的东西。亦可参见 Henry Sumner Maine,《民众政府》(*Popular Government*,1885,Indianapolis,1976)。

过度的严格性和完全丧失仪式性的危险，始终萦绕于法律演进史中，甚至是在法典编纂成功地应对了最初的挑战以后。曾经内在自发的法律发展以古代法典的颁布而告终结，法律演进开启了一个在进步社会中的新周期，在进步社会中法律通过深思熟虑的"外来的"(from without)改革尝试而得以改进。梅因在此引进了他著名的法律拟制、衡平和立法的三位一体，并以此作为法律变革的前后相继的力量，通过法律变革，法典更好地适应了社会变化的需要(《古代法》，20—24)。在进步社会中，社会进步与社会舆论"总是或多或少地超前于法律"(《古代法》，23)。为了维持社会的进步，法律必然倾向于稳定，并且需要与社会状态相协调。这些促进法律变革的力量有助于改善和弥合法律与社会之间始终存在的鸿沟。正是罗马法的千年历史代表了最为明智的发展路线，在那里，改革与对传统的尊重总是不可避免地联系在一起。

法律拟制是最为古老的法律变革工具，梅因宽泛地将其定义为"用以表示掩盖，或目的在掩盖一条法律规定已经发生变化这一事实的任何假定"(《古代法》，25，chap. 2)。在法律发展的早期阶段，它们是非常重要的工具，因为它们提供了一套改进的机制，是一种在不公然与法律相抵牾或冒犯迷信的前提下克服法律的严格性的方法。在古代印欧语系的法律中，最为显著和在历史上最为重要的是关于收养的法律拟制，它考虑到了其主要的社会制度和古代家庭的维续、发展和扩张。普通法中判例法的力量是法律拟制起作用的另一个重要例证。虽然梅因认为法律拟制在法律发展方面起了非常关键的作用，但是在一个更为成熟的法律体系中继续运用就是一种时代错误。虽然梅因认为，边沁对普通法中的法律拟制的批判太过片面，忽略了法律拟制在早期法律中的进步作用，但是他同意边沁认为现代英国法应当"删除"法律拟制的观点，它们是法律分类、法律简化和有序分布的唯一障碍。

[106]如果法律拟制仅仅是用来掩盖法律变革的模式，那么衡

平法学(equity jurisprudence)则是作为一种独特的规则或原则体系而被发展起来的,它与民事法律(civil law)①相区别并公然取代民事法律的地位(《古代法》,chap. 3)。在罗马法中,衡平法是通过执政官法令及对其进行注释的制度发展而形成的,它输入了最初希腊的自然法理论,通过这一模式形成了一套能够引导法律改革的原则。梅因认为,罗马法学家对自然法的热情接受极大地刺激了其法律理性化的进程,并受到了简化原则、概括原则、对称原则和可理解原则的指导。从历史的角度来看,自然法将罗马法从印度法所遭遇的停滞中拯救了出来;它促使罗马法形成了引导法律改革的规范。同时,它从没有成为一个必然会践踏或完全取代现存法律的彻底的伦理体系。因此,衡平法学是建立在现存罗马法的基础之上的,它常常是矫正性的而不是革命性的,是巩固法律的而不是破坏法律的。梅因认为"功用主义"可能在现代普通法改革中扮演了同样富有成效的作用,它通过权益原则提供了一个能够消除不法行为并获取简明性的规范(《古代法》,76)。然而现代自然法,尤其是在法国发展的自然法,变成了一种"不受指导的",因此也是不受制约的规范,它更多地是作为"一个与指导实践的理论相对立的推测性信仰"(《古代法》,82)。

　　与梅因著作中所有法律变革的力量一样,衡平法学有其恰当的时间和空间。随着法律系统化的加强和集权国家的发展,相互竞争的法学体系需要以一种更为持久的方式进行协调。衡平法与法律最终的制度性融合预示着立法时代的来临,在这个时代法律变革是通过前所未有的国家权威而实现的。衡平法干涉法律的权威是以其规则的特殊神圣性为基础的,而立法的权威则纯粹来自

---

① ［译注］梅因在《古代法》第三章中指出,"一个民族所指定的法律,称为该民族的'民事法律'(Civil Law),但是,由自然理性指定给全人类的法律,则称为'国际法'(Law of Nations),因为所有的国家都采用它。"

于一个外在的政治实体,公共机构常常被视为社会的代表机构。现在立法的强制力量完全与传统的惩罚和它所体现的内在原则相分离。因此,立法的时代是科学系统化的时代,也就是现代法典化的时代。尽管现代立法摆脱了一切的限制,并能够更好地应对商业社会复杂的法律需要,但它不具有任何能够"防止恣意任性立法"的东西(《古代法》,28)。事实上,在他倾向于悲观主义的后期著作《民众政府》中,梅因明确地表达了这样一种担忧,立法与民主政治不稳定性的结合,将使法律演进的岌岌可危的成就濒临瓦解。

[107]从这一层面来看,梅因对法律演进史的详细阐述,旨在使边沁所宣称的将所有的法律形式约简为一种立法模型的观点复杂化。虽然立法(现代立法)代表了法律进步的一个高峰,但是从这一单一历史现象中得出法律的意义和作用,却意味着对历史中法律与社会之间的复杂互动的忽视。恢复法律变革机制的历史多样性不仅意味着学术上的矫正,而且要努力说明,法律与社会进步之间始终存在的鸿沟给过去和现在的法律改革者所带来的具体挑战。① 当我们再一次地转向梅因关于印度法典编纂更为具体的观点时,梅因法学的一些实践意义就会浮现出来。

英国统治下印度法律和习俗的转变

如果 19 世纪 50 年代梅因认为在英国成功实现法典化的前景是暗淡的,那么他的印度经历则使他对印度和英国的法典化前景更具信心。梅因对当下盎格鲁—印度法的批判性评价,确证了他认为好的法律应该与社会实践相关联的观点。然而,在印度,问题不单单是协调法律与当前社会进步状态之关系的问题,因为帝国

---

① 参见考克斯(Cocks)对作为整体的梅因的法学所做的博学的解释。Cocks,《亨利·梅因爵士》,前揭。

统治已经从根本上打乱了经过编纂的印度法及其习惯法的自然演进。当地法要么变得更加严格,要么被高等法院任意引入的普通法信条所取代。梅因认为,这一法律体系按其自身的条件而言是如此不可救药,以至于需要一个彻底的解决方案;"唯一的疗治在于统一的、简单的、编纂成法典的法律的颁布,并在最大程度上以最佳的欧洲模型为基础"(《东西方村社—共同体》,75)。在这一努力中,梅因确信存在着一个能够应对法典化所面临挑战的专家团队(一个像他自己那样的法律学者组成的小圈子),他们能够将法学的科学知识与印度法律和政治的实践知识相结合。

在梅因看来,即便是《1833 年特许状法案》建立了正式的立法机器,印度法在根本上还是被英国高等法院的引入和发展所改变,这一进程在东印度公司统治初期就已经开始。① 虽然东印度公司的政策(尤其是在早期)为了解决纠纷而严格适用本地法和惯例,但是梅因认为,这一将本地法整合进审判体系的进程影响深远。为了实施本地法,[108]法官和法庭人员必须确定当地法的内容及其出处。梅因认为,在这一进程中英国法官及其官员所犯的最严重的错误在于,假定当地习俗与古代印度教的法律典籍密切相关,许多官员—学者和婆罗门解释者将其确定为整个印度的成文法律。事实上,最早为了管理之用而编纂印度法的人有些是著名的东方学家。② 结果

---

① 第一任印度总督黑斯廷斯引进了一套二分的法律体系,一个是在英属印度诸省设立的,涉及英国诉讼当事人,以最高法院为顶点,并在此范围内普遍实施英国法的法律体系;还有一些最终建立在每一个行政辖区的东印度法庭(被称为 Sadr Diwani Adalat),在这里实施本地法,莫卧儿刑罚,伊斯兰教和印度教的属人法。这两种审判体系最终于 1861 年统治权转归国王后融合。

② 其中最为著名的东方学家包括琼斯,他首先提出了印欧语系的思想;郝赫德(Nathaniel Halhed)于 1776 年出版了《巴布亚法典》(*A Code of Gentoo Laws*);布鲁克(H. T. Colebrooke)翻译完成了琼斯的《印度合同与继承法汇编》(*The Digest of Hindu Law on Contracts and Successions*);见 B. S. Cohn,《法律与印度的殖民国家》("Law and the Colonial State in India"),见 *Colonialism and Its Forms of Knowledge* and J. D. M. Derrett,《宗教、法律与印度国家》(*Religion,Law,and the State in India*,London,1968)。

"当地法"的适用产生了一种非同寻常的影响,伴随着英国的统治,婆罗门法的适用范围、效力和影响实际上有所增强,并超过了当地习俗的权威(《东西方村社—共同体》,31—62)。梅因认为,东印度公司的地方官员大多没有受过正规的法律训练,"好像他们比当地居民更了解当地法,很多的婆罗门仪式和相当多的信条变成了判决的依据"(《东西方村社—共同体》,45)。正如研究殖民地法律的历史学家所指出的(在这里重复了梅因的论述),在印度法的编纂和实施过程中,英国的法律机构倾向于赋予纯洁观念以特权,这与最古老的法典解释不谋而合,因此过分强调了印度法的宗教性和仪式性。①

梅因认为,英国的法律程序与印度法的相互作用有固化印度法的效果。在征服前夕,印度法学与所有其他古代的法律体系一样,都是以注释为基础的。法律注释是法律发展史上至关重要的工具;总体而言是一种自由化的影响,允许通过法律编纂以适应变化的社会需要。② 但是被迫接受经过解释的英国法体系,通过先例发展法律的模式倾向于阻止印度法自然的、灵活的发展。在这一过程中,"当地规则被固化并缩减到极其严格的地步,这在当地现实的实践中是从未有过的"(《东西方村社—共同体》,45)。

如果印度的法典编纂不能够抵挡英国法律思想和实践的影响,不成文的习惯法和惯例就更容易受到"英国法律体系的(打个譬喻说)感染"(《东西方村社—共同体》,75)。据梅因所言,众所周知,在西北边界的聚居地保存了大量在历史发展中没有受到成文法影响的习俗惯例。从 1857 年开始,"这些不成文的惯例,可能要比现在为印度法院所承认并拥有其权威的婆罗门成文法更为古老

① 参见 Cohn,《法律与印度的殖民国家》,前揭;Derrett,《宗教、法律与印度国家》,前揭;Marc Galanter,《现代印度的法律与社会》(*Law and Society in Modern India*,Delhi,1989)。
② Maine,《古代法》,前揭,页 33—39;Maine,《东西方村社—共同体》,前揭,页 41。

和纯粹,印度法院曾经是僧侣系统完整性的百般细心的保存者"(《东西方村社—共同体》,53)。甚至官方的承认和支持都超过了英国律师的偏见和保守,在较低级别的司法管辖区,[109]正是由于"当地法院纯粹的权威"建立在与当地习俗接触的基础上,所以它有助于破坏古代法学体系的社会和政治基础。殖民法律侵入村社一级造成了引人注目的戏剧性影响,梅因不仅将英国统治的影响描述为对当地习俗的固化,而且还例证了法律革命;习惯法实践

> 一般是从村社长老们所提供的证据中收集得来的;但是一旦这些长老们被要求提供证据,他们必然要丧失他们旧有的地位。他们便不再是一个半司法、半立法的委员会。他们所确证的习俗从今往后将出现在高等法院的判决中,或者那些被法院援引为证据的官方文件中……曾经被作为证据提出的惯例,立马变成了成文的和固定的法律。它将不再被作为惯例而遵守。自此以后,它将作为被英国法院实施的法律而被遵守,因此真正变成了主权者的命令。另外一个事件是习惯法模糊不清的制裁消失了。当地法院当然有权命令和引导它们的判决的执行。因此,不服从主权者的命令马上就会招致制裁或罚金。随着命令和制裁而来的是权利和义务的观念。(《东西方村社—共同体》,71—72)

英国统治的影响在于根据奥斯丁的命令、主权、制裁和权利原则重整印度法律,但是它将习俗变得面目全非。

英国法律体系的出现开启了一个连锁反应的进程,它使得持续不断的法律干涉(legal interventions)成为必要,有鉴于此,习惯法开始转变为成文法。不成文的习惯法的本质在于它的内在灵活性,正是这一特征解释了它为何能长盛不衰。部落会议或村社委员会,以及任何承担监管责任的主体,它们既作为立法主体又作为

司法主体,通过缄默地创造新规则而重塑惯例以应对最新变化的环境(《东西方村社—共同体》,75)。然而,一旦习惯法的实践被书写出来,新规则的创造将不再可能,因为习惯法不能提供任何法律改革据以为基础的明确原则,除非根据传统或古代惯例的权威。如果没有明确的原则,当法院面对日益增多的现代类型的纠纷(这些纠纷又不能根据新近编纂的习惯进行处理)时,它们将不可避免地通过"大量地任意借用英国法"来扩充这些法律(《东西方村社—共同体》,76)。① 这不幸的结果将是顽固守旧的当地习俗与任意随性的英国实体法成分杂乱无序的混合。

[110]梅因认为,更普遍而言,与古代法一样,原始的习惯法也具有双重特性;虽然原始习惯法在有些方面非常翔实,但在另一些方面却极为匮乏。但是精确而言,那些提供了丰富规则的部分却成了越来越不重要的法律领域,因为社会变得越来越现代了。此外,英国的判例法模式向成文法的转变曾产生了特别保守的影响,它倾向于"刻板的"习俗并在发展与变革之路上犹豫徘徊。因此,由于英国统治所导致的结构性转变,既没有改变当地习惯,也没有纠正它们,而是用一种最为抽象和古老的形式对它们进行了确认。因此,即使梅因将习惯视为组织当地法的合法合理的原则,英国法的制度与程序冲击对习惯法的发展机制也有着显著的负面影响。这一共同作用使得习惯法越来越脱离于实践,越来越受制于来自外部的融合和扭曲。在这种语境下,思考从内部革新传统法律(也就是习惯法通过回应现代法律的需要而革新自身)将是一种荒谬的解决方案,它会要求传统法律"解决现代社会中最为复杂的问

---

① Henry Sumner Maine,《印度法典编纂备忘录》("Memorandum on Codification in India"),见 *Papers of Sir Henry Maine*, India Office Collections, Mss. Eur. C. 179。以《印度法典编纂》("Indian Codification")为题重印于 *Minutes by Sir H. S. Maine*,页 1862—69;*With a Note on Indian Codification*, Dated 17th July,1879(Calcutta,1892),页 231—39。

题,这些问题是由拥有自身运作逻辑的社会系统的崩溃而产生的"(《东西方村社—共同体》,59)。习惯法在现代社会中纯粹是不合时宜的,这并不是因为它不能吸收的技术和规则会阻碍传统法律。唯一的解决方案只能是完全现代的方案,即在成文法典中将它们整合并予以系统化。

在 1862 年至 1869 年作为法律委员的任期内,梅因监管了两百多项立法案的通过。然而,其中几乎没有哪项法案被认为能够接近他对印度法彻底法典化的要求。真正的立法浪潮是由梅因的继任者斯蒂芬所促成的,他仅仅在两年半的时间里就带领通过了《证据法》、《合同法》,并修订了《刑事诉讼法典》。虽然与麦考莱一样,斯蒂芬也被恰当地认为是 19 世纪最为重要的立法者之一,但是梅因认为,斯蒂芬没有充分地承认梅因和他的立法部门为自己后来的成就所作出的巨大贡献。梅因任期内最为影响深远的是《当地婚姻法》(1872),虽然该法最初是为了回应印度改革者呼吁认可印度属人法范围之外的婚姻而制定的,但是梅因实际上制定了一部普遍的世俗婚姻法,并且在今天的印度仍然有效。① 梅因也曾雄心勃勃地试图通过一部普遍的《合同法》,但最终归于失败。就像《婚姻法》以及与其同时的[111]《继承法》一样,《合同法》也有重大的意义,因为这是第一部能够宽泛地影响当地民法及其实践的主要立法(另一项实质性的干预是《刑法典》)。但是《合同法》的通过一直被拖延,部分是由于梅因自己反对将合同违约规定在刑事领域而不是民事领域。在他为自己抵制《合同法》所作的辩护中,梅因对法律委员会进行了批评,因为他们摇摆于法律改革的古老气质之间,正如麦考莱作品中所体现的,它"产生了这样一种印象,印度是适用弱化了的功用主义的领域"。梅因认为,"如果印度曾经是一个在立法者的指导下具有完美的延展性和可塑性的主

---

① 1954 年被重新制定为《特殊婚姻法》。

体,那么现在它已不再是这样。"印度的巨大希望将在于对现存法律进行整合和化约的法典编纂,是对法律的编辑,"而非努力获得理论上的完善。"①

　　由于当前英国法律委员会的反对,印度对梅因所设想的立法的直接抵制很少来自边沁主义者,而是来自政治—行政体系的社会思潮,这种思潮对任何法律制度化形式的扩张都持怀疑态度。梅因和他的继任者斯蒂芬常常被指控"过度立法"。梅因的批评者们认为,编纂法典的立法扩张不必要地在法律实施中引入了过度的法律技术性语言,一方面,这并不适合于印度大多数乡民的需要和理解能力;另一方面,这使得原本已经负担沉重且效率低下的法律体系被进一步削弱。梅因完全同意简化和加速法律体系的目标,而且认为这些批评在某种程度上是居心叵测的。许多批评者通过限制立法所要寻求的是行政权威更宽泛的空间,并将父权专制整合为一种最好的帝国统治模型,在兵变和受到独裁倾向的旁遮普(Punjab)管理学院影响的成功殖民以后,这种观点十分盛行。梅因强烈地批判了为恣意放纵的权力所进行的辩护,认为它只能适用于非常时期,而不能被作为一种普遍的英属印度模型,而英属印度应当使其政治统治符合法律的构造。就政治方面而言,回到这一由来已久的倾向是灾难性的,处于高级级别的(advanced)当地阶级将肆无忌惮地煽动怨恨情绪,因为所有文明的统治都必然与法治结合在一起。②

　　梅因认为,印度法的日益错综复杂和专业化,很容易通过停止极端精细的正式立法被消除。即使印度的立法机关被废止了,

---

① 1868 年 12 月 22 日致 Grant Duff 的信,22 December 1868,重印于 George Feaver,《从身份到契约:亨利·梅因自传,1822—1888》,前揭,页 102—3。

② 参见 1864 年 1 月 28 日、1866 年 9 月 11 日、1868 年 9 月 22 日、1868 年 10 月 6 日梅因的备忘录,见 *Minutes by Sir H. S. Maine*,1862—69,页 25,93—94,204—10,219。

这样的立法也几乎是不能停止的。梅因认为，在印度的立法领域
最具革命性且最为活跃的是高等法院（Courts of Justice），[112]
因为它们的成立主要是为了形成盎格鲁—印度法的混合状态。
但是，印度的法官立法"具有其他地方司法立法的所有缺陷，并
且更甚一筹"（《印度法典编纂》，232）。虽然梅因对司法立法的
批判远没有边沁的批判那么激烈，边沁认为司法立法只不过是事
后发布的"狗法"而已，但梅因认为它作为一种立法进程是"随意
的、非常迟缓的、代价高昂的"（《印度法典编纂》，232）。梅因认
为，司法立法是普通法法学的主要缺陷之一。在印度，东印度公
司的法官所受法律训练的程度之低使得这一情形更为恶化。当
遇到明显的法律规则缺乏的情形时，虽然最高法院的法官可能会
勤勉地通过诉诸"正义、衡平和良心"进行裁决，但是更低级别法
院的法官则不能从法律图书馆寻找指引，因此倾向于参考依稀记
得的英国法格言和法律教科书中筛选出来的流行观念进行裁判，
因此就随意地合并成了"未经整理的英国法集合"。① 在民法中
这种混乱达到了顶点，"在这里，英国法的碎片与当地习惯的碎
片相竞争"，②一系列的程序技术被吸收进来，越来越使得法律成
了专家的活动领域，因此进一步拉大了与当地实践和理解的距
离。最后，"在很长一段时期内，印度的司法立法是由外国人推
行的立法，他们受到外国法中的先例和类推的束缚，他们在千里
之外迥异的环境中为一个完全异质的文明立法"（《印度法典编
纂》，232）。

---

① 　Henry Sumner Maine，《印度法律委员会复兴注释》（"Note on Revival of the Indian
　　Law Commission"），Proceedings of the Council of India，India Office Collections，C/
　　138/136—37。
② 　Henry Sumner Maine，《孟加拉拟建上诉法院备忘录》（"Memo on Proposed Appel-
　　late Courts in Bengal"），2 May 1879，Proceedings of the Council of India，India Office
　　Collections，C/142/414—15。

正是出于这些原因,梅因从来不将未经改革的英国法及其法院体系的简单输入看成是印度法律所需要的解决方案。但是,如果"真正的疗治"只能在"发展明确的成文法,引入法典或基本规则实体"①中寻找的话,那么梅因对法典化的支持,与此前边沁对印度法典化的论证就很不相同。梅因的要求的前提不在于许诺文明法典——或实际上是英国普通法——的普遍优越性,而在于承认,随着其他民族性替代方案的崩溃,以理性原则为基础的法典是比现存状态(在这种状态下,英国普通法是通过司法立法专断随意引入的)更好的选择。简单地将梅因与法律现代化者和法典化者视同一派,与将他的印度法理学看作单纯以实践为导向[的法理学]一样错误。梅因对印度法现状以及它所必然要求的各种改革类型的独特分析,不仅仅是由他对英国普通法的批判性观点所赋予的(informed),更重要的,它还是由梅因对以下方面的理论性理解所形塑的,即:习惯法的自然轨迹、帝国统治对它的影响、[113]以及法律变革、法律实践和社会转型之间的紧密关系等。

梅因坚持认为法典编纂是必要的,甚至扩张到具有争议的民法领域,他对法典编纂的信奉在他整个一生中显得越来越坚定。在他即将回国之际,梅因花大力气重申了他在整个印度委员会成员任期内关于法典编纂之重要性的论述。在这些晚期的介入(interventions)中,梅因明确地超越了体现在他早期论文中支持法典编纂的勉强态度。不仅是因为人们普遍意识到印度法典是一项伟大的成就,而且在于它们是将来英国法律法典化的重要的法学模型。虽然梅因此后再也没有主动地介入关于将来英国法典编纂的讨论之中,但是他曾(天真地)得出结论认为,鉴于欧洲和印度法典化的成功,任何对于英国法典化的当代反对都是抱残守缺的,也将是暂时的。

---

① Henry Sumner Maine,《国家公务人员的法律教育》("Legal Education of Civil Servants"),2 December 1863,见 *Minutes by Sir H. S. Maine*,1862—69,页 20。

主权与法律的效力

虽然关于法典编纂的讨论例证了梅因的法律理论在实践方面的独特意涵，但它只是在某种程度上揭示了他的作品作为对功用主义的批判的重要（且更为持久的）关联，尤其是主权这一功用主义的基础性概念。就像他对于现代法典编纂的态度一样，梅因对功用主义的评价也有着某种暧昧不明的特征。梅因在坚持对功用主义法学和政治经济学的抽象和不顾历史事实的倾向进行批判的同时，也时而表现出对其科学抱负和逻辑精确的谨慎敬重。虽然梅因确信功用主义在对原始和古代社会的性质进行历史考察方面贡献甚微且为祸尤烈，但是他对功用主义在理解现代社会动力学方面的恰当性极为乐观。在这个意义上来看，他与功用主义的重要分歧在很大程度上可以被认为是方法论层面上的。同时，完全在方法论的意义上来看待梅因的成就，又会低估他在实质意义上的理论贡献。正如我在本章强调的，梅因的法学同样包含了对法律与社会关系的独特解释，这一点是通过对法律演进史的周密分析而揭示出来的。此外，尽管梅因坚持认为不同时代的法律的意义和性质是不同的，但在其后期的著作中关于法律的见解则怀有更深的哲学性和规范性的基础。①

[114]在功用主义的法律理论中，法律被理解为一个可识别的主权者所发布的实在命令，服从的义务则来自惩罚和武力的威胁。梅因认为，这对于理解法律在历史和人类学上的多样性并没有多大帮助。奥斯丁法律概念的逻辑和必然结构，虽然可能适合于分析现代社会的立法结构，但是它很难适用于原始法律形式的逻辑。

---

① 　在他关于法律与主权的最具理论性的著作中，梅因开始提倡"一种新的法律哲学。"参见 Maine,《早期制度史讲义》，前揭，第十二讲。

正如我们已经看到的，梅因在《古代法》中提出了一套关于法律演进的理论解释，它明确反对用一种抽象的和理想化的形式看待法律，而是试图描述法律发展的不同历史阶段。在这一解释中，梅因强调随着法律的演进，法律制定的过程、包含在其中的创造和变革的力量以及植根于其中的思想和制度，都经历了深刻的变化，从而法律本身的意义和性质也被改变了。《古代法》以后，梅因越来越求助于从印度村社—共同体、日耳曼人的马尔克（Markgenos-sen-schaft）和古爱尔兰法中得来的历史和人类学证据，来证实他认为原始社会的法律权威和义务有多种渊源的观点，并对奥斯丁的法律和主权概念的普遍性及其政治假设提出异议。

在《古代法》中梅因提出了对法律秩序的整体多样性的阐释，与此相对照，在其后来关于村社—共同体的著作中，他则倾向于提出习惯法与现代立法这一明显的大时代的对比。事实上，梅因越来越将这些法律体系视为两种独特的政治社会类型的秩序安排（《早期制度史讲义》，第十三讲）。在较古老的社会中，"绝大多数人从他们的村社或城镇的习俗中得到生活规则"（《早期制度史讲义》，392）。村社—共同体被视为是独立的、自我行动的和自我组织的社会团体，在那里社会和政治生活是通过遵守一系列习惯而得以维持的，这些习惯体现了继承而来的传统（代表了被继承的传统）。村社长老委员会或共同业主大会都是准司法和准立法的主体；尽管传统规则有其顽固的保存者，但是这些习惯也经常被暗地里创造的新规则所改变，这样传统就通过与新的实践相符合的方式被保存下来。村社委员会更像是一个司法机构，而不是立法机构。在判决和立法的过程中，委员会从不宣称发布普遍的命令；它仅仅是在声明一直存在着的古老实践。正是古代风俗的先例使得习惯具有了合法性，而非神圣的或政治的权威。没有任何概念能够与个人权利或义务高度相似，制裁如果存在的话，它也是通过一种普遍非难的形式表现出来，而不是以任何武力相威胁（《东西方村社—共同体》,67—69)。此外,刑事制裁是以舆论和迷信(甚至是"盲目的和无意识的本能"[《早期制度史讲义》第十三讲])为基础的,[115]而不是对强制力量的顾虑。义务常常以血亲关系所生的义务的形式出现,并通过父权的权威而合法化,在那里制裁并不只是集中在惩罚上,而更多的是使诉讼当事人甘心服从公共秩序。

奥斯丁有目的地否定了习惯法这种法律类型(如果它确曾以这种理想形式存在的话),从而使之能够与他特定的实定法的概念相符合。与此相反,它将成为"实在道德",也就是一套被统治的人和道德上被制裁或被强迫的人所自发接受的规则(《法理学范围之限定》,34—36、141)。要成为真正的法律,这些习惯必须具有强制性的力量,而在奥斯丁看来,这种强制力量只能来自于主权权威。奥斯丁明确反对"习惯法的崇拜者"(尤其是德国的崇拜者),他们试图将习惯的权威直接建立在人民的舆论和实践当中,而不是更高级的政治权威中,奥斯丁认为政治权威才是它们的强制力和暴力的真正来源。即使习惯法最初出现于民众的实践和舆论之中,一旦这些习惯"被法院所适用的时候,而且,当其被作为法院判决的根据,并被国家权力所强制实施的时候"(《法理学范围之限定》,35),习惯也就转变成了实定法。

在这个意义上,梅因对奥斯丁的批判,相当于对其法律概念的反对。梅因试图将奥斯丁所界定的"实在道德"之物看成是一种独特的法律形式。正如奥斯丁的拥护者们曾经指出的,奥斯丁已经意识到他所界定的法律只能在一种相对现代型的集权政治秩序下适用,因此他预先阻止了梅因认为他不公正地将历史上独特的法律秩序形式普遍化了的批判(《约翰·奥斯丁及其19世纪的批评者》)。问题在于这不仅仅是一个概念问题,而是关于法律权威与义务最终渊源的更为实质性的争论。梅因认为,奥斯丁在法律与道德之间所做的明显区分是以严格的霍布斯式的主权概念为基础的,"如果只是作为一种理论,它完全可以成立,但它的实际价值和它接近事实的程度随着时代和国家的不同而迥然有异"(《早期制度史讲义》,364)。

梅因认为,霍布斯是现代主权理论的真正奠基人,是现代主权理论最伟大的理论家和最强有力的鼓吹者。就此而言,奥斯丁在主权概念方面贡献不多,而是更关注它对于法律概念和法学的含义。难怪梅因反对霍布斯将自然状态视为战争状态的独特描述,因为对梅因来说,"超合法性"(ultra-legality)而非无政府状态才是早期社会的规范。尽管如此,梅因认为霍布斯的《利维坦》对现代国家形成的特定历史条件作出了有力的解释,并与他后来的理论继承者不同,这在其"政治承诺"(political commitments)中更为明显。霍布斯强烈地意识到,实际上他也明确地主张,政治进程与现代主权发展[116]——即"高度集权、积极立法的国家"的建立——密切相关(《早期制度史讲义》,390),这导致了主权之下地方性生活(local life)的破裂。换言之,奥斯丁所描写的法律与道德之间的分析性区别,实际上是两种不同且不平等的政治社会形式(其中一个的出现将导致另一个的衰亡)之间的历史性差异。

分析法学建构了一套能够很好地适应于立法时代的法哲学；实际上它是在努力使得现代主权的规范基础合法化。现代主权理论和"法律是主权者命令"之思想的一个概念假定在于,对强制性权力作为法律义务的必然基础的过度强调。然而,"就像人们有可能忘记自然界中存在的冲突和社会中存在致富欲望之外的动机,同样,奥斯丁的弟子也易于忽视实际的主权还包括武力之外的更多东西。在作为主权者命令的法律中,除了把它当作一种规制性的力量而能获得的东西以外,还有其他更多的东西"(《早期制度史讲义》,361)。梅因认为,就算奥斯丁将习惯法解释为实在道德,也暗示了人们服从法律事实上可能出于不同的原因。通过把法律化约为强制性权力,奥斯丁不仅完全遮蔽了在小规模的古代/原始社会占主导地位的义务渊源,而且低估了其他动因在现代法律体系中的影响。主权的历史是由这些要素构成的,"无可计数的意见、情感、信仰、迷信以及成见和所有类型的观念,有些是继承的,有些是后天习得的,有些是产生于制度之外的,还有些是由人性所构造的","主权者持久地塑造、限制和妨碍着社会力量的实际方向"(《早期制度史讲义》,359—360)。梅因认为,"一个纯粹抽象的主权概念不能告诉我们,道德观是如何决定主权者对不可抗拒的强制性权力的运用和克制"(《早期制度史讲义》,360)。强制权力与义务之间并不具有逻辑上的必然关联他们之间的关联是具体历史和政治进程的产物,也是这一过程自觉地掩盖和取代了构成习惯的历史力量的心灵动机和思维习惯。正是通过从中央集权的权威中产生的立法权力来削弱当地惯例和习惯的顽强性的努力,如霍布斯和奥斯丁所理解的那样,法律的效力才变得最为明显(《早期制度史讲义》,第十一讲、第十二讲)。

　　像西方那种庞大的集权国家的形成,在历史上是一次例外。根据梅因所言,大多数的古代帝国(除了罗马这个重要的例外)和东方帝国都是"征税"帝国,在那里"它们的臣民所从属于其中的团体性的日常宗教生活和平民生活"[117]是不受影响的。传统帝国与"各个小社团的地方性生活"的繁荣是完全相容的,只是受到遥远的征税统治者的非常有限的干涉(《早期制度史讲义》,384)。相比之下,一个立法帝国(如罗马帝国)日益根据其原则和利益制定法律,这不可避免地加速了习惯法规则的衰退。在这个意义上,"我们所理解的立法和地方性生活被打破似乎是普遍地同时发生的"(《早期制度史讲义》,389),随着现代国家体系的扩张和发展,这一模型就变得普遍化了。

　　通过集权和立法这两个相互关联的进程,国家的形成是"曾经独自生活的群体被更加彻底地捣碎而并入现代社会的过程"(《早期制度史讲义》,387)的顶点。然而,霍布斯却向这一发展致敬,把特权团体和组织化的地方性群体比作是政治体的寄生虫,而梅因则认为"应当把这些群体比作使整个人体得以形成的细胞"（《早期制度史讲义》，396）。在这里，我们看到了梅因著作中更强烈的关于主权的团体主义批判，这一批判将在后期论述民众政府的保守主义著作中变得更为强烈。梅因认为，民主时代的到来将重整立法的计划与政府的目的结合起来，在习惯和生活方式领域释放了一种不断革命的新类型。这是一种比革命骚动更为危险的前景，在给创新赋予特权的时代，制度的稳定性是必然要遭到破坏的，一个民众的专制主义国家将成为不可避免的高潮（《民众政府》，第三章）。

梅因对主权的批判使他的著作更直接地与历史法学的主线联系起来，这种批判同时也是一种因其对功用主义法学及其改革精神的温和敬重而被减轻的责任。因此，梅因的保守主义是一种独特的类型，它不是由对古代政制价值的宗教、情感和怀旧的诉求所推动的，而是被特权的扩张将威胁财产权和个人权利的担忧所推动的，或者换言之，是被自由主义时代的历史成就所推动。民主是一种天性不稳定且十分脆弱的政府形式，它自身的瓦解自然地倾向于专制主义。"幕后操纵者"玩弄党派政治的阴谋并且操纵公众舆论都暗示了一种专制主义，在这种专制主义下民众自然的非理性和保守倾向得到削弱和释放。梅因绝非是小规模社会和自组织社会的怀旧式的或古文物鉴赏式的辩护者，然而随着民众政府的来临，他对特权群体——如具有知识和经验的贵族——的消失十分担忧。梅因认为，[118]这一方面将导致德行和技术的平庸，另一方面将消除相对于无限制的国家权力和无中介的主权的必要保护。因此，脆弱的古代政府形式（民主制）和现代集权国家机制的结合将"很容易导致残酷的挫折和严重的灾难"（《民众政府》，25）。

第四章　19世纪关于所有权的争论

[119]到底是更古老的思想还是更晚近的思想最适合于对将来的统治呢？这是一个开放的问题。如果一个时代向另一个时代的转变是由世界成长所导致的环境变化所致——甚至从某种程度上看是篡权的结果——很可能的情况是，相较于现代制度，古代的制度无论如何都更适于被作为更好更先进的社会制度的基础。

——约翰·斯图亚特·密尔①

到了19世纪，所有权问题以一种新的方式崭露出来。这次讨论的话语明显具有历史和比较的特征，它颠覆了先前公认的关于私有制的性质和起源的认识。先前占据主导地位的关于所有权的哲学、法律解释，都旨在将其理论基础建立在财产的个人占用（appropriation）和占有（occupation）的模式之上。相比之下，梅因提出了另一种构想，在他提出的历史序列中，财产最初是共同所有的（由家族共同体或大家庭所有），随着时间的推移逐渐地被分开，最

---

① J. S. Mill,《梅因先生论村社—共同体》（"Mr. Maine on Village-Communities"），见 *Fortnightly Review* 9（May 1871）：页544。

终分裂为个人所有制的形式。梅因对所有权理论演进模式的修正"发现"了公有制，极大地挑战了所有权必然是个人的和绝对的观念。就此而言，梅因的贡献和成就是至关重要的；尤其是在罗马法和自然权利理论的阐述中，梅因关于所有权（和一般的现代权利观念）的公共起源的论文，有效地质疑了个人所有权一元性这一观念在历史和逻辑上的优先性。

在阐明私有制和个人权利得以确立的进程的艰难性和不确定性时，梅因试图证明私有制是一项渐进地确立起来的历史成就。没有人能够"随意地攻击他人的所有权，并同时宣称其尊重文明。这两种历史是不能够和解的"（《关于印度的观察对现代欧洲思想的影响》，230）。然而，梅因确立的原始共产主义（original communism）的历史事实，[120]暂且不论其在文明史上的相应位置，它至少暗示了现代私有制观念的相对性，并赋予替代性的公有制模型以合法的历史依据（legitimate historicity）。这样，梅因的渐进进步主义经历史主义缓和以后，引发了对现代法律和政治制度合法性的怀疑，尤其是对土地私有制的怀疑。由此，梅因关于公有制的论文就与各种各样的规范性的和历史主义的论证结合在了一起，并对土地私有制及其自由市场理论的强劲扩张提出了质疑。前一路线以社会主义者和农业激进分子为例证，他们直截了当地宣称公有制相对于个人所有权的独立自主的规范优先性；后一路线试图将所有权形式与历史阶段联系在一起，因此认为私有制不适合于传统社会或前现代社会。在实践意义上，梅因的渐进历史主义，使得对现代制度（法律的、政治的和经济的）在没有达到社会进步的适当阶段的社会中的可行性和适用性提出质疑成为可能。

梅因关于公有制的论文在英属印度有特殊的重要性，它明显地影响了关于印度土地所有制问题的复杂争论，同时也试图系统地将村社—共同体特殊化，认定其为传统印度社会的典型形式。土地收益是帝国在印度进行统治的基础；它是印度政府的行政管理和财政结构的核心所在,同时也是直接影响和改造当地社会生活和经济生活的最主要的手段。此外,在 1857 年兵变——人们对土地政策的不满为兵变的爆发注入了关键的力量——以后紧张的政治氛围中,在土地所有制和经济政策方面公认的自由—功用主义(liberal-utilitarian)原则将被重新讨论和修正。在这样的语境下,梅因认为村社—共同体建立在土地使用和占用的公有制模式上的思想,与他在方法论上对功用主义发起的非难一道试图削弱功用主义信条在印度的可适用性。但是,梅因与功用主义的争论走得更远,它指出英国统治最严重的错误在于对印度社会的习惯和公共基础的误解。

　　本章旨在探究梅因对所有权演进史进行修正解释的源起及其意涵。首先,将它的观念根源确定在对自然法理论的批判之中(在其罗马和现代的典型体现中),我重构了关于所有权历史起源的广泛的学术讨论的理论与经验坐标。这一学术讨论关涉并刺激了全球范围内有关土地改革和私有制前景的政治讨论。[121]梅因对私有制起源的重构建立在一套庞大的比较框架基础之上,这一框架试图整合林林总总的人类学和历史学资料,印度的村社—共同体在其中占据了尤为关键的理论地位。最后,本章评价了梅因在印度政策辩论中的参与及其影响,他的思想在对古典政治经济学进行历史主义批判的进程中达到了高潮。

　　如同在法律领域一样,土地所有制的问题——土地占有、使用和分配的组织模式的权利和习俗——在关于"印度社会"基本特征的讨论中处于中心地位。梅因关于公有制的论点,对于加强原住民社会的同一性、完整性与土地的公共占有、开发之间的紧密联系至关重要。虽然在法律领域,当地的共同体和权威是通过当地习惯法最为形象地表现出来的,但是就土地所有制而言,传统社会的自组织能力将通过村社—共同体的习惯与惯例来界定。在梅因关于所有权演进的修正解释中,村社—共同体的结构证实了古代/原始社会中血亲关系的意识形态的控制作用,在原始社会中血亲关系是以联合家庭、种姓制度、部落和/或宗族的形式表现出来的,它们与集体所有权同在。除了是一种传统社会分类的典型例证以外,村社—共同体的瓦解为梅因"从身份到契约转变"的观念——即以血亲关系为基础的公有制分解为私有制的历史进程——提供了明确的证据。尽管从某种意义上说,印度村社—共同体的崩解是不可避免的,但是这一进程随着帝国统治的到来而被危险地加快了。梅因最为担忧的是在帝国统治之下,村社—共同体的习惯基础将被彻底毁灭,这一毁灭将预示着印度社会的剧烈瓦解。梅因警告道,与现代社会的接触可能对传统社会产生创伤,这促使许多帝国统治者开始为帝国统治寻求一种替代性的策略模式——间接统治。

比较法学与对自然法的批判

在对功用主义法学进行批判的同时,《古代法》也包含了梅因对"现代自然法学派"和社会契约论的持久的厌恶(无论是在政治层面,还是在理论层面)。梅因坚持认为,主张人类生而平等的自然法理论在本质上具有政治性,[122]它已经导致了法国大革命(尤其是通过卢梭的影响)中最为危险的暴行。梅因在《古代法》中指出,恰当地认识罗马法的漫长历史,可以调和并且纠正这些毫无根据的抽象主张,因为历史记录可以证明原始社会或古代社会的真实本质。梅因认为,历史的和比较的探究将阐明和澄清某个社会阶段的真相,这些研究已经在很大程度上被有关自然状态的各种哲学性推测所主导。梅因认为,最具讽刺意味的是,罗马法本身恰恰是自然法思想的历史渊源。因此,在一个更为直接的意义上,欲理解自然法的现代变体,必须从评价罗马法的起源及其历史开始。

但是，在试图理清古代自然法理论与现代自然法理论之间的密切联系时，梅因最终不得不自相矛盾地承认，将对罗马法的历史研究作为理解原始社会法律的指南是有其内在局限性的。《古代法》以后，对罗马法律遗迹的研究再也没有成为梅因学术思考的中心。在其后来的著作（如《东西方村社——共同体》《早期制度史讲义》和《早期法律和习惯讲义》）中，梅因的研究事业无疑更具比较色彩，虽然他所关注的实质性问题更为直接地转向了所有权历史的重构。我认为，在探究这一转向的性质时，梅因转向比较法学不仅是对持续增长的一系列对于法律遗迹的历史学和人类学研究的回应，而且是因为他意识到了罗马法历史研究的内在局限性。

梅因在《古代法》中关于早期罗马法史的修正解释，旨在反驳理性主义的、演绎式的政治理论，它们是从对原始的"自然状态"中"自然"人的解释中推演出来的（在这里梅因的主要靶子是卢梭）。对所谓的自然状态的哲学性推测倾向于呈现和表达近代个体在时间上的落后：

> 这些有关世界上最古老的人类情况的描写，受到这两种假定的影响，首先是假定人类并不具有现在环绕着他们的大部分的情形，其次是假定在这样想象的条件下，他们仍然具有目前驱动着他们的同种情绪和偏见，——尽管在事实上，这些情绪可能正是被那些假定被剥夺的情形所创生和激发出来的。（《古代法》，247）

如此一来，这些理论就变成了同义反复的赘述；它们把正好需要解释的部分，即使得个人契约成为可能的那些思想、[123]制度和实践的演进逻辑和演进序列，看作是理所当然的。

正如我们在第二章中已经看到的那样，梅因对自然法理论中自然状态的解释进行质疑的主要策略之一，在于他对古代父权制家庭（它是古代/原始社会的基本单元）社团性质的描述。古代法中的这些证据被用来瓦解那些认为原始社会就其本性而言是无政府状态的假定。霍布斯式的原始的战争状态思想，"就部落之间或家族之间的冲突而言可能是真实的，但是就人类个体与个体之间的关系而言就不真实了。正好相反，我们发现他们最初是在一种超级合法（ultra-legality）的制度下共同生活的"（《早期制度史讲义》，357）。在梅因看来，即便这一混乱无序的状态曾经存在过，它也不能作为原始社会进化的刺激因素。在古代社会到现代社会的发展轨迹中，古代法的专制逐渐失去了对其属民的控制，家族依赖逐渐让位于各种更为高级的个人主义形式。古风时期的罗马法（尤其是在《十二铜表法》中表达的，或从《十二铜表法》中发展出来的）是对原始时代的更为全面的理论建构的起点，其通过比较研究而得到了更重要的扩展。梅因认为，实际上正是18世纪比较法学知识的相对匮乏，促进了对原始社会不受限制的理论推测。由于真正的历史和比较方法的缺失，18世纪的思想在历史事实中找不到任何基础。然而，因为其哲学基础，18世纪的思想彻底地转向了古典和帝国时期的晚期罗马法学，这正是现代自然法理论观念的源泉。

梅因认为，自然法（*ius naturale*）与万民法（*ius gentium*）的结合是晚期罗马法学成果最为丰硕的时期——凯撒治下廊下派法学的"黄金时代"——的最具影响力的成就。在法律的历史发展进程中，从万民法向自然法的转向表明了衡平法作为法律变革的主要形式的重要性。衡平法作为一套规则或原则体系，它能够合法地克服市民法的局限；重要的是，它的法律依据既不是建立在立法或主权权威之上，也不是建立在传统或先例之上，而是诉诸于它的原则的特性。因此，衡平法构造良好的原则是所有法律进步形式的基石；它们可以缓解改革的热情，并且可以将法律从对仪式和礼节的严重依赖中释放出来（《古代法》，chap. 3）。以自然法为形式的罗马衡平法是罗马法得以从原始法律的局限性中逃脱出来,并走向巅峰,成为成熟而完善的法律体系的关键因素。

[124]在早期罗马法中,万民法的出现是在实践上对如何裁决罗马公民与异邦人之间纠纷的回应,因为异邦人是被排除在市民法的管辖权之外的。在这个意义上,万民法最初是"一系列规则和原则的集合,这些规则和原则是经过观察后发现的、通行于意大利各部落间的制度所决定的"(《古代法》,48)。诉诸于这样一套规则,不是因为它们被认为赋予了某种更高的或内在的权威,而是作为解决司法困境的实际手段。在很大程度上来看,万民法转化为更为宽广的自然法,从制度上而言是得益于解决司法争端的执政官权力的发展;而从哲学上来说,是由古希腊廊下派的自然法思想传入罗马法所促成的。在两股力量的交融下,执政官及其法令变成了这样一种力量,它使得自然法成为一套衡平法体系,发挥着最强大的创造力,干预并推翻古代法典严苛的规定。

廊下派的自然法理论使得万民法成为了一种新的哲学共鸣和恰到好处的历史转折,它令罗马法能够从原始法律的严格性中被解放出来,取得了其他古代法律体系闻所未闻的卓越成就(参见本书第三章的讨论)。在罗马法学家最多产的时期,廊下派哲学对他们的影响,同时也是罗马法学在法律术语和法律哲学方面的改进获得成功的基石。梅因认为,廊下派要求"根据自然而生活"刺激了法律改革和法律的理性化。自然的指导原则——简单、对称并且融洽——将成为日益寻求系统化与普遍化的法学的根基。

然而,在自然法的现代史上,对自然法的崇拜从它在各种各样的法律渊源和公理中产生原则的实际效果转向了原则本身。普遍化、系统化以及自洽性、简洁性,这些原则本身受到了重视。将自然法与实际的法律实践相分离,是最终将自然法接受为抽象的和不受限制的规范的重要一步,它也将自主地产生理性的和系统的法典。[1] 正如梅因指出的,这一转变在哲学领域也得到了反映,哲学领域的关注点从对自然法的探究转向了对自然状态的思考。在梅因看来,这一转变是自然法理论的许多政治错误的核心所在。

对于梅因的主要理论计划——对古代或原始社会的重构——而言,晚期罗马法学的抽象化倾向也有重要的方法论上的意义。[125]正是因为试图对法律进行系统化和普遍化,确切而言,为了梳理、区别那些被缩减和被包含在其原初形式中的各种法律原则,晚期罗马法学渐趋模糊了这些原初形式的真实面貌。这一不足在物权法中表现得最为明显。因此,正是在早期所有权史这一问题上,罗马法历史研究作为重构古代社会最初形式的主要方法遭遇了瓶颈。

梅因认为,所有权(尤其是私有制)的起源是一个最为困难和模糊的历史问题。梅因在《古代法》中指出,这一模糊性,还因为自然法理论而得以继续存在。实际上,"关于它的一种比较流行的说法,即它源于自然状态,仅仅是一种对我们自己无知的表达方式"(《古代法》,247)。在这一点上,罗马的自然法解释和现代的自然法解释都有同样的缺陷。在这两种解释中,现存物权法中的制度条件和概念关系被重复述说以解释其历史源起。将布莱克斯通关于先占的理论作为自然法学界对所有权起源问题的一种流行的观点,梅因质疑了以个人动机和行动为前提的普遍化论证的充分性。布莱克斯通认为,所有权产生于当原始平民中的某一物件或土地的最初使用者对该物件或土地获得了某种形式的占有,而通过武力将该物件或土地从其手中夺走变得不公正时,所有权即产生了。随着时间的推移,这种无常的和不稳定的占有就获得了符合习俗的占用权(right of appropriation)。正如我们已经看到的,梅因对

---

[1] 梅因也将早期现代法国的法律发展看成是自然法作为超越于罗马法和习惯法之上的公断原则的例证。参见 Maine,《古代法》,前揭,chap. 4.

诉诸于个人"本能"和动机的质疑,不仅是因为它们将个人作为分析的单元(他认为从本质上而言这对于古代社会的研究是不适合的),而且是因为个人行动和习惯性行为是通过制度变革而被锻造的这一基本的社会学前提。对梅因来说,重要的问题不在于人们为什么最初是个别地占用物件,而是为什么这一占用或先占产生了一种来自于社会的尊重。这把问题从个人行动领域转向了社会行动领域,也就是说,什么是将先占变为排他的所有权的合法起源的制度条件。

在罗马法中的所有权问题上,梅因揭示了与萨维尼在其关于民法上占有的论著中所阐明的逻辑类似的一套现行的逻辑。① 萨维尼认为罗马法是通过占有禁令(possessory interdicts)——它独立并先于所有权——的形式保护占有权利的。这一特性的原因在于对所有的占有都将发展成为所有权这一默示规则(implicit rule)和[126]对所有的所有权都是从占有开始这一基本主张的普遍接受。他关于占有(possession)的论点和他关于先占(occupancy)的思想并无二致。二者都认为所有权源于第一持有人保护其占有的能力。问题依然在于,为什么这一占有得到承认并被赋予法律的认可。

梅因并没有在《古代法》中给出答案,而是在指出这一理论难题时,他揭露了着两个所有权理论中的主要弱点。在他看来,这两个理论都颠倒了历史发展的逻辑:

> 只有在所有权的不可侵犯性在长时期得到了认可时,以及对绝大多数物件的享用已属于私人所有时,单纯的占有可以准许第一个占有人,就以前没有被主张所有权的物品取得

---

① Friedrich Karl von Savigny, *Das Recht des Besitzes* (1803, Vienna, 1865)。引自题为《萨维尼论财产》(*Von Savigny's Treatise on Possession*)的英文著作,trans. Erskine Perry(London, 1848)。梅因关于萨维尼所有权思想的讨论,见《古代法》,前揭,chap. 8。

完全所有权……它的真正的基础，并不在于对这所有权制度
出于天性的偏爱，而是在于这个制度长期继续存在而发生的
一种推定，即每一种物件都应该有一个所有人。（《古代法》，
249[强调符号为原书所加]）

梅因以一种典型的方式将对所有权起源的推测性的/逻辑的
解释，转变成了一种强调缓慢的制度发展的历史解释。

就所有权的历史起源而言，罗马法似乎并没有比现代自然法
理论给出更多的启示。梅因认识到这一局限性的重要意义，在于
它使得制度研究转向比较研究成为一种方法论上的必要。正如梅
因注意到的，晚期罗马法学在人法和物法之间所作的区分是方便
且重要的，但它完全是人为的，这个区分显然促使我们"在研究当
前的主题时，离开了真正的方向"（《古代法》，251）。古代家庭法中
的证据表明，在早期法中人法和物法是不可避免地纠结在一起的。
梅因据此推理得出了一个先验的可能性，即物权法（如同人法一
样）最初是以公共形式出现而非以个人形式出现。梅因认为，我们
可以从早期所有权史中发现公共的和共同的所有制形式而不是个
人所有制。在对这一事实的证明中，"在这里，罗马法学不会对我
们有所启发，因为正是被自然法理论所改变的罗马法学给现代人
留下了这样一个印象，即个人所有制是所有权的正常形态，而团体
的公有制仅仅是一般规则的例外情形"（《古代法》，252）。为了证
实他对于原始社会和法律的观点，以及与之相适应的有关所有权
的表达，梅因立马转向了印度村社—共同体，它似乎正好能够展示
他所提出的所有权的模式：

[127]虽然证据并不允许我们前进得更远，但是如果我们
认为，就我们所看到的那种形式的私有制，主要是由一个共产
体的混合权利中逐步分离出来的个别的个人权利所组成的，

这种猜度,并不能说是毫无根据的臆测。我们在研究人法时,似乎可以见到家族扩张而成为亲属的宗亲集团,然后宗亲团体分解而成为单个的家庭;最后,家庭又被个人所代替;现在可以提出这样的意见,即在这个变化中每一个阶段都相当于所有权性质的一次类似的改变。(《古代法》,252)

这样一来,梅因对古代法的解释产生了一个关于私有财产权和个人权利是如何在历史中出现的重要假定。梅因后来的著作,尤其是《东西方村社—共同体》和《早期制度史讲义》试图详细地证明这个命题。在《古代法》之后不到十五年的时间里,梅因宣称"对伟大的土地制度起源的澄清"(《早期制度史讲义》,1)是比较法学最为重要的成就。随着关于原始社会知识资料的积累,私有制最初出自于公有制形式或共同所有权形式的思想,已经被作为一种普遍的现象而得到承认。这一关于最初或原始社会财产共有制具有优先性的论点,深刻地影响了19世纪下半叶人们将以何种独特的方式讨论所有权这一政治问题。

公有制与19世纪关于所有权的讨论

尽管梅因对所有权史的重构是通过对自然法的批判阐述出来的,但是令人奇怪的是,这一重构与17、18世纪自然法学关于所有权问题的实质性争论并无直接联系。可能最为令人惊奇的是,精确而言,正是在所有权问题方面,自然法学家最为接近于创立法律发展的渐进的阐述模式。① 格劳修斯和普芬道夫通过前公民社会中

①　参见 Peter Stein,《法律进化:观念的故事》(*Legal Evolution*：*The Story of an Idea*,Cambridge,1980)以及 Istvan Hont,《社会性和商业的语言:普芬道夫及其"四阶段理论"的理论基础》,前揭。

消极团体(negative community)在所有权方面的优先性的论点,假定了一些类似于原始共产主义的思想。对他们来说,私有财产权是公地制度逐渐个体化的过程,是通过占用行为(通过占有模式)逐渐从这种原始形式中发展而来的。虽然格劳修斯和普芬道夫都不同意私有财产权的自然或习俗的起源,但都把它定义为一种个人的和排他的权利。[128]相比之下,19世纪公共所有权的论点开始对个人的、排他的所有权和绝对物权(*iure in re*)提出了质疑。

梅因的著作在这一挑战中发挥了决定性的作用,尤其是他对罗马法的阐释,有效地质疑了作为物权的个人所有权的单一观念的逻辑优先性。梅因的解释不仅导致了现代私人财产权观念的相对化,而且赋予了替代性的共有模型以合法的历史根据。虽然梅因是从历史的视角提出了关于公共所有权的观点,但他对罗马法的批判主要具有方法论上的意义,它们都与一系列的理论和政治争论(它们旨在瓦解个人的、绝对的和排他的土地所有权的规范优先性和司法主导性)有关。因此,这一关于所有权历史起源的学术讨论必然与同时期关于土地改革性质和私有制前景的讨论关联在一起。

有三股不同的历史和人类学研究潮流共同引导和塑造着关于所有权的讨论:(1)关于古罗马的,(2)关于中世纪农业共同体(日耳曼)的,和(3)关于当代的公共土地占有形式(尤其是在非欧洲世界、俄罗斯和爱尔兰)的。可能梅因的非凡成就恰恰在于,通过比较和渐进的框架将这些各自不同的潮流合并到一个更为普遍的所有权理论中。① 虽然梅因的著作与所有这三种影响深远的研究领

---

① 另外一些综合了"东方"和"西方"村社—共同体研究文献的主要学者包括柯瓦列夫斯基(M. M. Kovalevsky)和马克斯·柯瓦列夫斯基(Marx. Kovalevsky),后者深受梅因著作影响并对马克思的著作十分熟悉。正是柯瓦列夫斯基访美回来后给马克思带了一本摩尔根的《古代社会》。参见 M. M. Kovalevsky,《公共土地所有及其瓦解的原因、进程和结果》(*Communal Landholding : Causes, Courses, and Consequences of Its Disintegration*, London, 1879)。

域都相关联,但它又是以不同的方式、围绕不同的主题在理论上和政治上与每一种思潮相关。

罗马法及其历史是讨论私有制绝对的历史起源的主要场域。梅因认为,"古代法对个人权利一无所知"这一大胆的论断,暗示了它也不可能包含私有制观念。这一主张尤其在比利时经济学家拉维莱耶(Émile de Laveleye)更具政治意味的著作中得到了传播,它遭到了库朗热最明显(和最激烈)的质疑。[①] 库朗热在《古代城邦》中将物权法和继承法与雅利安人家庭共有的原始祖先崇拜结合在了一起。祖先崇拜依赖于对各自埋葬祖先的土地的保护和圈定。这些坟场被认为是有界领土的最早实例,它体现了所有权的历史精髓。与此相反,蒙森(Theodor Mommsen)却论述了罗马早期氏族的集体土地所有制。[②] 梅因依赖尼布尔对早期罗马史的重构,为古代法中人法与物法的重合提供了论据,并且也含蓄地为古代家庭中最初的公共所有权提供了论据。尼布尔[129]对罗马物权法起源的解释,对关于所有权的辩论产生了独立自主且更为直接的影响,它常常被用作古代公共所有权形式与国家所有权相关联的证据。在后一形式中,尼布尔的论证尤其对马克思关于公共所有权形式的解释至关重要,因此,也确证了古代罗马史作为 19 世纪所有权理论发展的重要节点的地位。

——————————

① 菲斯特尔·库朗热并没有直接遭遇尼布尔,但他关注蒙森的反驳,在后期的著作中,菲斯特尔转向了对私有制的更为普遍的辩护。作为一名古典主义者和历史学家,菲斯特尔攻击了那些支持拉维莱耶所作综合的主要资源的重要解释,其中最为主要的是毛雷尔和梅因对塔西佗(Tacitus)的理解和蒙森对西塞罗(Cicero)和普鲁塔克(Plutarch)的引用。但是,随着公共所有权的历史优先性的论点在 19 世纪晚期差不多被普遍接受,菲斯特尔对最初的私有制观念的坚持便显得是一个异常孤立但却坚定的不同意见。Numa Denis Fustel de Coulanges,《土地所有权的起源》(*The Origin of Property in Land*,London,1891)。最初发表于前揭(April 1889)。

② Numa Denis Fustel de Coulanges,《古代城邦》,前揭,以及 Theodor Mommsen,《罗马史》,前揭。亦可参见 A. D. Momigliano,《19 世纪古典主义的新路径》,前揭。

　　虽然关于私有制的绝对起源的讨论是在早期罗马法史的领域内展开的，并在整个 19 世纪经久不衰，但是它有时加入另一种更为直接地关注私有制历史轨迹和未来发展的研究路线，有时也被这一路线所遮蔽而黯然失色。在这里，对农业村社—共同体和它们与封建主义起源的关系的历史研究至关重要，尤其是对围绕德国马尔克制度（*Markenverfassung*）或村社—共同体的中世纪社会和政治生活的研究。这一研究路线根源于格林姆（Grimm）兄弟的著作，但毛雷尔（Konrad von Maurer）关于马克（*Mark*）的著作流传最广并且影响深远。毛雷尔的著作极大地刺激了关于中世纪遗迹的学术研究，并鼓励了其他国家对日耳曼农业共同体遗迹的研究。[①] 值得注意的是，这一历史研究的形式使得一位德国文学专家豪森（August von Haxthausen）成为首位对斯拉夫家庭共同体和俄国米尔（mir）进行学术研究的学者。

　　在关于中世纪村社—共同体的讨论中得出了关于公共所有权的历史优先性；然而关于这一事实的政治和规范意涵形态各异且常常相互矛盾。根据某个政治大纲，村社—共同体的古代形式例证了自由主义的"条顿式"自由、自由协会主义、自由主义的自治、社会主义者和共产主义者的团结合作和/或等级父权制和封建压制。[②] 梅

[①] 关于马克—共同体（mark-community）的理论在英语世界首次被肯布尔（Kemble）在 1894 年的《英格兰的萨克逊人》（*The Saxons in England*）一书中使用。后来的宪法史家如斯塔布斯（Stubbs）、弗里曼（Freeman）和格林（Green）在将马克视为中世纪政治的基础和议会民主和威斯敏斯特型政府的先驱时，通过历史权利和/或连续性观念解释它们的政治结论。见 John W. Burrow，《"村社共同体"与 19 世纪晚期英格兰的历史运用》（"'The Village Community' and the Uses of History in Late Nineteenth-Century England"），见 *Historical Perspectives*：*Studies in English Thought and Society in Honour of J. H. Plumb*，ed. Neil McKendrick（London，1974），页 255—85。

[②] 参见 Burrow，《"村社共同体"与 19 世纪晚期英格兰的历史运用》以及 Clive Dewey，《村社共同体的想象：盎格鲁—印度意识形态研究》（"Images of the Village Community：A Study of Anglo-Indian Ideology"），见 *Modern Asian Studies* 6，no. 3（1972）：页 291—328。

因认为,这种社会形式最为直接地展示了个人权利是如何从原始的公共联系中脱离出来的;因此,理解它的历史发展对理解现代土地所有制至关重要。此外,这一从公有制到私有制的演进,是从身份到契约的渐进转变过程中的关键问题;原初共产主义的事实仅仅表明了人类从原始根源起沿着文明之路前进了多远。但是,正如梅因将私有制的出现视为进步的迹象,他的历史主义引发了从公共所有权瓦解到个体化的私有制(individuated private tenure)的转变进程中,主要时刻的合法性问题。正如密尔对梅因的《东西方村社—共同体》的评论中所指出的,

> [130]到底是更古老的思想还是更晚近的思想最适合于对将来的统治呢？这是一个开放的问题。如果一个时代向另一个时代的转变是由世界成长所导致的环境变化所致——甚至从某种程度上看是篡权的结果——很可能的情况是,相较于现代制度,古代的制度无论如何都更适于被作为更好更先进的社会制度的基础。(《梅因先生论村社—共同体》,544)

土地私有制的历史这一幽灵般的问题,可能被解释为一段持续上演的篡权与压迫的故事,密尔对此的兴趣主要在于强调村社—共同体瓦解的方式,以及讨论轨迹从私有制的绝对起源向这些转变的关键时刻的正统性的转向。

最后,人类学和民族学对公共所有权现存形式的研究也被引入有关所有权的讨论,用于证明原初公共所有权这一论点,并且成为一场有关引入西方所有权理论与制度的具体的辩论的焦点。关于这方面研究的指数级增长使得运用比较方法将这些发现融入和纳入更为普遍的框架合理化,并且为更加大胆的概括性结论和政治主张提供支持。有关替代性所有权模式的人类学证据越来越多,这与海外帝国巩固与信息渠道系统化有着重要的关系。日渐

扩张的帝国的行政事务在改进统治模式方面，越来越紧迫地面临各种可替代的经济制度和土地所有制。一个类似的进程也在欧洲形成，因为各种土地法编纂的努力带来了对现存土地权利制度的大规模研究。不仅在印度和爱尔兰，而且在英格兰和意大利，这些关于议会制度的研究揭示了法律实践的丰富多样性将被新的标准化的物权法所取代。后来的这些材料，比如像 1844 年关于圈地的议会报告之类的政府报告是尤其重要的，因为它们揭露了排他性所有权和个人所有权观念与替代性所有权模型对抗并竞争的实践基础。[①] 最具雄心的政治主张见于拉维莱耶《论占有及相关问题》（*De la propriété et de ses formes primitives*），它为此使用了大量的人类学研究发现。[②] 拉维莱耶公然宣称是梅因的追随者，他试图证明公有制的普遍存在，并为此整合了蒙森关于罗马法的论著；毛雷尔和梅因关于日耳曼习惯的著作；梅因关于印度的著作；[131]还有一大批关于英格兰、意大利、斯堪的纳维亚、荷兰、瑞士、俄罗斯、美国、阿尔及利亚、爪哇、巴布亚新几内亚和中国公共土地所有制的材料。在表明公共所有权在所有的时空条件中几乎是普遍存在的过程中，拉维莱耶证明了资产阶级式的私人占有实际上是真实历史的变轨。过去和当下原始社会的证据不仅证明了公共所有权的历史优先性，而且为其注入了独立的规范意义。然而，在帝国政治辩论中，尤其是围绕土地改革和政策的实践问题的辩论中，出现了另一个独特的论调，即应该将所有权形式与相关的社会历史阶段关联起来。原住民社会的整全性和同一性被认为尤其与

---

① 参见格罗西（Paolo Grossi），《私有财产权的替代模型：19 世纪司法意识中的集体所有制》（*An Alternative to Private Property: Collective Ownership in the Juridical Consciousness of the Nineteenth Century*, Chicago, 1981）。格罗西追踪了梅因和菲斯特尔的著作如何能够在意大利统一后在农业土地改革的辩论中引发兴趣的迷人故事。

② Émile de Laveleye，《论占有及相关问题》（*De la propriété et de ses formes primitives*）(1874, Paris, 1901)。

集体土地控制密切相关,如此说来,对这一脆弱平衡的任何干涉都将打破当地权威和共同体,并导致社会的动荡与混乱。对于所有权的比较与渐进的解释(如梅因所提出的),可以被用来对在没有达到社会进化的适当阶段的社会中扩张或确立土地私有制及其自由市场的政策进行质疑。这后一论证超越了政治路线,并在19世纪晚期关于英国、爱尔兰和俄罗斯的土地改革的辩论中异常凸显。在这些争论中,规范论证并没有黯然消退,而是将被深深地融入历史主义。

梅因论私有制的起源

在《东西方村社—共同体》中,梅因开始证明他在《古代法》中提出的私有制是从早期的公共形式中发展出来的假定。他将这一计划与支持比较方法的论证结合起来,通过如下措辞界定了比较方法对于法理学的意义:

> 我们获得了一系列当代的事实、思想和习惯,我们不仅从过去形式的历史记录中,而且从那些仍见于世的例证中去推论关于这些事实、思想和习惯的过去形式。(《东西方村社—共同体》,6—7)

这样一来,"直接的观察将有助于我们的历史研究,历史研究也有利于我们的直接观察"(《东西方村社—共同体》,6—7)。

对比较法学而言,有两种知识是必不可少的:关于印度的知识和关于罗马法的知识。前者之所以必不可少,是因为"它是关于古代惯例和法律思想的可证实现象的巨大宝库",对后者而言,则是[132]"因为从罗马法的整个发展进程来看,它将这些古代的惯例和法律思想与我们今天的法律思想结合在了一起"(《东西方村社—共同体》,22)。梅因在他的著作中指出,古代法律与印度和古罗马的惯例是近乎一致的,尤其是因为它们在父权制家庭的法律形式中有着共同的起源。这一古代形式中的相似性既不是专断的历史事实,也不是关于人类社会的普遍特征。之所以能在罗马制度与印度制度之间建立认识论的关联,是基于一个先前存在的事实,即通过印欧语系发现并证实的雅利安人国家的联合。梅因认为,尽管出现了这种措辞,但是它并不是一个种族联合的理论。与其他关于印欧语系现象的解释不同,在这里语言与种族是不能相提并论的。在这里,语言谱系的历史被赋予了政治的特性。

从实践议程的方面来看,这种一般的制度系谱学凸显了当代印度法律形式研究的中心地位,因为它们补充、确证和阐明了早期法律史的基本原理。为了开展这方面的研究,在《东西方村社—共同体》中,梅因通过普及对于中世纪和日耳曼农业共同体(尤其是毛雷尔的著作)的历史研究,并利用印度村社—共同体中的现存例证(盎格鲁—印度的行政管理记录中所显示的)去补充这些研究发现。据梅因所言,对日耳曼、斯堪的纳维亚半岛和部分英格兰地区的条顿人村社—共同体历史遗迹和残留物的研究,已经证明了它对于理解当代土地法、农业习惯和占有土地分配的方方面面的影响。但是,虽然条顿人的农业共同体与现代法律有着直接的历史关联,并且曾经以相似的形式在欧洲许多地方存在,但它已不再是一个现存的制度。相比之下,古老的公共社会形式仍然能够在印度被直接观察到。此外,印度法律的发展进程可以被视为一个直到英国统治到来之前,不受任何外在影响的土生土长的(除去或许也可能受到阻碍)雅利安思想与制度演进的理想类型(《东西方村社—共同体》,第一讲),梅因认为,

> 使得我们所归属的这一部分人类的最古老制度变得晦暗不明,有两个原因起着最大的作用:其一是整个西欧强大的中

央集权政府的形成,这种政府将社会的公共力量集于一身,并且能够不失时机地赋予这种力量以立法权的特殊形式;其二是罗马帝国直接或间接的影响,它带动了一种未曾臣服于它的地区所不知道的立法活动。(《早期制度史讲义》,11)①

[133]虽然后来关于德国或条顿人的马克—共同体的历史研究也揭示了所有权法律史中的关键时刻,但是它常常不可避免地与罗马法和封建法混杂在一起。在关于印度的民族志解释的帮助下重构欧洲社会形式的特征,就可以"修正并详述关于英国不动产法的起源和意义的理论"(《东西方村社—共同体》,10),并创立一个对独特的现代所有权发展的统一叙事。在东西方社会形式之间的"惊人巧合"和印度材料与欧洲材料的结合中,"光束将从各个地方同时射向法律和社会史那最黑暗的通道"(《东西方村社—共同体》,61)。

印度法律实践和习惯扩大、改正和证实法律发展逻辑的能力并不比在土地所有权史中所显现出来的能力更为明显。印度联合家庭和印度村社—共同体这两种制度,表明了公共所有权的确立及其最终瓦解为私有制形式的关键历史时刻。实际上,这一转变涉及一个重大的变革,梅因将之称为社会和政治义务的渊源从血亲关系向土地的转变。因此,印度完整的或联合的家庭是社会组织的血亲关系模式最明显的代表。② 它也是梅因所称的古代父权

---

① "罗马帝国与所有古代社会的其他统治者之间巨大的不同之处,在于它是通过'执政官诏令'和'皇帝敕令'进行立法。对许多种族来说,帝国实际上废止了他们的习俗并代之以新的习俗。对其他一些种族来说,帝国立法的结果将自身与他们的法律不可分割地融合在了一起。对另外一些种族来说,帝国引入或极大地刺激了立法的习惯,这是它影响大不列颠顽固的日耳曼习俗体系的方式之一。"同上,页20—21。

② 关于这一社会组织形式的另一主要例证是东欧的家庭共同体(House Community)。参见 Henry Sumner Maine,《论早期的法律与习俗》,前揭,chap. 8;以及《早期制度史讲义》,前揭,第三讲。

制家庭的一个例证，在梅因看来，这种父权制家庭是最初的社会形式，古代法律便是从这里发展出来的。与罗马的联合家庭不同，它只能从古代罗马法的残留物①中回溯性地建构，印度的联合家庭仍然存在并作为印度法律的核心制度。像罗马法的父权制家庭一样，印度的联合家庭也不是简单意义上的家庭，而是一个男系血亲团体，他们有共同的崇拜和食物，并集体共享财产。从法律上来看，这种家庭是能够使自己持久存在的社团实体。继承模式涉及任命新的家庭首领的问题，常常以男系血亲继承的顺位为根据。严格来说，现代联合家庭的首领并不完全等同于对其所有臣民行使所有权和权力的家长。在实践中，毋宁说他只是一个共同财产的（有时是通过选举产生的）管理者。尽管在原则上，每一个成员是享有可分割的权利的，但是在实践中，所有的财产总是归公共所有（《早期制度史讲义》，107—18）。

　　虽然在实践中印度联合家庭通过对土地的耕作与所有权而长久存在，但是在梅因看来，这一关联并不是必然的，它仅仅是偶然性的。作为一种一般的社会组织模式，联合家庭也能够繁荣并塑造世袭交易和占有，这在地产中并没有具体根源。[134]真正向地产（landed property）的转变是从一大群自称具有血亲关系的人（部落或氏族）在某一块土地上集体性地定居和劳作开始的。这意味着村社—共同体的建立，并标志着公共联系和公共义务的渊源从血亲关系向土地的转变。在其最初阶段，村社—共同体体现了血亲关系与土地的纯粹结合；"印度的村社共同体一方面是一个有组织的宗法社会，另一方面又是共同所有人的一个集合。在其中个人关系与财产所有权混杂纠缠"（《古代法》，252）。但是，随着时间的流逝，"土地开始取代血亲关系变成了社会的基础……血亲关系变得日益难以辨认"（《早期制度史讲义》，72—73）。随着自然家

①　主要来自于1814年尼布尔对盖尤斯《法学阶梯》（*Institutes*）的发现。

庭模式被逐渐取代,共同体便通过与土地相关的相互间的权利义务关系联系在一起。

　　梅因认为,就理解私有制的起源而言,研究村社—共同体的真正重要性不在于它们的最初形式,而在于它们逐渐瓦解的进程。在这一进程中,第一次确认了"人"与"物"的历史区分,也确认了对于土地的个人权利和私有制的最终出现。就其最基本和最一般的形式而言,村社—共同体是由一些有着血亲关系或共同所有人的群体所组成的,他们对作为一个整体的村社享有公共的所有权。他们耕种土地,并作为一个集体共享其成果。最终,村社的土地进一步分割为村社(家庭)耕地、公地或荒地,正是基于此,不同形式的使用权和所有权发展起来了。这一关于耕地与公地的最初区分是各自的私人财产权发展的关键时刻(《东西方村社—共同体》,79)。这也是历史优先性的顺序,据此不同领域内的土地权利变得个体化(individuated)——首先将村社土地分割为单个家庭的土地,然后将耕地分摊给许多个人耕作,最终以对公地的圈占终结。

　　就条顿人的形式而言,"共同体居住在村庄里,以混合所有权的形式占有着公地,并耕作着分摊到各个家庭的土地"(《东西方村社—共同体》,79)。就其更为公共的形式而言,比如俄罗斯的米尔(mir),这一基本的分割被完整的保存下来了,随着进一步的发展,耕地将被定期地重新分割和分配。梅因认为,这一事实表明,最初的耕地分割是严格地以平等主义为基础进行的。当前俄罗斯重新分配土地的实践是其活生生的遗迹,保存了其最原初的个体化的意义,而个体化常常是公共权力的职分。梅因认为,"通过对两种经过长时间调查研究的村社共同体——俄国和印度的村社共同体——的对比,我们可以得出这样的认识:古代的集体占有在习俗和观念上留下的痕迹的衰微,与同村人之间存在着实际血亲关系的信条的衰落有着精确的对应关系"(《早期制度史讲义》,81)。[135]在印度的村社—共同体中,几乎没有重新分割和重新分配,公共要素仍然存在于耕作技术、继承和转让当中，所有这一切都受到集体协议和裁决的限制。在更为高级的形式中，耕地的分摊开始变得永久化，由家庭在很长一段时间内保留并在代际之间进行传递，它越来越像是可继承的私人所有权。因此，当这种个体化不仅涉及到耕地，而且还延伸到草地和荒地的时候，就意味着土地私有制最终出现了。

在这一解释中，梅因强调私有制是随着古代农耕共同体的逐渐瓦解而从集体所有制中"自然"成长起来的。在任何地方，例如西欧，村社—共同体都曾是最基本的古代社会形式，故这一进程在当前的土地法和农业习惯中都留下了可以辨认的标记。但是要完全解释土地绝对所有权的性质（排他性和可转让性），还必须理解历史发展与法律发展。在梅因后来的著作中，在私有制从家庭公有制和公共权利的瓦解中最终发展出来的最初论点外，又增加了对部落首领权威日益增强的叙述（《早期制度史讲义》，第四、五讲）。

> 为雅利安种族共同体所熟知的土地所有权有双重的起源，它部分起源于宗族或部落人的个人权利摆脱了家族或部落的集体权利，部分起源于部落首领统治权的增长和转变。（《早期制度史讲义》，120）

虽然集体占有个别化的自然进程随着"部落对于单个的部落成员的权威的衰退"而继续发展，但是第二种所有权形式则是从完全相反的和独立的趋势中发展出来的。这种所有权形式的源头可以追溯至首领权力，它更为彻底，更接近于在英格兰占主导地位的地产形式，同时也是英格兰这种地产形式的缘起。部落首领通过军事威力和/或将依附性的外地人吸收进共同体，其权力不断增长，而这一权力又体现在其对动产的取得和对公共荒地的侵占与占有。政治权力通过对土地的排他性权力表现出来，这种权利曾经是从属于公共权威并由它来控制的。

最为重要的是，部落首领倾向于通过土地的形式扩张权力的论述，使得梅因提出了将封建化视为古代村社—共同体自我发展成果的理论，梅因以雅利安世界、印度和爱尔兰的相互隔离的边界为证据证明了这一理论。部落首领的成长[136]例证了原初的部落共同体所未见的等级制度和不平等形式的扩张。权力的不平衡通过对土地的不平等的权利义务表现出来，这是封建社会组织的特点（《古代法》，102）。此外，梅因在权力与土地在部落首领权威中的严格重叠中追溯现代领土主权的起源。

梅因所强调的第二个促进绝对所有权发展的历史和法律转型指出，它更多地与土地的可转让性相关联，而不是与其排他性相关联。在古代法对所有权的分类中，所有权被分为两种类型，其中一类受到很大的管制，限制甚至彻底禁止转让，另一类则是更易于转让的。在罗马法中，这便是要式物（*res mancipi*）和略式物（*res nec mancipi*）之间的重要区别。要式物即受制于交付手续（即严格的法律界限和手续）的物，略式物即不受制于此限制的物。在古代法的发展过程中，支配较低级别对象的规则逐渐吸收并取代了支配较高级别对象的规则，因此使得所有形式的财产更易于转让。土地总是被列于高级对象的分类中（与牲畜一道），也常常是最后被纳入买卖法（law of sales）的。这一进程与商业和市场社会的历史发展紧密地联系在一起，并在"市场法"（law of the market）主导的社会中最终完成。在这一点上，人们不再作为家庭和共同体的成员相互联系起来，而是作为"陌生人"相互建立关系，因为只有当血亲关系纽带完全消退时，交易模式才能从习俗限制中解放出来并与"市场法"完全联合（《古代法》，chap. 8）。

简言之，在公有制向私有制的转变进程中发生作用的主要力量可总结如下：首先，个人所有权形式随着公地的分割和与之相伴随的村社—共同体的瓦解成为一种占支配地位的"自然的"和内在的成长进程。这使得村社—共同体的瓦解成为一种既定趋势的原动力。梅因指出(有点暧昧不明)该原动力在于个人对独立取得的财产享有权利这一现象的普遍出现。独立的财产在这里指的是一种早期的私人累积形式,它被允许作为公有制原则的例外而存在,比如罗马的私产(peculium)(儿子或奴隶的私人财产)、贸易的收益和战利品。梅因坚持认为,"不愿将个人所得上交是一种普遍存在的情感,""并且在血亲关系的旧世界向经济关系的新世界的转变进程中有着最强劲的影响力"(《论早期的法律与习俗》,253)。精力充沛且贪得无厌[137]的成员往往倾向于反叛公共权威,从此便引入了侵蚀自然的共产主义的不平等因子。

其次,通过造成不平等的萌芽和膨胀,战争和商业扩张进一步加速了瓦解的进程。虽然原始村社—共同体中渗透着一种严格的内在规则,尽管如此,它与其成员仍处于一种持续的冲突状态中,要么是出于人口的压力,要么是因为经济条件的波动。冲突是孕育部落首领权威支配地位的温床,部落首领最初几乎是才华出众且最受尊崇的军事领袖。正如我们前面注意到的,正是随着部落首领统治权的成长和演变,土地所有权的绝对形式也相应发展,主要通过宣布对其所占有土地的排他性权威和对公地的日益侵吞而实现。

梅因有关公有制瓦解的论述的理论意义在于,尽管他认为公有制的这一演进过程是由不同原因导致的,但不论在何处,它们都殊途同归,将历史带向同一个终点,即绝对的土地私有制的确立。这一所有权史的转变——就像从身份到契约的普遍运动一样——不仅被明确地界定为进步,而且完全被概念化为一个单向度的进程。对这一循序渐进但持续不断的转变进程的强调,强化了古代社会向现代社会的转变在原则上是内部产生的思想。这一点在梅因关于封建化进程的成熟观点中表现得最为明显。最初被认为是法律发展史上一次划时代的突破(也可能是退化的),后来,来自条顿人马克、印度村社—共同体和古爱尔兰法的证据揭示了古代社会原始的公共社会形式如何"在任何地方都倾向于朝着封建主义的方向修正自身,而不是无中生有。"①与强调现代性起源的共时性(conjunctural nature)解释(与斯密关于资本主义发展的论述和马克思关于原始积累的论述相比较)不同,梅因将那一运动解释为相应社会形态内在变化过程的产物。② 对村社—共同体瓦解中始终存在的内在倾向的强调,与对现代私有制转变之目的的线性描述的结合,支撑着梅因始终在意识形态上将私有制演进的漫长进程最终视为进步的、合法的发展。

瓦解中的印度村社—共同体

[138]将印度村社—共同体视为一类具体的社会经济形态,是盎格鲁—印度行政管理中独具特色的智识产物(《村社—共同体的想象:盎格鲁—印度意识形态研究》)。早在梅因将其理论化之前,它的主要特征已经得到了许多重要的印度管理者的描绘和分析,从早期的梅特卡夫(Metcalfe)和芒罗(Munro)到埃尔芬斯通

---

① Maine,《东西方村社—共同体》,前揭,页 21。亦可参见 Maine,《早期制度史讲义》,前揭。

② 马克思明确批判了梅因关于私有制起源的"双重解释",梅因将之解释为来自个体成员的权利从集体中自然解脱,和部落首领所有权和政治权威的成长。马克思认为,这些不是互不相干的发展,而是同一进程的两个方面。马克思强调后者,即将征用的历史解释为公共占用权瓦解的主导和决定性的原因。因此,马克思认为私有制不是自然地来自于公共形式瓦解的进程,因此也不能简单地来自于这一进程。毋宁说是私有制的兴起意味着一种所有权的制度形式对另一种的简单代替。这一对古代形式和现代形式之间根本的不连续性的强调,在马克思对梅因的核心家庭兴起的解释和部落统治中领土主权起源的暗示的批判中得到了重视。参见《马克思人种学笔记中关于梅因的摘录和注释》(*Marx's excerpts and notes on Maine in The Ethnological Notebooks of Karl Marx*),ed. Lawrence Krader(The Netherlands,1972)。

(Elphinstone)和坎贝尔（Campbell）。[①] 然而，正是梅因的著作为印度村社—共同体注入了宏大的理论意义，将欧洲学者的注意力吸引到了帝国的行政管理档案上。更重要的是，将印度和欧洲的讨论一起带到了一个统一的知识领域。尽管梅因的著作在实质上受惠于先前盎格鲁—印度的学术研究，但是他在将土地的公共使用和所有权视为村社—共同体的典型特征方面，他所复兴的这一概念模型将重塑关于印度土地所有制和农业社会结构的理论争论。除了将村社—共同体的本质特征重构为原始社会的典型形式，梅因还热衷于理解它的瓦解进程，并将之作为转向现代社会的标志。因此，印度村社—共同体作为古代社会"活生生"的遗迹不仅有其理论意义，而且随着帝国统治的到来，以一种引人注目的方式展示了它的历史性毁灭。

尽管对印度村社—共同体的观察对所有权演进的历史重构有着至关重要的意义，但是它却在帝国统治的影响下日趋消亡。有鉴于此，梅因急迫地呼吁对此进行比较法学研究，因为英国在印度的统治为持续观察这些古代社会的形式提供了条件，但也正是英国的统治破坏了这些古老制度的社会基础。梅因坚持认为，必须立马对印度进行研究，"这一非凡的社会无疑正在消亡，它在每一点上都孕育着趣味，并且目前易于为我们所观察"（《东西方村社—共同体》，24）。虽然梅因认为"否认正是英国的统治造成了东方的惯例和思想的瓦解是荒谬的，"但是瓦解的具体原因却是复杂而多样的。不过很少将其归因于统治者们的"粗暴控制和侮辱性的挫伤"（《东西方村社—共同体》，26—27）。相反，印度村社—共同体是关于印度土地收益争论的支点，英国权力在印度的整个体制都建立在土地收益的基础之上。因此，村社—共同体的命运必然地

---

① 参见 Louis Dumont，《村社—共同体：从芒罗到梅因》（"The 'Village-Community' from Munro to Maine"），见 *Contributions to Indian Sociology* 9（1966）：页 67—89。

与形成英国税收政策的政治和智识争论联系在一起。梅因认为，
[139]这些争论部分源于对作为印度原始社会形态的村社—共同
体的根本误解。但是，它们也被印度和英国之间的经济现象的错
误类比所加剧，尤其是被古典政治经济学摇摆不定的信条影响下
工作的管理人员所加剧。因此，对与土地惯例相关的当地习惯的
性质的误解，使得税收政策的适用必然改变村社—共同体的基本
结构，很多时候以一种负面的方式产生影响。

　　此外，英国税收和法律管理机制形成并巩固了资产阶级私有
制，加速了村社—共同体习俗基础的衰亡。在这方面，梅因清晰地
表达了古代社会和现代社会冲突的结构性渊源，在现代社会中，帝
国主义国家的形成促成了古代生活形式的瓦解。尽管梅因坚持认
为，古代社会和现代社会都是"立法"帝国，最重要的古代例证是罗
马帝国，它开启了破坏和干涉地方习惯的先例，然而这种国家形式
在现代却明确地占据了主导地位。现代欧洲是"高度集权，积极立
法的国家"（《早期制度史讲义》，390）发展的顶峰，它们在兼并过程
中排除并取代那些在其之下的规模较小的自组织社会。这一进程
在英帝国在印度的兼并中体现得最为明显。就与印度村社—共同
体的关系而言，梅因认为英国对印度的殖民统治极大地加速了瓦
解的自然进程。

　　东印度公司的领土权力源于从莫卧儿帝国那里得到的征收土
地税的权利（*diwani*）。梅因认为，在某种程度上英国是被一种错
误的东方专制主义理论假定所引导的，在这种理论假定看来，莫卧
儿帝国是所有土地的所有者，因此，随着征收土地税的权利（*diwani*）的转移，英国政府就变成了"至高无上的土地所有者"，它宣
称对大部分土地产出的占有。因此，自其伊始，并随着对新省份的
进一步兼并，税收结算是帝国统治的首要任务。然而，指定哪一个
人或哪一阶级的人负有支付税收的责任的实践活动，需要决定"以
农业为目的的社会单元"，并因此形成"整个省份的政治和社会结

构"(《东西方村社—共同体》,149)。英国决定与那些强烈地主张
所有权的阶级和解,并在殖民进程中对这些权利给予完全的法律
承认。对一些所有权利益的批准和承认是以其他利益——必然导
致农耕阶级的相对力量和政治前程的转变——为代价的。

[140]关于土地收益和税收政策的持久争论,将英国的管理层
分为两个相互竞争的派别:一派主张赋予农耕阶级——作为个体
的农民或作为集体的村社—共同体——所有权,另一派则支持地
主或一些当地贵族的主张。这些争论是在两个不同的阶段间发展
起来的。19世纪初,在功用主义改革者的支持下,芒罗的莱特瓦
尔实验(*ryotwari* experiment)成功地挑战了康利沃斯勋爵(Lord
Cornwallis)及其"孟加拉永久殖民地"(1793),这次土地实验为了
创造大地产和根据英国模式"改进地主"而赋予柴明达尔(*zamin-
dari*)① 中间人以所有权。莱特瓦尔模型以与农耕者直接协商为基
础,这使得农民所有权成为直到印度兵变时期主导性的殖民政策
规范。② 这一平等主义的理想正好与自由主义改革的全盛期相
合;在提升农民身份的同时,改革者们还试图通过保护所有权并削
弱"寄生的"中间阶级——从税务员到当地贵族——的政治权力,
从而鼓励工业发展和自治。1857年之后,这一争论再度出现(没
有达成任何最终的解决方案),但是在政治和意识形态的语境中它
主要导向了农业秩序的稳定性。土地所有制和税收政策也将不再

---

① [译注]"柴明达尔"是当地的地主兼征税人,是莫卧儿王朝以及大英帝国统治的基
础。

② 对这些关于土地所有制以及与其相敌对的税收体系的辩论更为一般的解释,参
见 Ranajit Guha,《孟加拉所有权规则:永久殖民思想论》(*A Rule of Property for
Bengal：An Essay on the Idea of Permanent Settlement*,Paris,1963);Eric Stokes,
《英国的功用主义者与印度》,前揭;Burton Stein,ed.,《英属印度农业政策的形
成,1770—1900》(*The Making of Agrarian Policy in British India*,1770—
1900,Delhi,1992);Stein,《托马斯·芒罗:殖民国家的起源与他的帝国想象》
(*Thomas Munro：The Origins of the Colonial State and His Vision of Empire*,
Delhi,1989)。

被那些关于农业"改进"的最好模型的争论所主导。①

　　作为真正的当地土地使用习惯的解释者,梅因认为两派的想法都对错参半,因为当他们将印度土地所有制作为一个整体进行思考的时候,"某种优级土地权利实际上是存在的,这种权利与所有权概念传入西方世界的各个阶段是相应的,只是不包括那些较晚的阶段"(《东西方村社—共同体》,157)。英国税收政策的实际错误,不在于肯定充分的土地所有权,而在于"印度和这个国家对所有权理解完全类似"的假定之中(《东西方村社—共同体》,158)。因此,虽然梅因认为印度存在一些"新生绝对所有权"的实例,但是没有一个能够与英国普通采邑权(fee-simple)持有人的一系列权利完全匹配。毋宁说,所有权是公共性质的,当其内在地趋于瓦解的时候,不同的阶级和团体都享有对于土地的有差别的共享权利。然而,英国的税收政策始终将事实上分层级的公共所有权视为绝对的个人土地所有权。

　　梅因认为,"印度村社—共同体一方面是一个有组织的宗法社会,另一方面又是共同所有人的一个集合。组成它的人们相互之间的个人关系是和他们的财产所有权无法辨别地混淆在一起,英国官吏曾企图对两者进行区分,[141]但这种企图被认为是盎格鲁—印度统治中最惊人的失策"(《古代法》,252)。这些重要的争论持续地困扰着盎格鲁—印度政府,梅因认为,只有在建立了旁遮省和西北各省殖民地后,这些争论才略显清晰。通过这些殖民地,

---

① Thomas R. Metcalf,《印度土地占有制的竞争,1860—1868》("The Struggle over Land Tenure in India,1860—1868"),见 *Journal of Asian Studies* 21,no. 3(1962): 页 295—307;Metcalf,《叛乱的后果:印度,1857—1870》(*The Aftermath of Revolt: India, 1857—1870*,Princeton,1964);Peter Robb,《古代的权利与未来的安慰:比哈尔,1885 年孟加拉租赁法以及英国在印度的统治》(*Ancient Rights and Future Comfort: Bihar, the Bengal Tenancy Act of 1885, and British Rule in India*, London,1997);Eric Stokes,《农夫与统治者:印度殖民地的农业社会和农民反叛》(*The Peasant and the Raj: Studies in Agrarian Society and Peasant Rebellion in Colonial India*,Cambridge,1978)。

村社—共同体的真正本质得以发掘，其之后也在法律上被认定为
农业社会的财产单元。

　　村社—共同体曾经是英国对印度农业社会进行研究的核心主
题，并且在《第五报告》（*The Fifth Report*）①中得到了著名而又影
响深远的阐述。对其基本特征的描述在整个 19 世纪被反复引用
（在梅因和马克思的著作中最为明显），它是以威尔克斯（Mark
Wilks）和芒罗相互重叠的材料为基础的。② 然而，威尔克斯和芒

----

① "从地理上来看，村庄是由国家成百上千亩的耕地和荒地构成的。从政治的观点来
　　看，它类似于一个社团或者一个市镇。它的军官和公务人员的恰当建制是由如下
　　描述构成的。The *Potail*，或居民首领，对村庄事务进行普遍管理，处理村民间的纠
　　纷，致力于村庄治安，并且履行在村庄内征收税负的职责；the *Curnum*，负责解释农
　　耕并记录与之相关的所有事务；the *Tallier and Totie*，前者的职责看似有着广泛的
　　行动领域，负责收集犯罪信息，并负责护送人员从一个村庄到另一个村庄；后者的
　　职权被更直接地限制在村庄内——保护庄稼并负责丈量土地；the *Boundaryman*，
　　负责保存村庄的边界，并制作明显的标记以在发生纠纷时作为参考；the *Superin-
　　tendent of Tanks and Water-Courses*，负责分配灌溉用水；the *Bramin*，负责村庄的
　　公共崇拜；the *Bramin*，负责教育村庄里的孩童在沙地上读写；the *Calendar Bra-
　　min*，或占星家，负责预测播种与打谷的吉凶时间；the *Smith and Carpenter*，负责制
　　造农具，并未农民建造房屋；the *Potman*，or *Potter*，the *Washerman*；the *Barber*；the
　　Cowkeeper，负责照料家畜；the *Doctor*；the *Dancing-Girl*，主司庆典；还有音乐家和
　　诗人……在这一简单的自治政府形式之下，乡村的居民们从远古时期开始就这样
　　日复一日地生活着。村庄的边界即便有所变更，也是很少见的；虽然村庄本身有时
　　要遭到战争、饥饿和疾病的破坏甚至毁灭，但是同姓、同一地域、有共同利益甚至是
　　同一家族的村庄往往能够存在很长时间；居民们不会自找麻烦地去分割王国；虽然
　　继续保持着完整，但是他们不大关注转移何种权力或向哪位统治者移交权力；它的
　　内部经济保持不变；The *Potail* 依然是居民首领，是小法官或文职官员，也是村庄的
　　税负征收者或主人。"W. K. Firminger, ed.，《下议院精选委员会关于东印度公司事
　　务的第五报告》（*The Fifth Report from the Select Committee of the House of Com-
　　mons on the Affairs of the East India Company Dated 28th July*, 1812, Calcutta,
　　1917），页 157—58。亦可参见 Dumont，《村社—共同体：从芒罗到梅因》，前揭。

② 威尔克斯宣称他的描述来自芒罗 1806 年的《阿嫩达布尔报告》（Report on Ananta-
　　pur）。参见 Mark Wilks, *Historical Sketches of the South of India in an Attempt to
　　Trace the History of Mysoor from the Origins of the Hindoo Government of That
　　State to the Extinction of the Mohammedan Dynasty in* 1799, vol. 1 (1810, Mysore,
　　1930)，页 139。

罗都是建立在农民个人所有权基础上的莱特瓦尔制的辩护者和创立人（就芒罗而言）。虽然梅因借鉴了威尔克斯和芒罗关于独立自主的村庄的描述，但是他对公共性的论述（尤其是在公共土地所有权方面）是来自于坎贝尔和埃尔芬斯通的著作。[①] 坎贝尔和埃尔芬斯通都暗示了印度村社—共同体和塔西佗式的日耳曼村社—共同体之间的对比，这一对比正是梅因著作的基本结构。然而，东西方村社—共同体间的相似性，似乎最初是在 1814 年由埃利斯（Francis Ellis）在其马德拉斯总统的公共（Mirasi）任期内所进行的研究中注意到的。但是，与梅因不同，埃利斯作为训练有素的东方学家，他利用文本材料支持村庄殖民并反对芒罗的计划。[②]

梅因认为，对村社—共同体准确性质的发现，对于解决印度所有制性质的主要争论至关重要。对村社—共同体的研究显示出，曾经存在的土地所有权常常是公共性质的，并被赋予作为整体的共同体。正如村社—共同体被公认为乡村真正的所有权单元，政策制定者仍然面对着这样的困难问题，即如何解决（disentangle）村社—共同体内部团体的公共所有权。这在租金问题上尤为严重。殖民进程不仅涉及决定哪些人负有纳税义务的问题，而且还涉及土地税率或地租的确定问题。梅因认为，最初的政策制定者们倾向于将所有权（按照英国的绝对所有权模型）分配给那些被认为是最有资格享有优级权利的阶级，从而假定其他所有阶级只是通过支付地租而与"地主"联系在一起。这一所有权观立马将所有其他的农耕阶级转变成了不定期地产租赁人（tenants-at-will）。

---

① George Campbell，《现代印度》（*Modern India：A Sketch of the System of Civil Government with Some Accounts of the Natives and Native Institutions*，London，1852）以及 Mountstuart Elphinstone，《印度史》（*History of India*，London，1839）。

② 参见 C. P. Brown，ed.，《Mirasi 权利三论》（*Three Treatises on Mirasi Right：By Francis W. Ellis，Lieutenant Colonel Blackburne，Sir Thomas Munro，with Remarks by the Court of Directors*，1822 and 1824，Madras，1852）。

[142]公共所有权得到承认，这逐渐得到了一些中间阶级和"占用着土地的"佃农的拥护，他们主张通过习俗反对驱逐佃农和高额地租。梅因认为，对中间人性质以及所有权与租金的重叠形式的恰当理解，被那些与英国体系之间的错误类比和"经济学家已经引入的措辞"所遮蔽（《东西方村社—共同体》，182）。

梅因认为，"在印度，将'自然'作为一个法律术语时所暗含的各种智力理解上的晦暗不明都集中在'地租'一词的使用上"（《东西方村社—共同体》，183）。受过政治经济学训练的英国官员系统地赋予竞争地租（competitive rents）以优先权，竞争地租首先假定了一个（与公共所有权相关联）基于习惯地租的自由土地市场，因此也创设了与一个世纪以来对印度经济生活的各种困惑有关的术语。[①] 就其定义而言，习惯地租既与土地的生产能力无关，也与土地的市场价值无关，它不是"自然的"，并且不是经济学意义上的真正地租。然而，梅因认为习惯地租是印度的规范，并且比竞争地租更为古老，竞争地租只能适用于市场规则取代习惯而成为价格衡量标准的社会体系。

人类自然倾向于以尽可能最高的价格出售商品和服务的想法并非是人性的既定事实，这只能在市场意识形态已经生效的经济体系中成为可能。梅因坚持认为，选择最高的竞争地租的权利是来自于市场规则的（因此是一种契约权利）。而市场规则"只有在原始共同体遭到严重破坏的时候才能大获全胜"（《东西方村社—共同体》，197）。梅因描述了村庄范围内相互依赖的复杂模式，意在阐明通过"非市场"原则结合在一起的经济活动网络。在根据种姓制度的劳动分工，或被后来的人类学家称为贾吉曼尼（jajma-

---

① Henry Sumner Maine，《比尔，荒地与奥德土地收益的收回》（"Talookdaree Bill, Waste Lands, and Redemption of Land Revenue in Oudh"），10 July 1864, *Papers of Sir Henry Maine*，India Office Collections，Mss. Eur. C. 179；以及 Maine，《东西方村社—共同体》，前揭，chap. 6。

ni)的制度中,通过用世袭服务交换公共收成的稳定占有,人们得以相互联系在一起。甚至对那些并不直接与耕地相关联的村庄成员(如工匠)而言,他们的生计必然依赖于贸易或交换,他们制造商品以服务整个村庄。当这种交换类型与报酬相一致时,价格是通过习惯而不是市场机制确定的。在经济波动时,"一个按照古代贸易进行交易的工匠,仍然以通常价格出售货物,他们总是改变商品的质量而不是调整它们的价格"(《东西方村社—共同体》,191)。

西方所有权和地租概念的滥用对传统的村社—共同体及支撑其的公共土地习惯产生了各种不良影响,[143]梅因对此持批判态度。他同时也坚决认为,瓦解本身很大程度上是由帝国统治所造成的,但它很难被纠正和制止。甚至当殖民进程恰当地调整以适应印度经济生活的独特推动力的时候,也不过是展示了当地制度的深刻变化,加速了村社—共同体的衰亡。

税收问题使得关于登记注册、发现和整理所有已知土地权利的任务处于优先地位,正如我们所看到的,它引发了许多关于所有权的性质与存在或印度法律上的所有权概念(它们与英国的不动产法相当)的争论。无论达成什么样的解决方案,这一程序都将导致法律权利领域内的结构性变化进程。结算官员(Settlement Officers)最初的职责是确认哪一类人对税收的征收和支付负有责任。梅因认为,对征服之前土地权利的研究的一个决定性成果是"结算报告"(Settlement Report),详细地记录了这些权利并将之作为"权利档案"(Record of Rights)。这一列举权利的行动必将引发不同团体之间和国家与纳税人之间的一系列争端。为了解决这些争端,结算官员(后来的税务委员会)的职责不可避免地具有了准司法的性质,他们根据这一记录处理各种投诉(《东西方村社—共同体》,33)。

因为最为普遍的解决模式赋予具体的个人以所有权(甚至当某一类人被认为负有纳税义务时),这一方案引入了可转让的所有

权和与其相关的权力集合。在梅因的历史计划中，可转让的所有
权和私有制在其成熟的意义上，是与个人权利和契约自由紧密地
联系在一起的。相比之下，在古代社会中，人法与物法是混杂在一
起的，所有权总是内含于家庭和血亲关系的纽带之中。梅因认为，
将个人权利引入共同体形式之中，将必然破坏相互义务的系统性
纽带。甚至当村社—共同体被视为真正的所有权单元时，仍试图
授予与集体所有权相关的有差别的共享权利与义务，然而，"这遏
制了一个稳步前进的变化进程"，并造成"各阶级人之间相互关系
出现新的僵化"（《东西方村社—共同体》，151）。

换言之，梅因认为税收管理的建立与法律制度密切相关，本是
为了确认和保护所有权的法律制度，实际上为印度无中生有地创
造出了土地法。随着现代土地法的创立，迎来了个人权利从公共
权利中区分出来的不可避免的发展进程。在英国统治之下，私人
权利（由英国法院予以例示和保护）[144]意识的成长，可以在试图
分割和重新分配公共所有权和遗嘱继承权（它们被剥夺了传统的
联合家庭请求权）的案例中发现。随着合同法进一步侵入相互依
存的个人关系，村社—共同体中个人权利意识的成长"破坏了权威
的内在规则"（《东西方村社—共同体》，112—113）。

因此，对继承而来的村社—共同体习惯的科学、历史理解，并
没有产生简单的实践解决方案。它是帝国统治的结构效应，不仅
是因为有意识的政策选择将古代社会置于瓦解它的力量之下，而
且是因为保护和重构的实践尝试被限定在效用层面，这必将导致
失败。

假如让我描述最具活力的印度官员们当前最强烈的情
感，我倾向于将它称之为根据纯粹的英国模式重构印度社会
的幻想。很多人明显地沉溺于这一幻想之中，甚至拒绝做任
何道德证成。但是这一事业是不可行的。正是通过它的间接

的或很大程度上意想不到的影响，英国权力改变并瓦解了印度的思想和社会形式。没有任何权宜之计允许它逃避根据自己的原则进行重建的责任，这是它不愿破坏的。(《东西方村社—共同体》，26—28[强调为我所加])

作为一个涉足许多关于土地所有制和经济立法的关键争论的政策制定者，梅因越来越清醒地认识到，根据征服前的习惯或所谓的原初形式重建土地权利的企图仅仅是一种幻想。在一系列与孟加拉、奥德和旁遮普的所有权分配的法律挑战相关的备忘录和演讲中，梅因开始认识到，诉诸于历史论证只能使本已经争议不断的难题更加混乱。不仅是自东印度公司统治以来对于土地所有制这一帝国政策的中心地带的争论，而且农业负债及其不稳定的问题也被认为是1857年兵变的决定性因素。因此，任何试图彻底改革承租人权利(tenure rights)的企图都可能导致政治上的不稳定。

梅因认为这两个问题是相互关联的；在没有对既定省份所有权的原初形式达成普遍合意的情形下，政府政策如此持续下来并不好。

> 我为印度带来了这样一个最强劲的信念，即放弃所有英国和欧洲在印度所做的概括，并尊重当地的惯例，尽管它们可能是不合理的。[145]如果有一些权利是我所认为最应该予以保存的，那就是构成土地所有制的习惯……但是我必须指出，现在我有更重要的理由相信，所有学派的信条都是建立在片面的观察之上的，整体而言，全印度习惯的模糊性使得每一学派的党羽反过来将它的原则归咎于这一普遍性……在目前的权威和舆论状态中，除了信守实际的安排之外，我没有看到任何可资遵循的规则，不管它是否建立在对当地惯例的原初误解之上。我要说的是，让我们站立起来吧，即便是站在我们

的错误之上，也要好于永远地被他人干预。[1]

梅因认为，对承租人权利普遍、科学基础的研究注定要参考历史的或古代的惯例，但这最终被证明是对实践的不可靠的引导。一方面，在英国统治、土地税收政策的频繁改动和个人所有权观念的毁灭性影响下，与土地相关的当地习惯或惯例遭到了严重的破坏，对它们进行全面重构最终会被证明在实践上是不可能的。另一方面，村社—共同体的瓦解预示着向现代社会和经济制度的转向（尽管是以错位的和不受控制的形式出现的），这一需求并不能通过复兴传统习惯而获得。此外，改变一个既定的税收解决方案（即便那些权利纯粹是英国权力的创造）的实践影响将是不公正的和破坏性的。甚至为了恢复古代权利革命，也将只能导致不稳定和一般意义上对于所有权的不安全感。[2] 就税收、地租和土地所有制而言，梅因认为最好"放弃用历史模式处理印度政府所独有的实践问题，选择它意欲践行的社会和经济原则，在其政治不健全暴露无遗之前始终遵行不悖"（《东西方村社—共同体》，181）。

印度、爱尔兰以及政治经济学的转向

尽管梅因关于公有制的发现对于印度的政治意涵是模棱两可的，但是他的著作使得预先阻止在印度不加批判地强加西方所有权制度的努力成为可能。实际上，在梅因的那些身在印度管理层的积极追随者的掌握中，为了保护村社—共同体的惯例，他的著作

---

[1]　Henry Sumner Maine，《普林赛普的旁遮普理论》（"Prinsep's Punjab Theories"），见 *Minutes By Sir H. S. Maine*，Calcutta，1892），页 105—6。

[2]　Henry Sumner Maine，《旁遮普的使用权》（"Tenant Right in Punjab"），5 April 1867，*Papers of Sir Henry Maine*，India Office Collections，Mss. Eur. C. 179。

在经济政策领域挑起了反对土地自由市场扩张的转向。① 关于所有权形式历史多样性的更大规模的思想讨论促成了这一转向，[146]这样一来，现代绝对所有权不仅不适用于印度，而且也同样不适用于处于相似地位的传统社会。历史主义的修正对帝国政策的主要意涵将是显而易见的。虽然有关印度的争论将为晚期英帝国在亚洲和非洲的扩张确立经济信条和土地使用权的政策模式，但其自身却受到同时期英国在爱尔兰的政策的影响，并与之有着不可分割的联系。

19 世纪后半叶，关于印度和爱尔兰社会之间广泛相似性的意识被提高，尤其是农业社会和经济结构方面的相似性。印度和爱尔兰被认为是农业经济占主导地位的社会，农业村社—共同体在整合经济社会生活方面发挥了主要作用。对于诸如梅因这样的学者而言，这种相似性甚至更强。印度和爱尔兰被认为是雅利安或印欧语系制度群的一部分，然而它却在罗马帝国的轨道之外，因此是古代/原始社会自治逻辑的主要例证。梅因在《早期制度史讲义》中详细分析了这一关联，新近出版的《布雷亨法律》(*Brehon Law*)为回溯所有权制度史提供了至关重要的证据。② 在 19 世纪关于所有权的争论中，在确立原初共产主义的论点方面，爱尔兰证据和印度材料同样至关重要，在比较研究计划中印度—爱尔兰相似性发挥了主要作用。

帝国观察者(和官员)尤其熟悉爱尔兰可能为印度提供的经验教训(反之亦然)，因为它们有被英国统治的共同经历，尤其是在经

---

① 　Clive Dewey,《梅因对印度土地政策的影响》("The Influence of Sir Henry Maine on Agrarian Policy in India")，见 *The Victorian Achievement of Sir Henry Maine*：*A Centennial Reappraisal*, ed. Alan Diamond(Cambridge, 1995)，页 353—75。这一点也将在本书第五章进行讨论。

② 　梅因关于所有权和部落统治权的构想主要是从爱尔兰材料中得来的。参见 Maine,《早期制度史讲义》，前揭。

济政策领域。① 从 19 世纪 60 年代开始,在帝国的政策制定者和政治经济学家那里这种意识日益强劲,即不论是自由主义还是功用主义模型,它们在两个国家都没有带来预想的积极结果,亦即没有任何迹象表明印度和爱尔兰正在走向"小英格兰"的路上。此外,一般认为土地冲突(如农民债务和饥荒)鼓动了政治动乱,其中最为重要的是印度兵变和爱尔兰芬尼安英雄起义。在这一语境下,质疑"英国化"的声浪日益高涨,即对以英国模式为基础的政策和社会经济发展模式的质疑。反过来,从历史主义到边际主义批判的思想趋势使得这一怀疑成为可能,这些思想倾向开始挑战古典政治经济学的核心原则。②

对经济政策的幻灭意识已经开始从内部重塑古典政治经济学。就爱尔兰而言,约翰·斯图亚特·密尔在其连续多次出版的《政治经济学原则》(*Principles of Political Economy*)中越来越强烈地认识到,习惯的力量不只是生产力和理性的羁绊,而且是土地立法[147]的合法限制。③ 密尔试图以这种方式修正和复兴古典政治经济学,这同样也引起了对它的理论和实践局限性的关注,从

---

① 参见 S. B. Cook,《帝国的亲和力:19 世纪印度和爱尔兰的类比和交流》(*Imperial Affinities:Nineteenth-Century Analogies and Exchanges between Ireland*, New Delhi, 1993)。

② Cook,《帝国的亲和力》,前揭;A. W. Coats,《英国政治经济学中的历史主义回应,1870—90》("The Historist Reaction in English Political Economy, 1870—90"),见 *Economica* 21(May 1954):页 143—53。

③ E. D. Steele,《约翰·斯图亚特·密尔与爱尔兰问题:政治经济学的原则,1848—65》("J. S. Mill and the Irish Question:The Principles of Political Economy, 1848—65"),见 *Historical Journal* 13, no. 2(1970);E. D. Steele,《约翰·斯图亚特·密尔与爱尔兰问题:帝国的改革与整全性,1865—70》("J. S. Mill and the Irish Question:Reform and the Integrity of Empire, 1865—70"),见 *Historical Journal* 13, no. 3(1970);R. D. Collison Black,《经济思想与爱尔兰问题》(*Economic Thought and the Irish Question*, Cambridge, 1960);Bruce Kinzer,《英格兰的耻辱? 约翰·斯图亚特·密尔与爱尔兰问题》(*England's Disgrace? J. S. Mill and the Irish Question*, Toronto, 2001)。

而鼓动了对它的批判，并试图寻求替代性的方法和原则。向习惯的转向变得更为彻底；人类学和历史研究（如梅因所作的研究）将表明，习惯性思想和实践的延续性是传统社会对向他们强加现代化的行动进行抵制的标志。在印度行政管理方面，尊重习惯规则的倾向日益增强，这加强了印度（和爱尔兰）不再被视为一个可以用来再造英国制度的白板的观点。

梅因对印度和爱尔兰村社—共同体中公共习惯实践的强调，不仅挑战了支持个人所有权、契约自由和不干涉主义的具体政策，而且在古典政治经济学的理论崩解中达到高潮。梅因认为，正如奥斯丁的主权建立在现代领土主权的原则之上一样，古典经济学的地租理论只能适用于市场原则已经取代习惯而成为价格衡量标准的社会体系中（《进化与社会：维多利亚时代社会理论研究》）。比奥斯丁的著作更有甚者，政治经济学是一套演绎哲学，它起于将一系列动机与本能归于人性。印度和爱尔兰的证据在此被用来质疑这些方法论规则和普遍适用其结论的可操作性的哲学合法性。

盎格鲁—印度官员们研究印度经济事实"常常有借用英国政治经济学家研究成果的习惯，然后以冲突不和之名将所有阻碍社会机制之轮转动的外在影响力弃之不顾，经济科学几乎完全限制了它的注意力。"在这一抽象化的过程中，"他们严重地低估了大量的习惯和继承而来的思想的价值、力量和趣味，他们常常以冲突不和之名将之弃之不顾"（《关于印度的观察对欧洲思想的影响》，233）。梅因认为，不是要抛弃这些障碍物，而是要根据自身的情况研究它们，揭示系统地撞击市场原则的那些古老的思想秩序和习惯秩序的基本原理和逻辑。

第五章　危机中的原住民社会：
间接统治的观念基础

[148]有两股力量作用于这一非凡的统治权。其中一股力量源于这个国家，始于对自由人的道德和政治确认。另外一股则来自印度自身，产生于原始意见（如果乐意的话你可称之为偏见）的繁琐黑暗的单调生活中，它们顽固地扎根于过去的残垣断壁之中。正如我们已经充分说明的，在印度的英国统治者喜欢使他们的臣民受到束缚，以至于使他们的钟表能够同时在两条经线上都显示精确的时间。然而，矛盾的观点必须被接受。如果太慢，将得不到改进；如果太快，将没有安全。（《关于印度的观察对欧洲思想的影响》，236—37)

正是通过英国权力间接的或很大程度上意想不到的影响，它改变并瓦解了印度的思想和社会形式。没有任何权宜之计允许它逃避根据自己的原则进行重建的责任，这是它不愿破坏的。（《东西方村社—共同体》，22—23)

　　　　　　　　　　　　　　　　　　——亨利·梅因

我曾经指出，后兵变时期的帝国统治是建立在对自由主义帝国模型诸多主要方面的否认之上的。梅因的著作与该问题尤为相关。

梅因对传统社会的解释,尤其是他关于瓦解中的原住民社会的观念,为间接统治——晚期帝国意识形态的政策特征——奠定了理论基础。梅因对原住民社会的习惯基础(与现代社会的基础截然相反)所进行的影响深远的描述,质疑了自由主义议程的实践和理论基础。在灌输效忠帝国的思想方面,对原住民社会的革新被认为是尤其不力的,印度兵变是其最具挑衅性的证据。梅因认为,原住民社会可能必然被现代帝国统治的结构性条件所瓦解的观点,[149]证明了它在帝国统治基础转变中至关重要的地位。帝国既能够引发也能够疗治原住民社会危机的观点,为帝国永久的保护性统治提供了辩解。帝国统治之所以会持久,是因为帝国和现代化转型的结合,有效地切断了它们与自由主义改革议程缩减(diminution)之间的关联。

　　第一章概述了意识形态性质从教化辩护(civilizing justifications)到文化主义辩解(culturalist alibis)的转变,主要(但非完全)根据宗主国关于帝国的性质和目的的讨论。在 19 世纪后半期,新的帝国辩解重新界定了帝国讨论的表达方式。英国在印度统治的合法性这一根本问题被外国统治的必要性假定所取代,这一假定主要是由原住民社会的"性质"决定的。一方面,与社会改进的宏伟计划截然相反,帝国统治开始调整自身以适应据说是不变的和不可改变的土著居民;另一方面,原住民社会中迫在眉睫的危机,要么与地方性的内讧形式(即宗派冲突、种族冲突和宗教冲突)相关联,要么更经常地与西方的接触相关联。延长帝国统治的计划被(具有追溯效力地)批准生效,辩护的重点明显地从宗主国转向了殖民地。正如克罗默勋爵再三申述的(是对 Boell 话语的改写),"真正的印度问题,不在于英国人是否有理由居住在印度,而在于他们能否找到撤出印度的道德辩护。"①晚期帝国关键的道德

---

① Evelyn Baring, Earl of Cromer,《印度问题》("Some Indian Problems"),见 *Political and Literary Essays*, 1908—1913 (London, 1913),页 418。克罗默在这里改写了 Paul Boell 的一段文字,原文如下:"La question qui se pose n'est pas de savoir si l'Angleterre a le droit de conserver l'Inde, mais bien plutôt *si elle a le droit de la quitter* "。Paul Victor Boell, *L'Inde et le question indien* (Paris, 1901), 289。

问题不在于英国统治印度的权利问题（其道德目的何在），而是要减弱它继续留驻印度的道德责任，并且认为与迅速撤离印度任其自我崩解相比，继续留驻印度乃是更小的恶。

本章回顾并重新考察了帝国意识形态从帝国官员赖以为据的优势地位的转变，他们清晰地表述了与晚期帝国新的辩解相符合的独特的帝国统治策略。以梅因的著作为基础，诸如莱尔、克罗默勋爵、戈登和卢格德勋爵这些官员清晰地表述了一个我认为可以理解为间接统治的独特理论，并为之进行了辩护。他们明确地表达了对原住民社会的习惯基础的承认和敬重，就其政策而言，帝国统治与保护、保存和恢复传统社会的政治逻辑紧密关联。值得注意的是，虽然关于间接统治的论述本身是作为一种防御性的现实主义观点而被提出的，是对原住民社会的妥协，也是对它的承认，但它只是对英帝国在非洲和东南亚进行直接统治的更为严重的扩张和兼并的遮蔽。尽管从直接统治向间接统治的转变似乎意味着帝国权力的撤退，但实际上它只是另一种替代性统治结构的战壕，这种替代性的统治结构以对直接的（自由主义的）帝国模型优先性假定的抛弃为前提。[150]在晚期帝国的设计中，间接统治的主要假定——帝国秩序将通过帝国权力对原住民社会习惯秩序的调整适应而得到最好的保证，而不是对它进行抛弃和改变——变成了政治统治理论的支柱，它以对代表、主权这些现代政治模型的根本批判为前提。在其最具雄心的表述中，间接统治从制度上而言是一套以分权为基础的政治理论，从哲学上而言它是作为世界多元主义的一种形式而得以证成的。

间接统治理论的主要观念的一个先决条件是，作为整体的传统社会和原住民社会概念的出现。虽然它们的基础与现代（西方）社会的基础完全不同，但是它们被承认拥有其自身的逻辑和原则。正如我在第二章中试图表明的，它是一个与社会理论的兴起相关联的概念重构，在其主要支持者的著作中，它是通过对社会凝聚力和社会转型的政治模型的自觉批判而形成的。梅因在其著作中指出,传统社会被归结为一个根本非政治性的社会,它通过血缘纽带和习惯规范而组织起来。尤其在帝国统治的语境中,它的实践意涵在于,出于诸多战略上的和规范上的考虑,改造原住民社会的做法即便不是行不通的,也是不受欢迎的。

梅因提出的有关传统社会的新概念,是为了批判先前对印度社会的理解。就后兵变时期的印度而言,梅因认为,帝国政策常常被一些有关当地信仰的力量和性质的设想,以及正确了解印度所需的材料导向歧途。就后一方面而言,梅因尤其对东方学者将文本知识作为认识印度习惯的路径持怀疑态度。作为一种根本的认识论修正,梅因尤其强调体现在殖民档案中的关于习惯的民族志学证据的重要性,这些档案是真实的当地实践的宝库。在殖民地知识形成的研究从历史考证(historical-textual)向人类学模型的转变中,梅因关于印度人类学思想的主要结晶在于——村社—共同体是印度的主要社会形式。

正如我们已经在第三章和第四章中看到的,当梅因试图认识印度政策的真实情况时,因为他已经形成了村社—共同体的观点,他开始越来越注意到,即使修正后的认识意识到了习惯是印度社会生活的核心动力,但它也不能有效地解决问题。因为在帝国统治之下,原住民社会将以既定的速度走向毁灭。在梅因所特别关注的两个政策领域中——法律的稳定性与关于土地所有制的讨论——梅因对于把现存的或重新改造的当地实践(即当地法律或当地所有权习惯)[151]作为帝国政策的基础越来越持一种悲观的态度。梅因在总督委员会的七年任期使他获得了帝国管理的直接经验,伴随着他对帝国统治认识的不断发展,他开始认识到原住民生活的结构性条件已经发生了戏剧性的变化。在这一新的语境下,他认为原住民社会的传统机制遭到了彻底的破坏和(或)扭曲。习惯是曾经允许原住民社会得以维持和再生的灵活的粘合剂,如果它不是完全被立法所替代，而只是通过一种退化的、凝固的和千篇一律的形式被保存，它也不再具有满足社会迅速现代化所产生的新需求的能力。现代帝国统治曾促成了现代制度和传统制度之间的直接对抗，这一对抗似乎促成了原住民社会的瓦解。

在梅因看来，自由主义和功用主义进步论下的帝国改革模式使得原住民社会的瓦解进一步恶化。因此，对自由主义方案的否定不仅在认识论上是必要的，而且在实践上也是必要的。然而，梅因也将原住民社会即将发生的危机解释为是一种结构性的危机，因此它是帝国统治无意识的结果。这样，甚至是以原住民社会保护和恢复为前提的政策也注定要以失败告终，准确地来说，是因为帝国统治已经启动了压倒原住民社会传统适应性的现代化进程。尽管梅因对于将重建当地模型作为危机解决的方案持保留意见，但这是公然宣称为他的继承人从他的著作中得到的主要启示。梅因如此生动地描述印度原住民社会瓦解的程度和危险的事实，对许多人来说还要加上需要保护的紧迫性，尤其是在很少被西方入侵所触动的社会中，对当地制度进行预防性保护的需要。

在现代帝国条件下，危机中的原住民社会，以及原住民社会不可避免地趋于瓦解的见解，是梅因最具原创性也可能是他对间接统治理论最重要的贡献。虽然对于梅因所认定的"危机"——它的起源、表现形态和可能的解决方案——有着不同的解释，但是19世纪晚期的帝国官员们开始关注如何阻止原住民社会迫在眉睫的瓦解。认为帝国的首要任务就暗含了这一危机的见解，为帝国提出了一个全新的原理，并且表明了一种帝国统治结构的新架构。换言之，为了使传统社会概念产生它本可产生的影响，需要将它与不稳定性起源的新解释联系在一起，尤其是将对原住民社会的保护视为帝国秩序的先决条件的理论前景。正是那些认为原住民社会既完整无缺又脆弱不堪的描述，支持了间接统治的家长式冲动。

[152]本章将详细说明梅因关于原始/古代社会的理论描述，

尤其是瓦解中的原住民社会观念,是如何为间接统治的理论和实践奠定观念基础的。我将考察原住民社会这一概念在晚期帝国政策语境中被动员起来的具体方式,首先是在后兵变时期的印度,后来是在东南亚和非洲。在印度,梅因的影响引发了杜威(Clive Dewey)所称的土地政策领域内的"大逆转",在这段时期印度政府通过频频立法反对自由市场原则。在这里,梅因的思想遗产尤其与早期关于农业改革的功用主义政策的批评相联系,因此,这也预示着历史主义对古典政治经济学原则的胜利。对于支持这些政策逆转的倡导者而言,保护所谓的当地传统具有规范优先性,对他们来说,梅因对于原住民社会——在这里原始习惯合理地规制着社会、经济和政治生活——极具启发性的解释尤其具有吸引力。另一些人则更为直截了当地以政治为基础支持那些保护和(或)复原村社—共同体和种姓制度形态的政策,并将之作为对于动荡不安和叛乱的保护措施。后一论证路线对以改革为导向的自由主义对于属国的破坏性影响的批评可能更为猛烈。莱尔(在印度最接近梅因思想的继承者)为间接统治的政治辩护提供了一套精致的理论表述。莱尔通过整理历史和人类学证据提出了一套分权理论,反对将现代(西方)的代议制政府移植到印度。通过对克罗默勋爵的影响,莱尔成了向印度之外的地方(如埃及)输出间接统治理论的重要渠道。最后,本章将以 20 世纪间接统治的理论和实践在非洲殖民地达到顶峰的更为详尽的考察作结,卢格德在那里提出了更具影响力的思想表述和辩护。间接统治在非洲殖民地不仅看到了它最广泛的适用,而且也得到了最为精细的哲学辩护,并作为一种具有文化敏感性的世界多元主义。

原住民社会的概念重构,重建习惯

图柏(Charles Lewis Tupper)指出,"梅因留给印度的伟大遗产不在于其积极立法,而在于集中体现于其演讲和著作(而不是法规汇编)中的启发性思想和综合性原则。"[1]图柏自称是梅因的信徒[153](成为关于印度土地政策的游说议员中的主要人物),这表明在普遍意义上,梅因的影响和遗产并不与一套具体的政策相关联,而是源于一套能够使变革的观点成为可能的根本原则。换言之,与边沁的信徒不同,梅因的信徒是通过理解印度社会的共同态度(来源于梅因的思想)而被联系在一起的,而非通过对具体的政策方案或共同的政治议程的遵守。图柏认定,梅因的两个相互关联的观念尤其具有革命性,它们是印度政策和管理的许多领域中"活生生的和具有启发性的遗产"的渊源:梅因的历史进化论和从身份向契约转变的理论。图柏认为,梅因的比较方法和进化方法"教会我们比较不同的古代社会,并将部落与文明社会的一些差别作为自然进程的一部分"(《印度与梅因》,396)。从历史的层面而言,这些差别被理解为社会发展的不同阶段。因此,梅因的历史相对论有助于培养对于印度和英国思想与制度之间的必然差异的尊重,图柏认为,这"直接导致了这样一种确信:任何共同体的制度应当与其现存发展阶段相适应"(《印度与梅因》,399)。这对于统治的意义在于为了现存习惯而拒斥英国模型的移植,"一个国家的统治必须与其民族已经形成的惯例相一致,只要那些惯例并不与我们关于对错的观念悖然冲突"《印度与梅因,395》。

　　图柏所证明的是,梅因的地位在哪些学者当中被视作官方殖民知识——那种必然有助于稳定帝国统治的有关原住民社会的知识(1857年兵变以后)——性质的根本转变。[2] 官方将印度兵变理解为与知识相关的失败,是英国(英国被企图英国化的努力所误导)在

---

[1]　Sir Charles Lewis Tupper,《印度与梅因》("India and Sir Henry Maine"),见 *Journal of the Society of Arts* 46(1898):页 391。

[2]　参见 Nicholas B. Dirks,《心灵的种姓》,前揭,以及 Thomas R. Metcalf,《统治的意识形态》,前揭。

理解和预知当地不满情绪的来源与程度方面的失败。在他自己对印度兵变原因的反思中，梅因认为，对当地宗教信仰和习惯的准确知识的普遍匮乏促成了叛乱。印度兵变是因为对涂有猪油和牛油的来复枪子弹（因此冒犯了穆斯林和印度教的情感）的使用而引发的不满情绪煽动起来的，这也进一步证明了那种"恐怖的狂热"是真正（不仅仅是偶然的）引发叛乱的星星之火。① 这也是证明印度兵变对英国意识形态系统造成震动的原因，因为叛乱看似是源于一种神秘的情感。梅因将那些公然反抗英国情感的社会和宗教情感解释为"种姓情感"，它以对精神污染的恐惧为基础。这种对宗教情感的力量和持久影响力的无知，正是[154]"那遮蔽英国意识系统的知识和想象力的匮乏"的标志（《印度》，474）。英国意识系统的这一空白无论如何严重，都可以通过获得对当地实践和信仰的更多更好的恰当知识而予以克服。他写道，"我不能对如此广博的一个问题作出明确的断言，因为我们对印度原住民的宗教和社会信念的考察仍然十分浅薄。但是，我坚持认为，对其拥有准确的知识是必要的，事实上也正是这一错误引发了印度兵变"（《印度》，478）。

这样，关于当地信仰的性质和力量的根本问题就与帝国统治的实际的紧急状态关联起来了。在梅因的著作中，探知1857年兵变的根源并不

> 仅仅是一种历史的兴趣。它是对印度统治者具有极其重要的实践价值的问题，由印度兵变所显示出来的宗教和社会情感的力量在何种程度上还将继续存在……显而易见，如果对种姓的信仰继续完好无损地保持，或者仅仅具有些微的衰退，那么，很多行政与立法活动的路径将是极其不安全的：也

---

① Henry Sumner Maine，《印度》，前揭，页474。亦可参见 Henry Sumner Maine，《印度的政治家与英国的文人》，前揭，页361。

许可能会跟随它们，但是一定要谨慎行事。有关这一信仰是否存在的问题也直接影响着该国为其印度殖民地所安排的政府结构。(《印度》,476)

在这个意义上，叛乱被理解为一种与知识相关的失败；正如迪尔克斯(Nicholas Dirks)曾经中肯地指出的，叛乱被解释为"人类学的失败，而不是政治和经济事件"(《心灵的种姓》,148)。一方面，这一解释拒绝将当地的醒悟解释为对于帝国秩序的根本的和具有自我意识的政治挑战；另一方面，它创造了优越的条件使得某种类型的知识，即人类学和民族志学得以发展，最终对晚期殖民国家发挥至关重要的作用。①

印度应当根据"与它自己的观念和习惯相符"的原则进行统治，②就像梅因很快做出让步一样，这种观点并非是完全新奇的。对现存习惯的尊重在前兵变时期的讨论中发挥了主要的作用。从黑斯廷斯到伯克再到芒罗、梅特卡夫和马尔科姆的所谓的浪漫派家长式学派(Romantic-paternalist school)，主要的政策都是根据他们所假定的习惯、历史和传统的连续性来倡导和辩护的。③ 然而，在他对印度习惯的更精确的知识的呼吁中，梅因极具批判性地

---

① 正如迪尔克斯曾经指出的，"在 19 世纪的最后几十年里出现了民族志学研究、收集和写作的激增期，因为英国试图积累一些必要的知识，一方面解释叛乱的发生，另一方面确保它不再发生。维多利亚女王的不干涉声明进一步促使了对需要保存和保护的事物的详尽的目录编纂，正在这个时候殖民国家的各个机构——从地方行政长官和法院到警察和军队——开始承担了解民族志学知识的基本职能。"Dirks,《心灵的种姓》，前揭，页 148。更为普遍的论述参见《人种志国家》("The Ethnographic State")第三部分("The Ethnographic State")，页 125—228。

② 1858 年的女王公告。本演讲摘自 C. H. Philips, H. L. Singh, and B. N. Pandey, eds.,《印度与巴基斯坦的进化》，前揭，页 11。

③ 尽管梅因与这些早期学派不无关联，但我认为这样一个终结性的鉴定是有问题的。这在某种程度上是基于对浪漫派的误解。与伯克、苏格兰人和浪漫派不同，梅因对传统有一种独特的民族志学的理解。这一观点也明确地塑造了他在古代社会和现代社会之间所作的明确的(文明)区分。

重新界定了实际上的印度习惯以及关于它的精确知识的构成要素。印度兵变所表明的是,过去关于殖民地知识的认识论和方法论假定,对于真正有效的统治考虑都是错误的和(或)不相干的。梅因认为,先前对印度社会、政治和宗教的习惯和实践的解释都有许多缺陷。梅因指出,[155]18世纪欧洲作家(尤其是启蒙哲学史家)关于印度的论述都缺乏经验性的知识,他们的知识仅仅局限于印度的沿海文化和贸易前哨。同样,许多殖民官员都是以沿海的英属印度诸省为基地的,这些地方在很早以前就已经与外部世界有所接触,因此,他们错误地认为他们所遇到的这些当地人的城市化(或更多的世俗化)可以代表整个印度。"广袤的内陆地区"尤其完备地保存了"原始习惯和思想",它们与自我组织的村社一共同体的关系尤为密切,因此它们才是"真正的印度"(《关于印度的观察对欧洲思想的影响》,214—216)。

此外,早期欧洲的学者——东方学家们对梵文研究中的哲学发现着迷不已——转向古代文本去揭示印度社会和宗教生活的秘密。他们通过当地的婆罗门获取信息,他们很容易接受这些观点,但是他们错误地假定婆罗门的规范能够代表整个印度现存的实践。这不仅扭曲了印度制度(如种姓制度)实际运作的图景,它也遮蔽了与忠诚于普遍的婆罗门理想截然不同的事实,"东方学家真正依恋的是他们的当地习惯"(《东西方村社一共同体》,39)。习惯是当地实践和制度的真正指南,它的逻辑不可能仅仅通过研究梵文文本而获得。梅因认为,殖民地行政管理档案是印度活生生的习惯的证据事实的宝库。在这个意义上,殖民地结算报告、地方志和年度调整报告是最为珍贵的殖民知识的渊源。

尽管梅因可能是我们今天所说的那种足不出户的人类学家,从未直接地从事过实地调查,但是在赋予行政管理档案以优先地位方面,他提高了直接观察作为一种方法论规则的地位。梅因对民族志学的抬高，与他的进化论历史主义和强调当地社会作为一个功能整体的结合，①对人类学研究(尤其是公务人员的官方人类学)②提供了强大的刺激。到本世纪末为止，梅因的文本变成了印度公务员的必读书目，他的影响延伸到各个级别的公务员群体中。在那个时候，梅因的著作对当时主要的公务员队伍的智识发展方面产生了决定性的影响，其中包括艾伯特森爵士(Sir Denzil Ibbetson)、莱尔爵士、索布恩(S. S. Thorburn)、图柏爵士、韦斯特爵士(Sir Raymond West)、威尔森爵士(Sir James Wilson)和亨特(W. W. Hunter)。所有自称是学者型的官员都把渊博的人类学论著作为他们的官方和公共读物。梅因在他的著作中，曾极具激发性地使用了殖民地行政管理记录，认为它们实际上是"古代惯例和法律思想可证实的经验"的宝库(《东西方村社—共同体》，22)。作为一个"古代社会碎片"的指南，[156]这些档案对古代/原始世界的真实图景至关重要，因此，也是发展诸如比较法学这样的新科学的必要起点。据图柏所说，在将官员注释提升到普遍意义的地位方面，梅因已经"为欧洲学者的思想能够接受印度税务官员所能提供的证据做了准备"(《印度与梅因》，396)。行政官员们全心全意地接受了赋予他们的工作的全新意义——为西方科学的进步作贡献并为英国提供了好的统治所必需的知识和思想。在旁遮普的情形尤其如此，梅因对其最初的聚居地进行了研究，并以之作为村社—共同体和习惯法中心地位的证据。旁遮普的公务人员也可算是梅因最为热情的门徒，很多具有重大意义的

---

① 参见第二章对这一观点的详尽讨论。

② 关于这一论证，我很大程度上依赖于克莱夫·杜威关于梅因对印度管理层影响的细致而又引人注意的分析。参见 Clive Dewey,《梅因对印度土地政策的影响》，前揭；以及 Clive Dewey,《殖民文学概论》("A Brief Introduction to the Settlement Literature")，见 *The Settlement Literature of the Greater Punjab: A Handbook* (Delhi,1991)。

结算报告都是受他影响的主要标志。①

　　随着人类学成为迪尔克斯所说的"知识和规则的基本模式"(《心灵的种姓》,43),民族志国家的形成不仅带来了关于印度社会描述的方法论上的革命,而且也引发了其实质性的和规范性的转变,对印度社会的描述是指对其关键而又活跃的要素所进行描述,国家的立场应该与这些要素相适应。梅因的方法论创新引起了对原住民社会重要的概念重构,如果不是对原住民社会的全面复原的话,也能够开启对诸如种姓制度和村社——共同体这些关键制度(常常遭到谩骂)的明确的重新评价。后兵变时期官方话语中种姓制度的规范性地位的转变,可能是这种重新评价的最为典型的例证(《心灵的种姓》,chaps. 7、8、9)。对 19 世纪早期的激进改革者(此外还有许多传教士话语)而言,再没有比种姓制度更明显的印度道德堕落和野蛮的迹象。对种姓制度的指责——常常被视为一场精细设计地试图保存祭祀阶层特权的阴谋——是因为它导致了许多社会的和心理的疾病,从制裁上的不平等和偶像崇拜,压抑自治和个体性,到阻碍高效工作的动机。② 就政策方面而言,改革与种姓秩序的崩溃直接相关,并在种姓秩序崩溃时达到顶峰,在西方教育扩张的压力之下,自由契约关系和以个人权利与法律面前人人平等为基础的现代法律体系的扩张,取代了习惯对于种姓劳动

---

① 诸如 E. G. Wace,《旁遮普哈扎拉地区土地税收结算报告》(*Report of the Land Revenue Settlement of the Hazara District of the Punjab*, Oxford, 1876);S. S. Thorburn,《旁遮普德拉杰德巴奴地区土地税收结算报告》(*Report of the First Regular Land Revenue Settlement of the Bannu District in the Derajat Division of the Punjab*, Oxford, 1879);D. C. Ibbetson,《卡纳尔区帕尼帕特和佩根地区结算修正报告,1872—1880》(*Report on the Revision of Settlement of the Panipat Tahsil & Karnal Parganah of the Karnal District*, 1872—1880, Ann Arbor, 1883);James Wilson,《旁遮普西尔撒地区结算修正的最终报告》(*Final Report on the Revision of Settlement of the Sirsá District in the Punjáb*, London, 1884);Ibbetson,《旁遮普调查报告》(*Census Report for the Punjab*, 1883)。见 Dewey,《殖民文学概论》,前揭。
② 参见詹姆斯·密尔和查尔斯·格兰特在第一章中的讨论。

的限制。

与之相反，梅因坚持认为传统欧洲对种姓制度的理解"都太过依赖于婆罗门的解释"，并误解了这一"非凡的制度"及其作为社会秩序之重要基石的作用。梅因认为，将种姓制度理解为瓦尔纳（*varna*）[157]所有的社会团体都根据神学上固定的等级制度被整齐地划分为四个普遍的社会等级，这绝非印度的经验实际。不如说，种姓制度作为一种活生生的制度应当被更好地理解为

只有许多惯例的名目，这些惯例由大量人群所遵循，不管这类人群是古代的还是现代的，是自然的还是人为的。作为一种规则，每一项交易，每一种职业，每一个行会，每一个部落，每一个宗族都是一个种姓，一个种姓的成员不仅有他们自己独特的崇拜对象，要么是从印度万神殿选出的，要么是它自己所接受的，但是他们只是排他性地在其种姓内部共食并通婚。（《关于印度的观察对欧洲思想的影响》，219）

换言之，梅因强调作为贾特（*jati*）的种姓，贾特是处于同一阶层并且实行同族结婚制度的典型的原始/古代社会的社会团体，在原始/古代社会血亲关系作为社会团体凝聚力的意识形态基础。种姓制度之所以能够成为一种"非凡的"和独特的印度制度，不是因为它与神学教义的关联，而是因为它拥有保存原始的社会组织模式的能力（原始的思想、习惯与它的运作完整地联系在一起），这样，印度所有种类的团体——甚至现代和人为的团体，如新的宗教教派——都"以自然家庭为基础和模型"不断地瓦解和重组（《关于

① ［译注］瓦尔纳指印度四个种姓等级中的任何一个。大约在公元前11世纪，印度社会阶层形成了4个等级——婆罗门（僧侣贵族）、刹帝利（军事和行政贵族）、吠舍（商人）和首陀罗（被征服的奴隶）；至此种姓制度初步形成。

印度的观察对欧洲思想的影响》,220)。

梅因的接班人进一步强调对种姓制度的重新评价,并将他们的兴趣扩展至诸如部落和宗族这样的宗法团体(genealogical groups)。同时,这些社团(corporate groups)被视为是有组织的家长制团体(patriarchal groups)的代表,梅因已经在其著作中证明了它们的历史和社会重要性。[①] 例如,这些学者型官员负责旁遮普最为著名的结算报告,他们热衷于用文献证明种姓制度和这些社团在社会秩序的维持和再生方面的整体功能。它们是将乡村社会凝聚在一起的粘合剂,它们赋予村庄习惯和制度在经济、政治和社会方面的基本原理以意义,并构成其基础。这是对梅因所强调的将原住民社会视为理性的功能整体的观点的直接运用,在那里所有的社会领域都展示了共时性的相互依存关系。梅因尤其强调形成印度村社—共同体的社会团体(social groups)的双重性:自称为同族者的共同体和共同所有人的共同体。梅因的信徒也将注意力引向法人社团(corporate social groups)通过土地开发而凝聚起来的方式,常常包括一些关于他们居住地区的所有权和血亲关系模式的双重进化的小论文(《殖民文学概论》,27)。就政策方面而言,对土地所有制和团体凝聚力之间关联性的强调,意味着现代(英国)土地所有制观念在社会形成中的滥用,并且证明其在很早的进化阶段曾威胁着乡村社会的独特构造。

[158]对种姓制度的规范性复原,在某种程度上是梅因独特的方法论在社会整体论和进化论历史主义中的应用。更普遍而言,对印度社会的人类学的重新评价,使得一种文化相对主义或对于原始社会的道德评价和理解的宽容成为可能,甚至使得这种宽容成为可能所必需的一个先验假设。但是,对梅因来说,它是一种特

---

① 参见莱尔和亨特关于种姓制度、宗族形成的著作:A. C. Lyall,《亚洲研究:宗教与社会》,前揭;以及 W. W. Hunter,《孟加拉乡村年鉴》,前揭。

有的相对主义,是因他的比较模型而成为可能的,这一比较模型沟通和确定了古代与现代、印度与英国之间的界限。虽然印度仍处于一种"只能被称为野蛮"的社会状态,但是他强烈反对"任何不适宜于这一语词的关联"(《关于印度的观察对欧洲思想的影响》,215)。在这一方面,对野蛮的重新评价是与对原始社会和现代社会之间明确区分的承认相关联的,文化宽容正是建立在这一差异的基础上的。对最低限度的相对主义的承认,在试图揭露原始或古代社会的独特逻辑的努力中是一种必要的方法论规则,原始或古代社会的组织原则和习惯被认为是彻底不同于现代社会的。正如梅因关于政治经济学的论述,"发现这些学科的新的真理的第一步(也可能是最艰难的一步,因为需要破除的偏见十分顽固)就是要承认所有权、地租和价格这些印度现象与西欧的这些现象是同样自然、同样值得尊敬、同样有趣并同样值得进行科学观察的"(《关于印度的观察对欧洲思想的影响》,224)。在接受原始制度及其维多利亚时期的相应制度之间的根本差异方面,进化论可能被用于质疑在印度建立现代制度的妥当性。与承认原始社会内在合理性的功能主义视角相结合,进化论历史主义的管理教训是将种姓制度和村社—共同体视作为适应不同历史环境而作出的合理调整,而不仅仅是将之视为一种时代错误,因此需要帝国的支持和保护。

然而,梅因及其信徒同样引以为傲的是,新的比较科学包含着鼓励印度人和欧洲人、臣民和统治者"相互宽容"的可能性。同样,它也是一种源于相似性话语的宽容。在这一方面,对印度野蛮性的重新评价源于承认它是一种"很大程度上包含我们自身文明的野蛮,它们至今密不可分,并且尚未被展现出来"(《关于印度的观察对欧洲思想的影响》,215)。因为同属于印欧语系和雅利安家族,它们的语言和制度有着共同的起源,而这一同源性使得欧洲人"认为今天的印度在很多方面都类似于过去的欧洲"(《印度与梅因》,399),从而促进民族偏见的传播。此外,梅因希望[159]通过承认印度(和爱尔兰)封存着欧洲原始的过去来缓和帝国权力的傲慢,以及常常以进步之名促成当地制度瓦解的优越性意识。对印度和爱尔兰(活生生的)古代习惯的科学重要性的普遍承认,将引起对那些古代制度的特别尊重,从而导向更好的帝国统治。[①]

　　梅因对原住民社会的观念重组,将有助于加强对于当地习惯和传统赋予宽容的新语言,然而当时东西方制度之间固定的等级划分从根本上限制了它早期的相对主义。虽然后印度兵变时期的印度政策对于当地习惯的尊重,常常被描述为古老的东方和(或)罗马帝国政策传统的复兴,对这两种传统的颠覆都是错误的,但是梅因对这一政策转向的影响也是明显的。[②] 例如,伯克坚持认为,对印度法律和习惯的尊重,是与旨在将印度和西欧放置在相近的文明基础之上的修辞策略和世界观关联在一起的。在伯克关于种姓制度的讨论中,对种姓规则复杂性的强调,在某种程度上是为了证明印度社会与其他所有的文明社会一样,都是随着时间的推移发展而成的习俗与礼仪的精致体系,因此想要推翻它们的想法在政治层面是傲慢的,在规范层面是邪恶的(《弹劾案开始的演讲》,303—5)。甚至在伯克讨论种姓制度的最为东方化的时期,也就是伯克注意到种姓制度的奇异性和独特性的时期,他并没有考虑到

---

① 梅因认为这对爱尔兰和印度都是如此。参见《早期制度史讲义》,前揭,页 18—19。

② 将梅因视为古老的印度制度的复兴者的观点,参见 C. Bayly,《梅因与 19 世纪印度的变革》("Maine and Change in Nineteenth-Century India"),见 *The Victorian A-chievement of Sir Henry Maine*, ed. Diamond,以及 Eric Stokes,《英国的功用主义者与印度》,前揭。我认为这是对梅因的误解,这从某种程度上来自对早期家长制学派的错误描述。这个早期学派——尤其是芒罗、马尔科姆和埃尔芬斯通——不是通过保守的浪漫主义形成的,而是通过苏格兰式的文明进步的自由主义而形成的。参见 Martha McLaren,《英属印度与英属苏格兰,1780—1830:事业大厦、帝国大厦与印度治理思想的苏格兰学派》(*British India and British Scotland*, 1780—1830: *Career Building*, *Empire Building*, *and a Scottish School of Thought on Indian Governance*, Akron,2001)。

印度制度和欧洲制度在时空方面的差异。伯克并不使用将制度差异视为线性发展轨迹上的阶段差异的模型，而是像许多东方学者一样更易于接受不同文明轨迹的共存。相比之下，19世纪晚期种姓制度的辩护者们，将种姓制度视为在比较的进化论框架中起作用的传统，这一框架假定了西方制度在时间和规范方面的优先性。对种姓制度的支持是家长式的和有条件的，认为它只有在原始社会才是可接受的和有价值的。

　　梅因对习惯的修正解释不仅涉及到对习惯渊源（它被认为是真实的习惯实践的代表）的新解释；规范本身被注入了一种结构性的意义，并作为系统性的标志和原始社会逻辑秩序的别名。这是18世纪和19世纪对习惯的不同理解的对比。在他对功用主义的批判中，梅因认为政治经济学的抽象理论（以及法律和主权的分析性定义）"严重低估了大量的习惯和继承而来的思想（以冲突不和之名被抛弃）的价值、力量和趣味。对这一倾向的最好矫正是，证明这一'冲突不和'具有科学分析和科学评估的能力"（《关于印度的观察对欧洲思想的影响》，233）。[160]重要的是，在这里习惯并没有被理解为一种描述一系列孤立现象的方式。它也没有被给予某种实质性的定义，即没有将之作为一套仪式或宗教实践的统称。毋宁说习俗是在结构和制度意义上被理解的，这样便展现出了更具人类学和社会学意义的共鸣。此外，习惯指涉一种具有基本原理和系统逻辑的习惯秩序。然而，在法律思想史上，习惯更经常地被认为是一种实体法的渊源，在梅因的著作中，它意味着一种与现代契约和立法体系相抵牾的完整的法律和道德秩序。在意识形态上，这一意见上的相左其根源可以追溯至对普通法/习惯法的辩护与对自然法/成文法的倡导之间的欧洲讨论。但是，在梅因关于这两种体系之间差异的更具人类学色彩的解释中，并不强调法律渊源的差异，而是强调法律规范在政治、社会和经济制度的整体构造中的互动性和嵌入性。这样，在梅因晚期的著作中，身份与契约的二分法，改变并建构了诸如习惯/市场和习惯/契约等类似的二元论构想。

危机中的原住民社会：梅因的殖民主义社会学

梅因对印度社会的观念重组支持了对当地习惯和传统的规范性评价的转变，它试图否定自由主义的改革议程。与仅将传统社会结构视为文明改进之障碍的自由主义统治策略相比，人类学的转向则重新将它们解释为原住民社会凝聚力和稳定性的基础。正是与1857年兵变后维持秩序的意识形态优先性之间的密切关系，赋予了人类学—历史主义讨论支持当地习惯和传统的政治重要性和紧迫性。

维持帝国的辩护理由从普遍主义的文明教化辩护转向了文化上的辩解，社会秩序和稳定代替了作为帝国统治激励基础的改革议程。人类学在统治知识方面的转向，以及在这一转向中梅因对印度人类学的彻底转变，决定性地确定了秩序在"自然"社会团体——联合家庭、种姓、部落、宗族和村社—共同体——的完整性方面的地位，它们现在被认为是印度社会的基本单元。在将传统的社会团体及其对它们的运作至关重要的习惯和制度视为政治稳定的基础时，[161]对帝国秩序的威胁将依赖对原住民社会的瓦解进行彻底的重新定义。如果说（尤其是改革者们）发现19世纪早期在印度实现良好管理的障碍，在于所谓的对原住民社会进行的病理性研究，以及与种姓制度和宗教相关的陈旧野蛮的习惯和实践，那么后兵变时期的政策制定者们则是为一种完全相反的恐惧所推动。对他们来说，最大的危险在于原住民社会的基本单元的迅速瓦解，以及随之而来的印度向未充分发展的个人集合的转变。对防止原住民社会瓦解所导致的迫在眉睫的社会动荡的需要，变成了维持帝国统治的必要条件。因此，间接统治并没有仅仅依赖对原住民社会的规范性的重新评价获得其重要性，它的紧迫性是以帝国秩序的意识形态重构为基础的，这使得对原住民社会的保护成为首要的战略要求。

对政策制定者而言,梅因的著作引起了他们对原住民社会危机的关注,并提供了理解其起源和影响的理论框架。图柏认为,梅因曾经理论化为社会一般演进规则的从身份到契约的运动,已经证明是英国统治下的印度所发生的真实的运动。实际上,帝国统治引发并加速了这一转变,这样一来"若干世纪的正常成长,可能被压缩在几十年之内完成"(《印度与梅因》,391)。从古代社团社会向现代个人社会的迅速转变,确实有可能导致印度难以被统治的危险。梅因极具煽动性地指出,传统社会的瓦解,以及种姓、部落、村社和联合家庭的媒介性关联和激发它们活力的习惯纽带的瓦解,是在英国统治下接触现代制度的独特的结构性结果。

梅因提供了一套与众不同的殖民主义社会学,它认为由于与现代的接触,传统社会的基础日益遭到破坏,它将传统社会的瓦解视为对精致的社会和文化平衡的破坏。按照梅因的说法,尽管原住民社会是一个自我行动和自我生成的功能性整体(《东西方村社—共同体》,101),但非常矛盾的是,它们仍然面临着即将来临的瓦解的威胁。梅因对社会瓦解的解释与涂尔干的失范(*anomie*)概念极其相像,在这个意义上它是必然与原始社会整体观相对应的观点,在原始社会整体观看来,协调社会各个领域的系统性平衡可能会被任何一个领域的变化所彻底破坏。梅因使用传染病的暗喻描述了以渐进的和间接的方式所进行的社会领域的变革(例如合同法被引入地主和农民的关系中),[162]它将必然地动摇经济领域之外的习惯纽带的完整结构。这样,英国在印度的统治将会破坏当地制度的基础。梅因认为,在印度的英国统治者"不会在一无所知的情况下进行革新或破坏。我们之所以改变是因为我们情不自禁。无论那些我们称之为进步的影响的性质和价值是什么,我们最能够确定的是,一个社会一旦接触到它,它就会像传染病那样蔓延"(《关于印度的观察对欧洲思想的影响》,237—38)。这一传染病比喻明确地表达了殖民统治对当地制度和实践的结构性影响的解释，它认为传统印度社会的瓦解是在无意识当中发生的，因此更难颠转。① 梅因认为，"英国权力通过其间接的或很大程度上无意识的影响，改变和瓦解了印度的思想和社会形式"（《东西方村社—共同体》，22—23）。

梅因早期的殖民主义社会学出现于他对两个核心的帝国政策领域的批判性考察之中：法律和土遭到有制。在对它们的分析中，梅因查明了导致原住民社会习惯基础瓦解的两个主要渊源或催化剂。正如前面所讨论的，梅因对先前许多关于印度社会的论述——从东方学者到自由主义改革者——都表示不满，因为它们从根本上误解了原住民习惯和实践的性质。他尤其怀疑，功用主义的影响和对边沁主义的法律和经济原则适用的过度热衷加速了瓦解的进程。从《古代法》到他后期的《早期法律和习俗讲义》，梅因矢志不渝地对功用主义法学理论和政治经济学进行批判，因为它们不能够理解原始社会的社团和习惯逻辑。边沁主义在规范性和方法论两个方面都对个人主义倾注了心力。它们假定所有的个人都有普遍的心理结构（幸福与痛苦的微积分），这意味着一旦把他们从随意的社会纽带和非理性的习惯所带来的"所谓的"不良影响中抽离和释放出来时，所有的人都会对共同的制度激励做出类似的回应。在印度的情形中，这意味着英国的法律制度和土地所有制能够并且应该有助于改造和改革，因此也可以将个人从种姓制度、联合家庭和村社—共同体的束缚中解放出来，这被视为是对经济停滞的原因在道德上的质疑。梅因认为，边沁主义不仅错误地将习惯解释为一种纯粹的束缚（或"冲突不和"），因此对习惯的

① 梅因在关于两个主要的制度描述中详细论述了这一进程：印度的村社—共同体和习惯法，这两种解释都可在《东西方村社—共同体》中找到。参见本书第三章和第四章。

信仰和忠诚做出了错误的判断，它那侵略性的改革企图，不仅没有带来其他效果，还导致了对古老的习惯秩序的歪曲和扰动（从没有为新秩序创造出一个稳固的基础）。

[163]在对误导性的政策进行具体责难的同时，梅因尤其关注帝国统治无意识的结果，"无意识"在这里意指的是原住民社会中处于危机状态的帝国统治的特有结构。梅因尤其将社会关系的法治化——个人权利的成长——视为现代帝国统治的强加所导致的必然的破坏性产物。甚至是在英国意识到习俗乃是法律的合法渊源的时候，法律主权的逻辑（英国先例规则的影响）必然改变习惯的性质和功能。一旦不成文的习惯被并入法律秩序，它立马就会被转变为成文法，并以国家的强制性权威为后盾。英国权力甚至在通过对当地法律和习惯给予某种尊重而进行统治时，都必然会扭曲和破坏习惯法权威（如种姓制度、村庄长老会或委员会）自我立法、判决和制裁的能力。同样，在土地收益领域内，税收结算（甚至是在结算诸如村社—共同体这样的社团时）必然将法律权利的语言和结构引入习惯实践领域。关于所有权分配的争论不可避免地使国家参与到对互为竞争的习惯主张所进行的某种法律裁决。现代国家法律和行政机制的确立将从根本上改变原住民社会运作的结构性环境。①

最为重要的是，误导性政策和帝国统治的结构性条件的联合效应充满危险地加速了从习惯秩序向契约秩序的转变。诸如村社—共同体之类的社团权威的迅速瓦解将导致个人权利的绝对增长。伴随权利的胜出并没有出现恰当的和限制性的道德框架，它将使得权利与许可、个人主义或任性之间的耦合成为可能。梅因指出，松散的个人权利在印度产生影响的经验例证，主要集中在对联合财产的分割和遗嘱继承（运用意志）的日益增强的主张方面，主动地侵蚀了对于联合家庭的主张。他也指出，通过敏捷的当地

---

① 梅因对这些领域的详尽解释分别见于本书第三章和第四章。

律师的激发,使得一种扎根于相互义务的习惯纽带的小规模竞争的文化在诉讼领域普遍兴起。梅因总结道,"对我们而言最为不幸的是,在我们创建出一个法律权利赖以为基础的能够在法律上区分善恶的恰当权力以前,我们就已经形成了法律权利的意识"(《东西方村社—共同体》,73)。正是"权利意识在各个方面的成长"体现了"影响印度人的最大改变,这一改变最为严重地增加了统治他们的困难"(《东西方村社—共同体》,74)。

[164]在梅因对边沁法律体系的批评中,他将许多社会和道德问题归因于它对原住民社会的侵入,并在寻找一种恢复习惯法和法院的疗治。更加引人注意的是,在土地政策方面,梅因的影响将触发土地政策的大规模转变。梅因的信徒们认为,习惯秩序和传统社会经济结构的迅速瓦解,是导致各种形式的土地纠纷的原因。他们认为,自由主义和功用主义的经济政策使得印度兵变向土地叛乱的普遍扩展成为可能,这些经济政策一方面试图逐出有利于自耕农的中间的准封建地主,另一方面试图将习惯的租赁请求权转化为法律权利。这两种政策路线都为追求更高的效率和生产力的政治经济学辩论所推动,反而激起了大规模的有关土地的不满和债务。据杜威所言,在这一辩论的语境中,梅因的影响——他对功用主义的批判,对原住民社会的观念重组以及对原住民社会的瓦解所可能带来的危险警告——促成了在土地改革政策方面的巨大逆转(《梅因对印度土地政策的影响》,353—75)。杜威认为,印度政府在 1857 年到 1906 年间完全改变了它的土地政策,不断地立法对自由市场关系进行反对。[①] 这一时期的主要标志在于,为

---

① 违反基本市场原则的主要法案包括:1879 年的《德干农民救济法案》(The Deccan Agriculturists' Relief Act),1885 年的《孟加拉土地租赁法》(Bengal Tenancy Act),1900 年的《旁遮普土地转让法》(Punjab Alienation of Land Act)、1904 年的《孟加拉不动产法》(Bengal Settled Estates Act)、1904 年的《印度合作社法案》(Indian Cooperative Societies Act)和 1912 年的《旁遮普委员会法案》(Punjab Panchayats Act)。参见 Dewey,《梅因对印度土地政策的影响》,前揭,页 368—70。

了防止对当地习惯和制度的侵蚀可能导致的政治和经济不稳定而复兴当地习惯和制度的兴趣;因此,对村社—共同体的保护是新的土地政策的核心。那些自称是梅因的信徒(如前所述)并不像他们的功用主义先辈那样否认种姓制度和习惯的影响,他们倾向于视诸如村社—共同体这样的传统制度为社会稳定的力量。艾伯特森、图柏和威尔森是这一修正主义战略的主要设计师。这一土地战略的标志性成就是 1900 年《旁遮普土地转让法》(Punjab Alienation of Land Act)的通过,这一法案禁止不同部落之间的土地买卖(因此违背了最基本的不干涉主义原则并肯定了种姓制度)。

在后兵变时期的印度,梅因的重要性在于他的思想支撑了一场全面的思想转变,即人们开始初步地怀疑经济现代化和功利主义改革的实际效果。更普遍地来说,梅因开创了一个预言社会混乱必将是帝国统治的副产品的理论框架。英帝国主义影响下原住民社会的瓦解,形象地证明了殖民进程可能以何种方式将传统社会和现代社会变为它的一类引人注目的、活生生的、并具有潜在破坏性的对立物。在梅因的殖民主义社会学中,这两种相互对立的社会形式的遭遇必然导致冲突,这种冲突不可避免地加速了更为古老的古代习俗生活方式的瓦解。值得注意的是,[165]这种冲突被明确地理论化为一种非政治的和无意识的冲突——帝国权力从未被认为要完全地为其结构性冲突负责。

对帝国的专横统治之下"社会瓦解"的警告,被认为是间接统治理论和实践的意识形态的关键之所在。它为构成帝国统治威胁的因素提供了全新的解释,并为帝国的继续存在提供了新的原理。对于当地制度的倡导者而言,梅因对殖民的/现代的制度对原住民社会具有破坏作用的结构性影响的令人信服的解释,生动地表明了对其进行保护的迫切需要。对原住民社会表示同情的描述与殖民主义社会学的结合,不仅将不稳定归咎于公开的改革和干涉,而且意味着在现代性的语境下,任何传统社会都具有内在的脆弱性。在这个意义上,对威胁因素的新解释与危机中的传统社会(即在与西方接触的外在影响下努力追求生存的社会)的一般描述紧密相关。

莱尔与间接统治的政治基础

> 印度社会的危险在于其过快的瓦解预期,部分来自于焦躁不安的西方商业精神的压力,部分是由于社会和政治领域内草率的新旧更替。[①]

虽然像艾伯特森和图柏这样的行政官员借用梅因的洞见,来倡导加强种姓制度和村社—共同体的社会经济功能的政策。但作为最受敬重的梅因思想继承者的莱尔,将梅因对于原住民社会瓦解的警告扩展全政治学和政治制度领域。这样,莱尔发展了一套复杂精细的关于间接统治的政治理论,它通过殖民主义社会学重新表述了英国在印度进行统治的恰当的政治基础。如果说梅因的洞见曾经将对政治经济学的历史主义批判和将西方经济模式和概念直接适用于印度的批判结合在了一起的话,莱尔也类似地探明了对西方政治模型以及代表、自治和主权概念不加批判地进行移植的不满和混乱。

莱尔和梅因对于英国统治对其治下的民族性格和制度特性的变革影响有着共同的深刻见解。[166]莱尔认为,这些变化进程只是随着英国统治的累积扩张和合并而与日俱进,这样,印度现在就变成了"在道德上、物质上和政治上最为快速转变的场所,并在民族史上留下了浓墨重彩的记录"(《梅因的生活与演讲》,288)。梅因的一个最为重要的成就在于,警告行政当局注意他们对古老秩

---

① A. C. Lyall,《梅因的生活与演讲》("Life and Speeches of Sir Henry Maine"),见 *Quarterly Review* 176(April 1893):页 316。

序的革命性颠覆所带来的巨大恶行,并且表明了"引导和规制不同的社团逐渐地溶解成一个群体,它具有主要的领土国家所具有的基本特性,在政府压力之下引进并强制执行现代政体的一般原则的进程"的实践手段。[①] 在这项任务中,梅因在改革者和印度"官僚"之间,在"认为政治制度可以像蒸汽机那样被引进,并能够保证在任何环境下立足,为任何共同体谋利益"的革新者和反对所有变化并"对欧洲的干涉表示严重怀疑"的保守党人之间进行调解(《梅因的生活与演讲》,290)。梅因尤其在缓解"理想主义者的激情"方面功效卓著,莱尔嘲笑这些理想主义者"逃避发现恰好适用于现代印度独特环境之物的极端艰难的事业",而采取了"一种直接从英国模型中复制的更为容易的权宜之计,据此他们避免了创新的困难并获得了英国人慷慨大方的信任"(《梅因的生活与演讲》,290)。

但是,虽然"梅因发现过渡办法(*modus vivendi*)和在古代思想与现代思想之间进行调节的方法展示了一种对印度立法特别重要的政治本能,"但是莱尔认为,"现在我们主要的关注点应该是……阻止梅因所称的'社会的碎片化',且阻止将许多团体和小规模的司法管辖区瓦解为在一个超负荷的处于外国政府治下的混乱无序的群体"(《梅因的生活与演讲》,316)。莱尔认为,这一瓦解进程和政治的不稳定从某种程度上出自于帝国(尤其是亚洲帝国)普遍的政治困境,它们都倾向于集权化。这一趋势经由英国治下的现代教育、经济和政治原则而被进一步加剧。所有这些过程一起加速了原住民社会形式的瓦解,它释放了社会和政治的同一性和平整性,进而威胁到英国统治的独特基础。

与梅因将村社—共同体视为瓦解的主要场所相比,莱尔却转而关注拉其普特人部落王国的命运,并证明这一进程的政治结果。这

---

① A. C. Lyall,《亨利·梅因爵士》("Sir Henry Maine"),见 *Law Quarterly Review* 14(April 1888):页132。

些部落团体被视为是对西方政治制度发展至关重要的自治秩序和规则秩序的印度例证。拉其普特人的国家从某种程度上[167]是通过英国的保护,而独自抵制莫卧儿帝国高度集中的破坏性权力的。莱尔认为,莫卧儿帝国并没有如此深入地渗透到印度生活的方方面面,以至于没有颠覆地方习惯和宗教忠诚的事实,但这并不意味着它没有对印度政治发展造成任何影响。莫卧儿帝国统治的压制性,加之种姓制度逐渐瓦解而不是发展为一类超越"自然"社会团体的模型,曾妨碍了印度政治制度的形成。通过破坏相互竞争的中间权力,莫卧儿帝国的统治迫使印度进入了"遭到遏制"的发展状态;地方性的宗族和部落本应该合并为更大的领土单元的进程被遏制了。

使得拉其普特人的国家成为重要的政治模型,不仅在于"它们只包含了表现稳定性的印度古代制度",而且在于它们是唯一"配得上自由人"的国家(《亚洲研究》,223)。首领与贵族之间反复出现的竞争对于拉其普特人的政治史至关重要,尽管它是以一种原始的形式表现出来的,但是与西方国家的国王与贵族间相互缓和并抑制主权成长过程的政治对立十分类似(《亚洲研究》,225)。在对相互竞争的政治制度间的自然平衡的利益的描述和断言中,莱尔试图将托克维尔的政治教训(尤其是托克维尔《旧制度与大革命》中的)适用于一系列印度问题。正如莱尔所写的,"这些拉其普特人社会通过所有累赘的纽带和原始有机体的保存联系在一起,呈现出了比秩序良好的正常亚洲人社会的专制政治更有希望的未来的发展原理,在亚洲人社会中,混合的群体处在一个统治者的直接支配之下,这个统治者无论如何精明能干,他都是凭借一己之意志施以惩罚或授予荣誉"(《亚洲研究》,224)。①

---

① 关于莱尔的解释和对托克维尔的引用,亦可参见 A. C. Lyall,《印度帝国的治理》("Government of the Indian Empire"),见 *Edinburgh Review* 325(January 1884):页 1—41。

此外，像托克维尔一样，莱尔认为对这些社会生存最大的威胁来自于现代国家放肆傲慢的集权化。正是为了追求秩序和进步以及统一高效的管理形式，英国官员正处于开启集权计划的危险之中，集权化破坏了调解政治制度和秩序的活力。帝国官僚自然地会逐渐试图加强当地统治者的准主权权力以对抗目无法纪的贵族，而这一倾向常常以和平和标准化之名表现出来。但是，"如果这些对集权政府统治下无用的平等的粗糙障碍曾经被清除，那么可以确信的是，它们将不会再被建立起来；没有什么能够代替它们的位置，部落首领将把自己转化为小独裁者，只向支持他的最高统治者负责"（《亚洲研究》，225）。除了合并当地专制政府形式的可能外，这一短视政策的真正危险在于对当地政府形式的破坏，[168]它们并不考虑"他们留下的空缺将如何得到填充"（《亚洲研究》，225）。对这一空缺的关注是生死攸关的，莱尔担心，英国对这一问题的忽视将播下自我毁灭的种子。在莱尔的历史计划中，帝国的坍塌是由过度集权而导致的政治孤立造成的。通过消除中间阶层和地方权力中心，帝国切断了与其下级秩序间的联系，从而变成了"头重脚轻的高塔"。在动荡时期，孤立导致了不安全和不稳定，并且也没有留下地方支持的出路。

因此，莱尔认为稳定政府的基本原则是托克维尔式的分权政府，尽可能建立在南亚次大陆的自然分类和分组的基础之上。但是，如果这些"细分消失了"，它们必须被"另一些行政的和领土的团体所替代或重构……否则，英国在印度的统治将可能趋向于过度集权的孤立之境，只有十分脆弱的基础和不充分的支持，这使得帝国变成了一个过度建造的头重脚轻的高塔，这无疑是导致政治不稳定的因素"（《印度帝国的治理》，37）。为了避免遭遇这样的命运，英国必须采取建造当地的"支柱"以支持英国高塔的措施，最为重要的是与当地的亚政治组织（如拉其普特人国家）联盟，并且对诸如种姓制度和宗教之类的更为非正式的政治组织进行保护。①

　　然而,这些相同的传统制度也是在英国统治的压力之下遭到破坏的,在这一点上莱尔与梅因持有相同的看法。莱尔尤其关注西方教育改变传统信仰的累积影响。英国教育的传播似乎在当地最高层次的人群中引发了宗教萎靡和精神不安。随着科学推理模式的传播,英国教育激发了宗教怀疑主义,"切断它们之间的联系,而不是将它们联系在一起,以至于在下一个非常时刻没有什么东西可予抛弃"(《亚洲研究》,302)。不太确定传统宗教信仰的破坏是否会导致一个已知的结果,即现代欧洲式的世俗主义,莱尔认为由于并不知道当前的精神过渡时期的终点,英国统治不知不觉地增强了对一种新的和可能更具威胁性的宗教形成的前景展望。除了现代教育的引入以外,英国统治的另一个革命性的影响在于现代科技的进步,如铁路的发明,它释放了前所未有的社会联系和协调形式。实际上,这些新的社会条件可能为大规模的(可能是全国性的)宗教运动的成长留有余地。莱尔认为,从历史上来看宗教曾经是种姓、教派和教义无尽地细分并相互对抗的基础,现在却变成了印度最大的统一力量,但是它也在根本上威胁着英国统治的基础。

　　[169]与梅因一样,莱尔也不是古老模式的帝国主义保守派人士。他们都没有早期东方学者对当地制度的敬重或同情。虽然东方主义者常常通过将印度和英国的制度置于相近的文明基础之上进行比较,但是梅因和莱尔的学术研究则以对二者的彻底区分为前提。梅因认为,村社—共同体需要在它们与现代制度的差异中得到精确的理解。莱尔在他对拉其普特人社会的研究中批判了早

---

① 参见 Roger Owen,《人类学与帝国管理:莱尔与 1857 年兵变以后发展起来的社会变革理论的官方运用》("Anthropology and Imperial Administration: Sir Alfred Lyall and the Official Use of Theories of Social Change Developed in India after 1857"),见 *Anthropology and the Colonial Encounter*, ed. Talal Asad(London, 1975)以及 Eric Stokes,《印度的行政官员及其历史作品》,前揭。

期的解释,如托德(James Tod)著名的《拉贾斯坦邦年鉴与古代史》(*Annals and Antiquities of Rajasthan*),[①]对拉其普特制度和封建制度进行了对比。莱尔认为,这些王国被理解为特别的部落,它们在家族形成的阶段远离封建社会的先进国家。因此,莱尔支持以自然的制度结构为基础构建的必要性既不是感情用事也不是怀旧乡愁;而是基于一定的政治考虑,即这些自然的组织分工一旦瓦解或毁灭,动荡将随之而来。实际上,在很多方面动荡是潜在的和具有循环性的;莱尔不仅将英国统治的基础建立在印度社会的分裂性质上,如果没有帝国的存在,它将衰退为无政府的和混乱的状态,他也倡导维持那些组织分工的政策为英国的继续统治背书。[②]

莱尔(与梅因一样)将从身份向契约、从古代到现代的转变视为现代印度的基本事实,并认为这是由英国的统治所促成的,不能够被完全颠倒。对当地制度修改的保留应当被放在首要地位,并且抵制所有加速这一进程的企图:

> 所有我们在社会科学领域内的欧洲实验都曾教导我们,毁灭古代世界的构造是极其愚蠢的,但是没有人准备以任何东西替代它。比如,种姓制度看上去是无用且累赘的,它被欧洲人疯狂地滥用,对欧洲人而言,婆罗门的行为规则似乎是无意义的和不切实际的;如果不能用早熟的立法击出它们的基

---

① James Tod,《拉贾斯坦邦年鉴与古史,印度拉其普特州中西部》(*The Annals and Antiquities of Rajasthan or the Central and Western Rajpoot States on India*,1829—32:London,1972)。

② 参见欧文(Owen)关于莱尔对克罗默在埃及的政策的影响的论述,尤其是通过强调内在区分而加强英国权力的想法,适应并合并传统的等级,并放弃对当地习惯的干涉。Roger Owen,《人类学与帝国治理》,前揭;以及Roger Owen,《克罗默勋爵的印度经验对埃及的英国政策的影响,1883—1907》("The Influence of Lord Cromer's Indian Experience on British Policy in Egypt,1883—1907"),*St.Antony's Papers* 17 (1965)。

石，这些东西将很快被颠覆。我们几乎没有兴趣去击碎它们。我们使自己克服那些非常肤浅的轻视，欧洲人认为那些社会和思维习惯与他们自己原初经验范围内的不同；也避免将太多的破坏性精神灌输进年轻的印度心灵；英国人和当地人都必须记住，现在最高统治者的目标是保持社会的连续性。（《亚洲研究》，302—3）

莱尔再一次将西方教育视为日益严重的关注点，因为它与"像法国经济学家那样的政治哲学家，以及英国的老小密尔的预期相反……公共教导如果被广泛地适用……它将出乎意料地被用作古老的世界秩序的快速解决办法"（《印度帝国的治理》，16）。[170]此外，"在一个当地的自由和自治习惯长久地被破坏或根本就不存在这种自由和自治习惯的民族和国家中，传播抽象的政治权利思想和代议制政府的萌芽"（《印度帝国的治理》，15），自由主义教育将威胁到当地"思想家"的产生。从传统宗教中解脱出来以后，他们转而信仰极端的创新，他们"对疏离于具体情境和民族性格（将接受这一制度的民族）的制度的绝对有效性有一种形而上的信仰"（《梅因的生活与演讲》，290）。教育不仅通过破坏传统社会的观念基础而导致政治的不稳定，而且产生了不满和背叛的新形式。

莱尔对西方教育在印度所产生效果的忧虑，与自由主义帝国模型中教育的关键地位形成鲜明对比，二者都是其社会和政治改革议程的中枢，并作为一种灌输对帝国计划的忠诚的实践手段。麦考莱曾经极好地将英国教育的扩张解释为打造"一个在我们自己与数百万治下臣民之间的解释者群体；一个在血缘和肤色上看是印度人，但从品味、观念、道德和知识方面来看却是英国人的群体。"[1]这一

---

① Tomas B. Macaulay,《印度教育备忘录》（"Minute on Indian Education"）, 2 February 1835, 见 *Macaulay: Prose and Poetry* (Cambridge, 1970), 页 729。

西方化的当地知识分子群体不仅作为帝国统治的调停者,而且通过他们对英国文明的积极认同而被当作帝国计划的天然同盟者。西方教育旨在向当地臣民灌输对于英国统治的热情和忠诚,不仅将帝国合法化为现代改革的共同计划,而且将之作为帝国稳定性的实践基础。

间接统治的倡导者们(从莱尔到克罗默和卢格德)坚持认为,西方教育在某些深层次的意义上是失败的,因此自由主义的帝国计划作为一个整体而言也是失败的,它既没有创造出忠实的臣民,也没有为帝国事业带来安全。他们认为,从某种程度上而言,对西方教育的过度热忱现在是一个名誉扫地的信念,它坚信帝国权力彻底改造原住民社会的能力。它是一种对同化和英国化——将西方模型不加批判地适用于印度——的政策持天真幼稚的热忱的主要例证,并且被证明已经助长了当地的觉醒和不安。梅因、莱尔和克罗默在不同的程度上质疑了教育能够实现道德和政治习惯上的彻底同化的能力。更具体地来说,西方教育似乎不能够将对西方文化的吸收转化为政治忠诚和政治稳定,当然,正是这一西方化的当地阶级成了帝国统治最为直言不讳的批评者,也是对统治结构的更大的包容性的始终如一的挑拨者。此外,莱尔、克罗默和卢格德都认为,西方化的当地人越来越疏离于普通的当地人。[171]他们既不能作为调停者也不能作为解释者,因此不能够实现任何真正意义上的代表职能。① 在反对将同化作为可实现的善或战略性的善方面,间接统治的缔造者转而通过从“自然的”保守阶级

---

① 参见 Cromer,《臣属种族的治理》,前揭;《莱尔》(“Sir Alfred Lyall”);《法国人在阿尔及利亚》(“The French in Algeria”);《罗马及其自治政府》(“Rome and Municipal Government”)以及《印度问题》,前揭; Evelyn Baring,《克罗默,古今帝国主义》(Earl of Cromer, Ancient and Modern Imperialism, New York, 1910); F. D. Lugard,《英属热带非洲的双重委任统治》(The Dual Mandate in British Tropical Africa, London, 1922)。

中——在传统精英的忠诚和民众的满意中——培养忠诚。

当转向政治领域的时候,对现代帝国统治下传统社会瓦解的忧虑,将产生大量对于西方的代议制模型和自治模型的批判。对自由主义的同化计划的拒斥,得到了人类学所调用的东西方之间必然的和彻底的差异的支持,导致了对通过教育使得臣民趋于自治的可能性的否定。克罗默认为,西方的代议制政府是建立在"有序自由的复杂观念"之上的,如果它能够被移植到印度或埃及,"将不可能是一代人的事业,而是数个世纪的事业"。①

从印度到非洲:间接统治的巅峰

欧洲大举"争夺非洲"之时,也正是它们在亚非地区领土扩张的巅峰时期,自由主义对原住民社会进行文明教化和现代化的事业已经在实际上被颠覆,并且随着晚期帝国政策以稳定和安全为口号而逐渐退出历史舞台。1857 年之后,人们开始认为只有通过对原住民社会最少干涉的实际政策,帝国秩序才能得到最好的实现。到世纪之交,这种初期的不干涉原则已经变成了对于保护和复原当地制度的系统论证。间接统治变成了晚期帝国统治的基本信条,在印度、东南亚和非洲的统治实践中出现了横跨大陆的转变。随着间接统治的广泛适用,它的制度结构和哲学理由将得到更为精细的阐述。

在实践当中,间接统治呈现出了制度形式的多样性,即在不同的属国根据具体的当地权威结构选择最适合的保护措施。然而,正是对帝国秩序的威胁——即原住民社会迫在眉睫的崩溃——的独

---

① Cromer,《臣属种族的治理》,前揭,页 26。克罗默继续论述道,"因此可以说,绝不可能用东方母猪的耳朵制造出西方的丝绸钱包;无论如何,如果这一事业的不可能性遭到质疑,就应当承认产品生产的进程将是极端漫长而乏味的"(25)。

特解释统一了间接统治,这一崩解能够通过保存当地制度,并将其并入帝国权力结构而得到救治。虽然间接统治常常(可能甚至是主要地)被认为是一种稳定帝国秩序的合法工具,它越来越成为文化宽容实践[172](承认和尊重原住民社会的独特性)的规范性辩护。传统的权威结构赢得了自生自发的当地忠诚,因此认为它提供了一种对帝国权威的更为有效的支持,也是保护当地志向抱负的更好渠道。就其界限而言,随着对西方制度的强加所产生的疏远影响(alienating impact)的反对,进步本身被重新界定为通过对当地文化方面具体的传统和实践的渐进的改变才能更好的实现。

在英属马来亚,间接统治涉及对印度住宅体系的转变,通过与当地苏丹①缔结条约而巩固英国的权力。斯维特纳姆爵士(Sir Frank Swettenham)监管着向正式的英国控制的转变,他坦率地为当地统治者的保持辩护,并将之视为致力于改革的政策的更好选择:"马来人是伊斯兰教徒,他们将其首领视为执政当局。他们对民主选举没有兴趣,自治对他们也没有多大吸引力。如果我们要以不同的方式规制他们,赋予他们一种新的生活理念,我们只会使他们不满。"②就像在印度一样,马来人也是通过多元的法律秩序被统治的,他们以种族和宗教为基础划分次级司法管辖区。在1874年斯维特纳姆条约开创马来联邦(Federated Malay States)的同年,英国正式地强占了斐济群岛。斐济的第一任总督是戈登爵士,他在当地政府自觉地实施一种在他看来是新的并更具原则性的实验,期待对间接统治的更为广阔的规范性主张,它的20世纪的辩护者们将对此予以发展。

在斐济保护原住民社会的要求变成了支持直接的英国统治的

---

① [译注]某些伊斯兰国家统治者的称号。
② Frank Swettenham,《英属马来亚:英国在马来亚影响的起源与进展解释》(*British Malaya: An Account of the Origin and Progress of British Influence in Malaya*, 1906, London, 1948),页 xii。

人道主义理由的关键,并赋予它皇家殖民地的地位。出于这种考虑,戈登为原住民社会的简单保存辩护,不仅将之作为一种政治上的权宜之计——不仅是对于获得当地首领支持的策略上的重要性,而且是对濒临灭绝的有效生活方式进行帝国保护的迫切要求。① 戈登是历史和比较方法的热心者,他自称是梅因的信徒并支持重视原住民社会的完整性,原住民社会是一个完整的思想和实践的社会体系,对这一领域(即经济和管理领域)的破坏将瓦解整体的凝聚力。② 这种保护倾向为一种世界观(梅因所持的)所支持,该世界观提出警告,与西方的接触将不可避免地破坏原住民社会的社会基础。在斐济这种与现代性的破坏性接触是与欧洲殖民者的涌入联系在一起的,他们试图发展种植园经济,因而导致对当地土地毫无管制的占用(大量的社会和政治动荡都在为接受直接的英国统治背书)。戈登的当地政府计划始于对这一趋势的逆转,[173]并且通过对习惯实践进行立法式的编纂重建对于土地的当地权威,严格限制公共财产的转让和买卖(《英国在斐济》,chap. 8)。戈登将梅因的理论直接适用于主要权威和与村社—共同体的理想模式相关的公共土地的保护的重建和整理。③ 但是,复原仅

---

① 莱格(Legge)极具说服力地将戈登视为间接统治的早期改革者。参见 J. D. Legge,《英国在斐济:1858—1880》(*Britain in Fiji*:1858—1880,London,1958)。

② 他的其他具有启示作用的资源是 J. W. B. Money,《爪哇:如何管理殖民地;当前影响英属印度问题的实践方案》(*Java*:*Or How to Manage a Colony*;*Showing a Practical Solution of the Questions Now Affecting British India*,London,1861)。莫内(Money)考察了爪哇岛的荷兰体系,并向英属印度推荐间接统治,尤其是将之作为印度兵变后危机的解决方案。关于戈登对梅因(和莫内)的兴趣的研究,见 J. K. Chapman,《戈登的生涯,斯坦莫尔第一大臣,1829—1912》(*The Career of Arthur Hamilton Gordon*,*First Lord Stanmore*,1829—1912,Toronto,1964)以及 Legge,《英国在斐济》,前揭。

③ 戈登也继承了法伊森(Lorimer Fison)论述斐济的部落土地所有制的著作。法伊森晚期与豪伊特(Alfred Howitt)合著的关于澳大利亚原住民血亲关系和家族形成的著作可能更为著名,它深刻地影响了从摩尔根、涂尔干到弗雷泽和弗洛伊德的关于血亲关系的理论研究。

仅是关于发展的选择性方案中的第一个阶段,因为"斐济的文明化只有通过村社—共同体体系才可能实现。"戈登认为,"放弃对欧洲模型不真实的模仿,而草率地以当地制度取而代之是不够的,但是理解已经建立的当地制度的精神是极为重要的,最大程度地发展一个民族管理自己失误的能力,而不是刺激他们对自己的怀疑或破坏他们的自尊"(《英国在斐济》,198)。戈登在斐济的实验设想了一个拒绝强加西方制度的当地政府模型,同时也试图将民族自决和进步的语言挪用和添加到文化保护的家长式计划中来。

然而,就其适用范围、制度联系和理论阐释而言,间接统治在殖民地非洲达到了巅峰。非洲间接统治的理论框架深深地受惠于后兵变时期印度的争论,但是却有着重要的差异。正如洛曾经指出的,"英国在印度采取的行动是为了防止'社会瓦解',就其本质而言是救治性的,而在非洲则是预防性的。"[1]虽然间接统治在印度主要是一种救治性的准则,它试图复兴当地制度的努力被限制在这一范围内,但是在非洲它却采取了一种预先防治的策略,因而更具系统性的特性。[2] 政府所采取措施的预防性或先发制人的面向表明,间接统治是与预言社会创伤和动乱是现代帝国统治不可避免的结果的转型期意识形态架构紧密地纠缠在一起的。

卢格德勋爵在 1922 年出版的《英属热带非洲的双重委任统治》(*The Dual Mandate in British Tropical Africa*)不仅包括对间接统治政策的最具影响力的陈述,而且被广泛地称赞为最强有

---

[1] D. A. Low,《猖獗的狮子:英帝国主义研究论文集》(*Lion Rampant*：*Essays in the Study of British Imperialism*,London,1973),页 68。

[2] 参见马丹尼(Mahmood Mamdani)对此影响深远的论述,《公民与臣民:当代非洲与晚期殖民主义的遗产》(*Citizen and Subject*：*Contemporary Africa and the Legacy of Late Colonialism*,Princeton,1996)。

力的道德辩护的献礼。卢格德试图先发制人地防止对英国在非洲扩张的激进的和自由主义的批评,他曾指出帝国扩张在资源开发和财政支出方面都是不堪重负的。[①] 为了反对这些主张,卢格德在《英属热带非洲的双重委任统治》中支持帝国开发非洲物质资源的双重责任,"为了民族和普遍人类的共同利益"(《英属热带非洲的双重委任统治》,58),同时,指导"当地种族向更高阶段发展"(《英属热带非洲的双重委任统治》,617)。卢格德认为,后一目标既不是通过同化原则建构的,也不是通过对"西方先进的自治模式"(《英属热带非洲的双重委任统治》,46)的引进而产生的。卢格德指出,并不是要强加"外国的民主制度","本地居民的自由和自我发展[174]可以在他们自己的统治者治下通过自由地(与他们自己发展进程相适应)管理自己的事务而获得最好的保障,并且在英国职员的指导下服从他们的法律和管理政策"(《英属热带非洲的双重委任统治》,94)。然而,在那里,自治的"自由"是受到严格限制的事务,地方首领"不受限制地控制着他的人民",但却"必须严格地服从于明确界定的具体方向上的保护性权力"(《英属热带非洲的双重委任统治》,197)。卢格德详细阐述的间接统治原则,要比在当地事务中确立的不干涉原则远为复杂和系统化。卢格德通过三个核心要素建构了这一具体的准则:当地权威或行政机构,当地法院(执行习惯法)和当地财政部门,它们都围绕部落首领的权力而联合在一起。帝国管理的指导原则是"分权"和"连续性",通过与地方一级的次级当地权威的合作来实现帝国管理。正如马丹尼(Mahmood Mamdani)曾指出的,卢格德的间接统治模型体现了一种具体的国家形式,也就是一种权力分散的专制政治,在其中当地权威是通过地域性的制

---

① 《英属热带非洲的双重委任统治》被认为是对伍尔夫(Leonard Woolf)的《非洲的帝国与商业》(*Empire and Commerce in Africa*,London,1920)的回应。

度上的隔离而界定的。地方行政机构的界限——分权统治的决定因素——主要是一种文化界限，试图与当地共同体的权威（即部落权威）相一致（《公民与臣民》，chap. 2）。在间接统治模型的实施中，当地共同体、习惯和传统通过这一制度上的隔离被重新界定、具体化和地域化。

在卢格德的构想中，托管制度与将当地行政管理视为保持法律和秩序的最为安全的方法的见解相结合。1930 年卡梅伦（Donald Cameron）重申了当地行政管理的主要目的，将它视为"塑造原住民政治和社会的未来的工具，这将使他们能够永远享受自己能够理解和欣赏的国家行政管理，同时建构起反对政治煽动、避免社会混乱的壁垒，这些迹象表明他们在其他国家中也处于类似的情境之中。"①对卢格德和卡梅伦而言，应予避免的政治煽动和社会混乱的例证可以明确地从英属印度的直接统治的失败中获取：1857 年兵变和接受英国教育的社会精英所发起的印度民族独立运动。虽然像卢格德这样的管理者将早期间接统治的实验解释为权宜之计和经济有效的解决方案，②但究竟在实践方面哪些方案是必要的，这是由基本的世界观所决定的，这一世界观重新界定了威胁帝国统治的因素。这些被感知到的威胁来自（以不同的方式）对危机中的原住民社会[175]——即在与西方接触的外在影响下争取生存的社会——的一般描述。这种将强制的现代化和转型改革视为殖民地无序的潜在根源的观点，是由杰出的殖民地官员从印度输出到非洲的，如卢格德勋爵、克罗默勋爵和黑利（Malcolm

---

① Donald Cameron，《当地的行政管理原则及其适用》(*Principles of Native Administration and Their Application*，Tanganyika，1930）。

② 马丹尼支持间接统治"仅仅是一种常识的、实际的和经济划算的行政策略"的重要观点。马丹尼强调这甚至是推荐某种形式的分权的首要条件——（欧洲）人事部门的缺乏——是人为创建的，它本身是"世纪之交欧洲权力导向的政策在大陆的决定性转变的产物，因为他们放弃了与受过教育的非洲人的联盟，开始寻找在文化上更为合理的盟友。"Mamdani，《公民与臣民》，前揭，页 74。

Hailey)。[①]

欧洲的侵入导致部落权威和部落制度的衰退,这被认为是非洲社会混乱的主要原因。与印度和斐济的村社—共同体截然相反,部落是非洲社会的典型单元,并且具有与 19 世纪的传统社会模型相同的一般特征。对殖民地官员和社会人类学家而言,部落是一个封闭的、社团性的和全体同意的机构,它的权威界定了观念界限和非洲的身份认同。部落体制同时也被视为是文化单元和社会政治体制,它是以血亲关系和宗法成员为基础构成的,并且通过共同的习惯法和对土地的集体控制而被制度化。这一体制的崩解简直可以说是一场灾难;卢格德警告说,在部落体制缺乏明确的限制时,所有的统治权力必须面对一群"乌合之众"(《英属热带非洲的双重委任统治》,214—29)。像梅因和莱尔一样,卢格德担心传统秩序的迅速瓦解将导致社会原子化和社会失范,"私有化的"和"组织解体的"土著人将构成不稳定的和无差别的民众群体(《英属热带非洲的双重委任统治》,229)。史末资(Jan Smuts)也同样警告说,当"从所有的传统道德和社会纪律中解放出来时,刚刚从野蛮当中摆脱出来的土著人可能会抛弃所有的限制,"原住民社会将瓦解为"由组织解体的土著人构成的广阔的[原文如此]游牧部落","原子化的人类"将释放出"普遍的布尔什维克主义和混乱的可能性,这将不利于这片陆地上的有序文明和土著人平静地思考。"[②]

---

① 这许多官员将成为英国"第三帝国"的间接统治政策的主要建构者,值得注意的是,在前面讨论过的帝国政策逆转时期,他们都曾在印度西北地区度过。卢格德生活在后印度兵变时期的旁遮普,并在那里成为一名陆军军官,从而开启了他的职业生涯。克罗默后来成为驻埃及英国公使,他曾有很长一段时期在印度生活,作为里彭治下的财务官而达到其顶峰。克罗默是梅因的崇拜者,也是莱尔的朋友和同事,他的著作有很大的影响。黑利最初由索布尔辅导,在印度担任公务员三十余年(先后作为旁遮普总督和联合省总督),直到他开始指导非洲调查为止。

② J. C. Smuts,《非洲与一些世界问题》(*Africa and Some World Problems*),*Including the Rhodes Memorial Lectures Delivered in Michaelmas Term*,1929 (Oxford, 1930),页 88。

卢格德认为，西方教育不仅是导致传统权威销蚀的另一个原因，而且是最具政治破坏性的威胁因素。有人认为印度（与埃及和爱尔兰一样）的民族主义煽动和不安，从某种程度上而言是来自于冥顽不化的自由教育政策，它所强调的"沿着欧洲路线的人文教育"仅仅产生了不满、敌视和不理解（《英属热带非洲的双重委任统治》，426—28）。卢格德认为，向印度引入自治的危险在于，它将导致欧洲化的当地少数派（寡头组织）的控制，他们不仅愤恨不满，而且并不能够代表原住民社会的群众。这种受教育阶层和群众之间的分歧和差异在非洲尤为极端，这样一来，卢格德宣称未受教育的土著人"将更容易对白人产生信任，[176]而不是对受过教育的土著人"（《英属热带非洲的双重委任统治》，88）。欧洲化的土著人既疏离于传统生活又对白人进行殖民的公民社会漠不关心，他们处于一种不稳定的状态之中；他们在心理上极度紧张并且具有十分危险的不满情绪；在卢格德看来，欧洲化的土著人是一个不稳定也不值得信赖的阶层，将来的自治和合作协议都不能够依赖于他们。恰当的教育政策应该旨在"使得普通的个人对他们自己的环境的有效部分感到厌恶……运用他们的能力改进共同体，而不是破坏它们"，而非使土著人"开始对他们自己的生活方式产生不满和不适应的感觉"，因此，应当"培养一代能够实现他们自己理想的土著人，而不是奴隶般地模仿欧洲人"（《英属热带非洲的双重委任统治》，425—426）。

间接统治的倡导者强烈地意识到了与西方的接触对原住民社会所带来的危险，也可以说他们认识到了非洲社会的活力。佩勒姆（Marjery Perham）通过批判那些试图"取替"当地文化而不是对之进行保存的批评者来为间接统治辩护，他认为间接统治是更为典型的英国政治原则，①

---

① "间接统治是英国对非洲政治问题的典型回应。它在某种程度上来自于我们的保守主义，它对历史连续性和贵族传统有着强烈的意识。我们的经验并没有教我们相信新生宪法的开端，也没有教我们相信普遍适用的政治原则的存在……但是，间接统治同样也来自于自由主义，它倡导尊重他人的自由，并且对古老自私的帝国主义进行着有意识的反动。"Marjery Perham，《间接统治的再声明》（"A Re-Statement of Indirect Rule"），*Africa* 7（1934）。

它来自于大量关于非洲社会真正性质的知识：

> 我们开始理解非洲文化是如何被整合起来的，因此也认识到特定习惯的功用，这对我们的祖辈而言是异族人堕落异常的行为。我们从缩影和原始的掩盖中发现对所有人类社会都共通的原理，我们开始怀疑这些原则是否能够以一种更有利于今天需要的形式重新展现出来，而不是完全被毁灭。（《间接统治的再声明》）

佩勒姆认为，非洲社会中能够塑造它将来发展的要素是部落，在间接统治的政策下被赋予了新的合法性和权威的部落。正如她所写的，"当地法律和习惯的保存……只是一个过渡阶段，经过这一阶段非洲可能凭借自己的实力成为文明世界的一员，不是作为个体，而是作为共同体。"[1]

间接统治的缔造者及其最具权威的辩护士都称赞这一政策是相较于教化使命的更为进步的选择，它体现了中庸和自由主义宽容这些独特的英国原则。在 1929 年的罗兹讲座（Rhodes Lectures）上，作为政治家和南非联盟前首相的史末资确认了这一修正解释："英帝国并不支持将它的人民同化为同一类型，它也不支持标准化，而是支持它的人民沿着自己特定的路线充分自由地发展。"[2]史末资认为，英国政策代表了关于非洲的欧洲见解的学术演进，当"解放欧洲的法国大革命原则适用于非洲"，并且认为"自

---

[1] Marjery Perham，《殖民序列，1930—1949》（*Colonial Sequence*，1930—1949，London，1967）。

[2] Smuts，《非洲与一些世界问题》，前揭，页 78。黑利根据同一性和差异性理论之间的区别记述了这一转变；前者是由将欧洲的制度移植到非洲的欲望所激发的，而后者则寻求适合于非洲的不同制度的演进。参见 Malcolm Hailey，《非洲调查》（*An African Survey*，London，1956）。

由、平等和博爱"[177]能够将"糟糕的非洲人转变为优良的欧洲人"时，它曾犯过错误。但是，他指出"再没有什么比在非洲适用这样的政策更为糟糕的了，它的目的或倾向将会破坏非洲类型的社会的基础，它促使非洲人去非洲化，并将他们转化为冒牌的欧洲人"(《非洲与一些世界问题》，78)。

> 如果非洲必须获得救赎，如果非洲必须对世界有所贡献，如果非洲在各大洲获得了它应有的地位，我们将必须根据不同的路线行进，并且制定出不再强迫它的制度去模仿欧洲人的模型的政策，但是它将利用自己的过去保存它的统一性，保存它历史中宝贵的财富，将它未来的进程和文明明确地建立在非洲的基础之上。那将是一个新的政策，这个政策将与英帝国的传统保持一致(《非洲与一些世界问题》，78)。

间接统治及其当地政府模型被宣布为解决帝国统治困境的独特的英国方案，它作为新创建的国际联盟的托管制的指导例证而被提出。

作为辩解的原住民社会

梅因关于危机中的原住民社会的原创性解释，是他对19世纪帝国思想和实践的最具创新性和影响力的贡献。认为现代帝国统治促成了传统社会和现代社会之间可能的灾难性对峙，它加强了维持帝国的新理由，也暗含着一种帝国统治结构的新架构。随着帝国的主要任务被重新界定为阻止原住民社会迫在眉睫的崩溃的堡垒，帝国统治变成了保护、保存和复兴传统社会的政治策略。间接统治以这样的信念为基础，它确信帝国权力将通过迎合传统社会的习惯秩序而更好地维持帝国秩序，而不是通过抛弃和转变它来实现这一目标。帝国既是传统社会危机的肇因,也是这一危机的疗治,它变成了永久的帝国统治的辩解。

间接统治果断地将帝国合法性的重担转移到了原住民社会,并将原住民社会自身作为帝国的辩解。此外,伴随着这一转变,不仅帝国的道德基础被抽空,并被重新描述为原住民社会危机的需要,而且帝国统治的结构也被它对当地权威结构的迎合所掩盖。[178]种姓制度和部落被认定为无法与现代化改革妥协,同时又是令社会凝聚起来的稳定单元,它们可能被并入一些治理策略之中,并作为一种"既支持又取代殖民权威的模式"(《非洲与一些世界问题》,78)。在其意识形态的自我理解当中,间接统治将表现为一种防御性的现实主义,作为与当地机构的妥协和对它的承认。即便它能够使非洲和东南亚的直接帝国统治结合起来,但是在其最值得赞扬的表现中,间接统治及其他对原住民社会自身逻辑的尊重,将被誉为是文化宽容和世界多元主义的实践。

结束语　重新思考自由主义与帝国

[179]随着冷战的结束和第三世界主义者对主权国家(和主权平等理论)辩护的明显衰退,我们见证了帝国作为一种必要的稳定力量在全球政治领域内讨论的显著复兴。最为引人注目的是,在规范意义上,试图证明帝国计划正当性的自由主义论证走到了政治辩论的前台,并且自2001年"9·11事件"以后日益紧迫,这必然地导致了2003年美国对伊拉克的入侵。显而易见的是,在仁慈帝国(benevolent empire)理论的复兴中,大都公然援用英帝国的历史作为使人宽慰的先例和富有教益的类比,不加掩饰地为暴力使用进行道德主义和理想主义的辩护。伊拉克战争的战略目标被视为一种道德计划,即自由民主的全球输出。这种意识形态重构得到了一系列人道主义干涉和人权讨论的支持,它也试图在外交政策考量中注入某种伦理架构。不管我们是否将这些话语视为天真幼稚、玩世不恭的故弄玄虚,但我要指出的是,自由帝国主义——作为一种辩护架构——引发了这样一种解释逻辑,它不可避免地消解了对自由主义道德承诺的信任,也破坏了自由主义道德承诺的内在连贯性。

运用好斗的修辞和道德说教修辞支持在伊拉克进行军事侵略的时期已然终结。事实已经昭然若揭,不可能再将侵略军当作"解放者"来欢迎,同时,人们开始强烈地质疑这样一种观点,即伊拉克人民已经为民主的利益"准备就绪"。这在某种程度上被表达为一个认知的问题;那些所谓的解放者的善良意图被误解为美国权力侵略性的示威,这妨碍了美国赢得伊拉克人民和更为普遍的阿拉伯世界的"民心"的能力。随着冲突的逐渐升级和暴动的不断扩大,由于对未能迅速走向民主的文化主义解释,这种更加温和的犹豫和努力尝试的矫治显得悻然失色。从政治庇护(political patronage)的部落体制的民族志学解释,根深蒂固的种族和教派冲突(库尔德人、逊尼派教徒和什叶派教徒之间的),到伊斯兰和世俗现代性之间的严重分歧,[180]这些解释都有效地将伊拉克人民人文素养缺失的责任转向了改革,或转向了对自由民主规范自身的调整。在最极端的表述中,抵制和反抗彻底被描绘成了神秘主义或无政府主义,据此,政治说教作为一种可行的策略必须让位于残暴武力的话语。

　　自由主义将伊拉克社会迅速转化为民主社会的雄心,很快就遭遇了伊拉克人民的大胆抵制,这些文化主义者的解释也对最初关于占领的道德议程提出了质疑。如果战争不能按照它最初的安排取得胜利,也就是说,一旦承认正义干涉的雄心勃勃的标准不能达成,那么美国继续驻扎的理由就必须得到调整。不再能够通过道德命令(moral imperative)将伊拉克转变为中东地区的"民主灯塔",美国继续驻扎在伊拉克的必要性被理解为伊拉克社会非常状态的结果,继续驻扎的责任现在被重新界定为防止伊拉克迫在眉睫的内战的堡垒。战争的正当理由开始与最初的道德和战略议程相分离,终结干涉的责任就直接地落在了伊拉克政府和人民的肩上,他们对美国不为伊拉克重建承担更多的政治责任和经济责任发出了愈发强劲的斥责。

　　基于崇高道德抱负的内在动力渐趋衰弱,随后归于幻灭,并最终导致了对它的拒绝。这与本书所分析的19世纪自由帝国主义的命运产生了富有启发意义的共鸣。我想指出的是,伊拉克战争论调的变化与 19 世纪帝国意识形态的事业之间有着惊人的相似性,揭示了现代帝国政治逻辑的内在动力。这一逻辑是通过对帝国统治的道德理想主义、文化主义解释和具有追溯力的辩解而陆续建构起来的。自由帝国主义的实践揭露了普遍性、平等和宽容这些规范的脆弱性,它们不是(或者无论如何不仅仅)来自于内在的理论矛盾,而是由自由主义相互冲突的政治蕴含所致。

　　本书的一个主要目的在于,概述晚期帝国最为独特的观念基础和最为典型的治理模式:间接统治。我试图阐明间接统治的意识形态是如何通过对自由主义帝国模型的回应和批判而形成的,因此它在战略上、时间上和逻辑上都与早期帝国议程的瓦解密切相关。据此,我想要指出的是,将晚期帝国统治理解为自由主义困境的某种特定结果,产生了某种可供选择的立场,并可据此对自由主义帝国计划的局限性和危害进行评估。对梅因著作的关注,引发了对在与帝国政治关系中 19 世纪自由主义智识坐标转变的注意。[181]梅因不仅在表达晚期帝国统治的理论议程方面发挥了重要作用,他与自由主义的复杂关系——既是它的辩护者,又是它明显的批评者——又使他处于自由主义的话语重构和政治重组的中心地位。梅因终其一生都在致力于对可辨识的自由主义议程的基本内容——自由贸易、契约自由、有限政府,也就是自由放任的个人主义——的思考。然而,他对自由主义的辩护强调了其理论前提(从本质上而言是历史主义和保守主义的),却最终转向了对平等观念和民主价值的正面攻击。他反对自由帝国主义的转向与维多利亚时期自由主义自身的危机紧密相关,自由党在爱尔兰地方自治问题上的分裂明显地揭露了这一点。自由党人关于帝国问题的紧张局势证明了从印度兵变、艾尔争议到《伊尔伯特法案》和《爱尔兰土地法》日益增强的幻灭感,并在自治危机和一些最为著名的知识分子——最为引人注目的是那些全面投入到帝国辩论中的知识分子,如梅因、斯蒂芬、莱尔和西利——放弃自由党而达到高潮。

在某种意义上,对晚期帝国的关注作为一种独特的反对自由主义或后自由主义的建构,提供了某种对过分强调(尤其是政治理论家和思想史家)詹姆斯·密尔和约翰·斯图亚特·密尔的自由帝国主义——19世纪英帝国决定性的意识形态形式——的矫治。这一倾向假定自由主义的文明教化使命是最重要且最具说服力的帝国辩护,它常常忽略帝国合法性的多样形式和广泛的帝国政治思想(即与帝国问题紧密相关的和被它塑造的多种路线的政治思想)。然而,最为紧要的问题不仅在于详述和纠正我们对19世纪帝国意识形态轨迹的历史理解,更重要的是,自由帝国主义所享有的特殊地位使它成了评判的特定对象。自由帝国主义被理解为一种离散的理论创建,它暗示了自由主义与帝国的合谋可以仅仅在理论假定层面上进行解释和批判(可能获得最终的纠正)。在这方面,批评者们已经详细考察了使自由主义的帝国辩护成为可能的哲学和人类学假定,它们尤其强调对原住民社会的家长式的、侮辱性的或种族主义的态度,以之作为排外的基础,并将其视为自由主义规范的例外。批评者们也曾以一种细致入微且极具说服力的方式证明了,这些可能来自于一套根本的理论信念(如进步观念、理性主义和普遍主义)的态度,[182]如何必然导致对非现代或非自由主义生活方式的规范性地位的质疑。在这个意义上,对自由帝国主义的批评共享了当代自由主义所关注的许多问题,以及当代自由主义对多元文化主义念兹在兹的文化差异和文化多样性问题的处理。

这些引人注目的重要争论,对自由主义道路在应对多元的和严重分裂的社会中主要的道德困境和政治困境方面的充分性提出了根本的怀疑。然而,我也要指出这一批评策略可能存在的局限性,尤其是当它与帝国政治相关联时。比如,对最近梅塔(Uday

Mehta)、穆旭(Sankar Muthu)和皮茨(Jennifer Pitts)关于帝国和政治思想的重要研究的关注。① 这些研究对于我们理解主要的政治思想家们应对帝国问题的方式,以及对与欧洲扩张相伴生的全球性政治、社会和经济进程的讨论如何塑造作为一种事业的近代政治理论极富成效。然而,他们三人同时阐述了主要的政治思想家们对帝国和帝国计划所采取立场的批判和辩护,他们主要关注理论假定,尤其是那些对非欧洲人的理解和表述。我认为,这一路径引发了一系列的解释和批判难题。在某种意义上,把对哲学假设的分析作为理解和评价思想家们关于帝国的见解的主要基础的路径太过抽象,以至于不能够把握帝国意识形态中重要的政治和历史转变。例如,在穆旭关于启蒙运动时期反对帝国主义的影响深远的描述中,正是对于这种建立在承认文化多样性(承认人类"在根本上是文化的存在")基础上的道德普遍主义的共同的哲学承诺,才使得康德、赫尔德和狄德罗对于帝国扩张的怀疑成为可能(《启蒙反对帝国》,268)。然而,穆旭虽然承认这一哲学创建对于取替 18 世纪关于自然权利或高贵的野蛮人的讨论话语中所包含的更为细微的(或更为模糊不清和家长式的)平等主张至关重要,但是在关于人类的同一性和多样性的哲学争论的意义上,它与 19 世纪的自由帝国主义并无明显区别(《启蒙反对帝国》,280)。如果19 世纪最为杰出的政治理论家们能就道德普遍主义和对文化多样性的承认,与他们对帝国的辩护和支持达成一致,那么我认为,这将对归于启蒙运动的反帝国效价(valence)的深度产生疑问。更为重要的是,它指出对帝国辩护模型的理解和批评,[183]不能仅仅局限于哲学假定和抽象的道德承诺的层面上。

---

① Uday Singh Mehta,《自由主义与帝国:19 世纪英国自由主义思想研究》(*Liberalism and Empire*: *A Study in Nineteenth-Century British Liberal Thought*, Chicago, 1999);Sankar Muthu,《启蒙反对帝国》,前揭;以及 Jennifer Pitts,《转向帝国:帝国自由主义在英国和法国的兴起》,前揭。

此外,在试图赋予思想家的哲学想象以连贯性方面,以及在调和他们关于帝国的想象与更为普遍的政治理论方面,学者们很少去适应这些想象的政治含义,也很少去理解关于人类同一性和多样性的思想是如何从帝国的实践政治中浮现出来的。皮茨则更为关注一种更宏大的历史架构,帝国主义立场在这一框架中得到了明确的阐释和辩护。他明确地驳斥了这一思想,"基于一些自由主义传统的基本理路假设,无法解释有关帝国问题的这种弹性:即自由主义并非不可避免地导向帝国主义,或反帝国主义"(《转向帝国》,4)。虽然皮茨详尽地阐述了19世纪的自由主义调整自身以适应帝国主义的多种路径,但是这些理论转变都被理解为对变化的历史态度和历史性格(尤其是关于非欧洲人民的自卑感)的适应。在许多重要的意义上,帝国自由主义的兴起是一种外发性的创建,这一发展既不是早期理论形成分裂的结果,也不指向自由主义内在的独特危机。例如,皮茨认为,历史性格的一个重要转变在某种程度上解释了,帝国的自由主义转向是种族态度和科学种族主义兴起的淬水(《转向帝国》,导论)。例如密尔著作中越来越符合种族主义的话语,被认为是种族态度普遍转向的内在部分,而不是对那一转变的促成或者是密尔式自由主义内在紧张的显现。虽然皮茨致力于"作为一种实践的自由主义的表达",以及对自由主义在政治领域内的实践参和巩固帝国的途径,但是实践的问题是要调整自由主义思想家各自不连贯的理论信念以赋予其连贯性,甚至是在自由主义被理解为一系列历史变化的具体表达的时候。

梅塔的《自由主义与帝国》(*Liberalism and Empire*)提供了对19世纪自由主义哲学假设的最为持久的审查,这些假设加强了它的帝国野心。梅塔追踪了自由主义与帝国在印度长期的结盟,将之作为自由主义对陌生问题的理论回应的说明。梅塔对自由主义形成作为一种包含更具侵略性的非自由主义立场的帝国计划在19世纪晚期达到的极限十分警惕,比如斯蒂芬在对密尔咄咄逼人的批判中转向了更具威权性的自由主义(《自由主义与帝国》,chap. 6)。然而,梅塔对自由主义在帝国实践中所表现出的疲软的反思并不感兴趣,而是致力于界定帝国的自由主义话语的外部界限。我全部的争论都致力于界定自由主义的外部界限,[184]它与理解其内在一致性而掌握自由主义帝国的内在轨迹和政治动力学同样重要。

此外,对自由帝国主义理论核心的极为精确的关注,常常将对非欧洲民族的描述,定位成支持和反对帝国立场的解释的关键支点。这种对差异的描绘和评价,可能被证明是一种不确定的批评策略。穆旭强调,文化多样性的哲学论证是启蒙运动反帝国主义的核心所在,确切地说就是,非欧洲的文化形式是否值得敬重,这转而使得某种道德同情成为可能。同样地,对皮茨而言,这在很大程度上取决于进步和民族的观念是如何被非欧洲文化低劣性的假设所改变的。在梅塔看来,非欧洲文化地位的问题是通过陌生民族的自由主义认识论而确立的。梅塔谨慎地论证道,这一问题与对其他社会的实质性描述并无关系,而只是对自由主义对其他文化的评价所持的先在立场的说明,这是一种先前采取的试图理解和驯化差异的立场。比如伯克的怀疑主义使得反对帝国主义的立场成为可能,这并不是因为他提供了对印度社会可供选择的更为仁慈的描述,而是因为他假定了对其完整性的尊重(《自由主义与帝国》,chap. 5、6)。尽管如此,对他们三人而言,他们都对作为重要的理论基础的多元主义和差异观念进行了某种规范性的关注,它们是通过对帝国问题的研究而被发掘出来的。

在这方面,对自由主义帝国理论问题的回应,常常倾向于对那些曾遭到明确诋毁的文化进行重新评价,在更为普遍的意义上,要求对文化差异给予更高的承认和尊重。虽然有许多理由称赞向文化的转向为自由主义排他性的解毒剂,但是我要指出的是,将文化作为决定性的反对帝国主义的姿态是有其局限性的,实际上从自由主义史中能够获得的唯一具有矫正作用的教训是,它与帝国之间十分棘手的关系。文化差异话语彻底地支持晚期帝国意识形态的方式,被证明是这样一种不安的事实,它与以文化多元主义和世界性宽容的名义表达的帝国的自我辩护并不矛盾。晚期帝国意识形态转向文化——文化差异的思想是对自由主义帝国危机的回应,或者它本身就源于这一危机——指向了自由主义与文化主义之间深刻且具有启发性的共谋。这一共谋指出,变化的道德评价(changing moral evaluation)和对臣属民族的描述可能是帝国政治的结果,[185]而不是它的起因。换言之,社会和民族被标记为相似或差异的方式,受制于帝国意识形态结构内在的摇摆(oscillations)。

此外,将优先考虑其他社会(非欧洲社会)的描述作为批评的策略性基础,将容易导致接受帝国的辩护,以至于不能发起(阻止)关于臣属社会性质的经验性争论(如它们对多元主义、世俗主义和现代性等等的忠诚)。同样地,当多元文化主义的争论在那些被认为值得“适应”的文化的经验性描述上悬而不决的时候,它们实际上就会忽略自由主义为什么会引起文化主义的回应,以及自由主义国家的历史在确立和扩大文化差异和文化冲突的形式方面的作用这些更为紧迫的问题。① 最后,当臣属社会和臣属文化的性质变成帝国辩论和证成的必要领域的时候——当它变成挖掘、评估支持和反对帝国统治论证的合法性基础的时候——帝国的道德和政治影响将被有效地避免。向文化主义的转向本身显示了一种独特的帝国模式,据此,正在崩解中的道德主义在作为帝国辩解的臣属社会描绘中找到了避难所。

---

① 参见 Courtney Jung,《本土政治的道德力量》(*The Moral Force of Indigenous Politics: Critical Liberalism and the Zapatistas*,Cambridge,2008)以及 Jung,《文化的负累与自由主义责任的局限》(“The Burden of Culture and the Limits of Liberal Responsibility”),见 *Constellations* 8,no. 2(2001):页 219—35。

间接统治的帝国逻辑，不仅应当警告我们抵制对于规范性文化主张的过度尊重，而且应当对自由主义模型在维多利亚时期帝国巩固进程中被历史地替代的事实和方式进行严格的考察，这将揭示出自由主义及其与帝国的变动关系的基本原理。我所强调的自由主义（普遍主义）和文化主义之间的关联，以及从其中一个向另一个的转变，不是出于逻辑必然，而是一种政治意涵的关系。鉴于这一意涵，对文化主义的积极关注，导致了对自由帝国主义的明显替代和充分批判，自由帝国主义最终不再具有说服力。此外，我想强调的是，对自由帝国主义的批判性理解，不能够将自身局限在对抽象的自由主义规范的理论假设的批判之上，这些理念都来自于政治行动的抽象领域。强调自由帝国主义的政治意涵，并不指向使（帝国）实践、制度和政策成为可能（或体现于其中）的自由主义规范，而是转向对无意识的结果领域，以及与自由主义帝国相伴生的（在最为引人注目的意义上是内在于自由主义帝国的）回应、抵抗和失败的关注。

研究英帝国的历史学家尤其与 19 世纪早期自由改革主义（liberal reformism）衰落所造成的意想不到的意识形态影响和政治影响协调一致。相较于对自由主义理论世界不连贯性的关注，[186]帝国史家将自由改革主义的崩溃明确地阐述为自由主义内部矛盾爆发的结果。关于英属印度，梅特卡夫提供了对意识形态领域内这一转变的极具影响力的总体阐述（本书在很大程度上受惠于他的论证）（《统治的意识形态》）。梅特卡夫认为，自由主义在印度的支配地位，以与自由贸易、福音派和功用主义者致力于印度社会的改革联盟为标志，但是到本世纪中叶，它却遭遇了"强有力的幻灭潮流"（《统治的意识形态》，43）。印度兵变的危机是自由主义共识的丧钟，随着对印度"歧异性"的强调，产生了一种新的统治形式，它以复兴的保守主义、对"传统"印度的关注转向更具权威主义特性的政府为基础。梅特卡夫认为，在一些重要的意义上，这一后兵变时期的转向充分利用了内在于自由主义同化理想的矛盾。

自由理想主义(liberal idealism)的激进普遍主义,以顺从教育和文明教化的人性观念为基础,它在构建当地臣民(作为改革目标)的进程中确立了差异观念。正如哈钦斯在其早期的一本著作中令人信服地指出的,像詹姆斯·密尔这样的自由主义者和格兰特这样的福音派人士,将支持"正义统治"的理由建立在以未来复兴之名诋毁印度社会的修辞策略之上。哈钦斯认为,虽然雄心勃勃的改革计划被抛弃了,但是这些粗糙刺耳的描述仍然保留着它们对帝国想象的控制,它们的长远影响在于对支持永久统治的鼓励。① 同样地,梅特卡夫认为,这种自由理想主义令人不安的意涵,在于它如何要求连续不断地制造差异,并为其根除计划辩护(《统治的意识形态》,chap. 2)。差异观念是从自由主义帝国话语的内在矛盾中发展出来的,这种话语与查特吉(Partha Chatterjee)所阐述的殖民国家的矛盾逻辑产生了共鸣。查特吉认为,殖民国家/知识的推动力体现并构建了"殖民差异的真实",它甚至是对普遍主义改造计划的限制。这一矛盾性是从作为整体的帝国计划中生发出来的,这样一来,对差异的克服将取代帝国统治的构成条件。②

同时,虽然差异支持着自由主义改革计划,同时它也为自由主义改革计划所鼓动。但是,至于在大家普遍意识到改革计划和文化主义形式在实践上失败后,这些内在矛盾能否解释该改革计划和文化主义形式为何走向了幻灭,这一点并不清楚。正如我在本书中强调的,政治叛乱和抵制的经验极为显著地触发了这种自由主义形态的失落。[187]帝国史家曾将印度兵变和莫兰特湾叛乱

---

① Francis Hutchins,《永久性的幻想:英帝国主义在印度》,前揭,chaps. 1—2,页 10。

② Partha Chatterjee,《民族及其碎片:殖民史与后殖民史》(*The Nation and Its Fragments: Colonial and Postcolonial Histories*,Delhi,1994),chap. 2。

界定为自由主义深重危机的重要时刻,它们开创了更为明显的种族主义话语以及更加非自由主义和威权主义的帝国模型。认识到整个社会和经济实验的失败,从废奴主义和经济发展模型的转变中诱发了类似的期望危机。正如霍尔特(Thomas Holt)和霍尔(Catherine Hall)的著作曾经生动地表明的,废奴主义的历史提供了明确能够与幻灭的弧线(在这里作为解放的结果)产生共鸣的例证。① 这一历史也阐明了一个相似的解释策略,它用种族辩解解释了牙买加解放后的伟大实验的失败。我将指出,随之而来的从幼稚但却可以改进的奴隶形象,到前奴隶无可救药的野蛮本性的转变,并非自由主义和废奴主义话语中先前存在的和隐藏的种族主义的显现,而是对新形式的种族化的清晰表述。激发我兴趣的不是自由主义改革的帝国计划的内在矛盾,而是这些计划的矛盾、失败和非预期的结果最终是如何被合理化的。在这些合理化的过程中使用了一种修辞手段,从而将抵制和失败理解为一种并非它本身所是的东西,它来源于一种深刻的人类学的、种族的和文化的规则。换言之,解释方法变成了一种回避问题的修辞。②

今天,我们见证了支持帝国的自由主义死灰复燃,从呼吁复兴帝国授权制度到对人道主义干涉进行制度化,即各种各样的支持使用武力推动变革的政治计划(跨越国界)。虽然一些帝国的倡导者为英帝国招魂,即使他们不直接使用这一类比。在某种重要的意义上,当代帝国尤其是在18、19世纪形成的现代帝国的自由主义重构的阴影下运作的。就像他们的先祖一样,通过征服帝国、征

---

① Thomas Holt,《自由的问题:牙买加与英国的种族,劳动和政治,1832—1938》(*The Problem of Freedom: Race, Labor, and Politics in Jamaica and Britain*, 1832—1938, Baltimore, 1992)以及 Catherine Hall,《教化臣民:英国想象中的宗主国与殖民地,1830—1867》,前揭。

② 这一能够产生共鸣的短语引自 Cheryl Welch,《殖民暴力与回避的修辞:托克维尔论阿尔及利亚》,前揭。

税帝国和压制帝国——它们仅仅被追求权力和声誉（自我战胜）的欲望所驱动——的临时监管，促进和平和商业的良性议程之间的对比，使得当代的帝国论证明显具有自由主义特征。批评者们坚持指责帝国的复兴者，因为后者忽视了现代帝国的种族灭绝史和剥削史，自由主义反驳道，它已经拒斥了恶性的种族等级制和文明等级制理论，它们与这段历史紧密地联系在一起，自由主义帝国能够有效地切断与它最近被责难的过往的关联。但是，如果暴力和种族化被理解为现代帝国政治的基本需要，而非可以矫正的理论假定或主观态度，[188]那么自由帝国主义者就不能够如此轻易地以道德意志的纯化或自由主义理想的普遍主义作为证成帝国合法性的基础。如果我们不是将帝国政治的问题看作道德意志、理想主义或普遍主义的问题，而是将它看成一个政治后果的问题，那么帝国的复兴就不可能如此轻易地洗刷掉它对自身所造成的灾难性后果所负有的责任，以及它们之间复杂纠结的关联。

参 考 文 献

Manuscript Collections

Maine Collection, British Library of Economic and Political Science, London School of Economics.

Maine, Sir Henry, Papers. European Manuscripts: MSS.Eur.C.179. India Office Collections, the British Library.

Published Sources

Aarsleff, Hans. 1983. *The Study of Language in England, 1780–1860*. Minneapolis: University of Minnesota Press.

Adams, William Yewdale. 1998. *Philosophical Roots of Anthropology*. Stanford, CA: CSLI Publications.

Agnani, Sunil. 2007. "*Doux Commerce, Douce Colonisation*: Diderot and the Two Indies of the French Enlightenment." In *The Anthropology of the Enlightenment*, edited by Larry Wolff and Marco Cipolloni. Stanford, CA: Stanford University Press.

———. forthcoming. *European Anticolonialism at Its Limit: Denis Diderot and Edmund Burke, 1770–1800*.

Alter, Stephen G. 1999. *Darwinism and the Linguistic Image: Language, Race, and Natural Theology in the Nineteenth Century*. Baltimore: Johns Hopkins University Press.

Ambirajan, S. 1978. *Classical Political Economy and British Policy in India*. Cambridge: Cambridge University Press.

Anghie, Antony. 2005. *Imperialism, Sovereignty, and the Making of International Law*. Cambridge: Cambridge University Press.

Antoni, Carlo. 1959. *From History to Sociology: The Transition in German Historical Thinking*. Detroit: Wayne State University Press.

Archer, Margaret. 1996. *Culture and Agency: The Place of Culture in Social Theory*. Cambridge: Cambridge University Press.

Arendt, Hannah. 1963. *On Revolution*. New York: Penguin Press.

———. 1976. *The Origins of Totalitarianism*. New York: Harcourt Brace.

Armitage, David. 2000. *The Ideological Origins of the British Empire*. Cambridge: Cambridge University Press.

Arneil, Barbara. 1996. *John Locke and America: The Defence of English Colonialism*. Oxford: Clarendon Press.

Asad, Talal. 1970. *The Kababish Arabs: Power, Authority, and Consent in a Nomadic Tribe*. New York: Praeger.

———. 1975. "Two European Images of Non-European Rule." In *Anthropology and the Colonial Encounter*, edited by Talal Asad. London: Ithaca Press.

———. 1993. *Genealogies of Religion: Discipline and Power in Christianity and Islam*. Baltimore: Johns Hopkins University Press.

Asad, Talal, ed. 1973. *Anthropology and the Colonial Encounter.* New York: Humanities Press.

Augé, Marc. 1979. *The Anthropological Circle: Symbol, Function, History.* Cambridge: Cambridge University Press.

Austin, John. 1995. *The Province of Jurisprudence Determined.* Cambridge: Cambridge University Press.

Bachofen, Johann Jakob. 1967. *Myth, Religion, and Mother Right: Selected Writings of J. J. Bachofen.* Princeton, NJ: Princeton University Press.

Baden-Powell, B. H. 1892. *The Land Systems of British India.* Oxford: Clarendon Press.

———. 1896. *The Indian Village Community.* London: Longman.

———. 1899. *The Origin and Growth of Village Communities in India.* London: Swan Sonnenschein.

Bailey, Anne M., and Josep R. Llobera, eds. 1981. *The Asiatic Mode of Production: Science and Politics.* London: Routledge and Kegan Paul.

Ballantyne, Tony. 2002. *Orientalism and Race: Aryanism in the British Empire.* New York: Palgrave Macmillan.

Baring, Evelyn, Earl of Cromer. 1910. *Ancient and Modern Imperialism.* New York: Longmans, Green.

———. 1913. *Political and Literary Essays, 1908–1913.* London: Macmillan.

Barker, Ernest. 1951. *The Ideas and Ideals of the British Empire.* Cambridge: Cambridge University Press.

———. 1963. *Political Thought in England, 1848–1914.* London: Oxford University Press.

Barringer, T. J. 2005. *Art and Labor in Victorian Britain.* New Haven, CT: Yale University Press.

Bayly, C. A. 1991. "Maine and Change in Nineteenth-Century India." In *The Victorian Achievement of Sir Henry Maine: A Centennial Reappraisal,* edited by Alan Diamond. Cambridge: Cambridge University Press.

———. 1996. *Empire and Information: Intelligence Gathering and Social Communication, 1780–1870.* Cambridge: Cambridge University Press.

Bearce, George D. 1961. *British Attitudes towards India, 1784–1858.* London: Oxford University Press.

Beer, George Louis. 1915. "Lord Milner and British Imperialism." *Political Science Quarterly* 30: 301–8.

Belich, James. 1989. *The Victorian Interpretation of Racial Conflict: The Maori, the British, and the New Zealand Wars.* Montreal: McGill-Queen's University Press.

Bell, Duncan. 2007. *The Idea of Greater Britain: Empire and the Future of World Order.* Princeton, NJ: Princeton University Press.

Bell, Duncan, ed. 2007. *Victorian Visions of Global Order: Empire and International Relations in Nineteenth-Century Political Thought.* Cambridge: Cambridge University Press.

Bellamy, Richard, ed. 1990. *Victorian Liberalism: Nineteenth-Century Political Thought and Practice.* London: Routledge.

Benhabib, Seyla. 2002. *The Claims of Culture: Equality and Diversity in the Global Era.* Princeton NJ: Princeton University Press.

Bentham, Jeremy. 1982. *An Introduction to the Principles of Morals and Legislation*. London: Methuen.

———. 1988. *A Fragment on Government*. Cambridge: Cambridge University Press.

Benton, Lauren. 1999. "Colonial Law and Cultural Difference: Jurisdictional Politics and the Formation of the Colonial State." *Comparative Study of Society and History* 41: 563–88.

———. 2002. *Law and Colonial Cultures: Legal Regimes in World History, 1400–1900*. Cambridge: Cambridge University Press.

Berkowitz, Roger. 2005. *The Gift of Science: Leibniz and the Modern Legal Tradition*. Cambridge, MA: Harvard University Press.

Bernal, Martin. 1987. *Black Athena: The Afroasiatic Roots of Classical Civilization*, vol. 1, *The Fabrication of Ancient Greece, 1785–1985*. London: Vintage.

———. 2001. "The British Utilitarians, Imperialism, and the Fall of the Ancient Model." In *Black Athena Writes Back*, edited by David Chioni Moore. Durham, NC: Duke University Press.

Bernasconi, Robert, and Tommy L. Lott, eds. 2000. *The Idea of Race*. Indianapolis: Hackett.

Berry, Christopher J. 1997. *Social Theory of the Scottish Enlightenment*. Edinburgh: Edinburgh University Press.

Berry, Sara. 1993. *No Condition Is Permanent: The Social Dynamics of Agrarian Change in Sub-Saharan Africa*. Madison: University of Wisconsin Press.

Betts, Raymond F. 1971. "The Allusion to Rome in British Imperialist Thought of the Late Nineteenth and Early Twentieth Centuries." *Victorian Studies* 15: 149–59.

———. 2004. *Assimilation and Association in French Colonial Theory, 1890–1914*. Lincoln: University of Nebraska Press.

Bhabha, Homi K. 1994. *The Location of Culture*. London: Routledge.

Black, R. D. Collison. 1960. *Economic Thought and the Irish Question, 1817–1870*. Cambridge: Cambridge University Press.

———. 1968. "Economic Policy in Ireland and India in the Time of J. S. Mill." *Economic History Review* 21: 321–36.

Boas, Franz. 1913. *The Mind of Primitive Man*. New York: Macmillan.

———. 1940. *Race, Language, and Culture*. New York: Macmillan.

———. 1962. *Anthropology and Modern Life*. Westport, CT: Greenwood Press.

Bock, Kenneth E. 1956. *The Acceptance of Histories: Towards a Perspective for Social Science*. Berkeley: University of California Press.

———. 1966. "The Comparative Method of Anthropology." *Comparative Studies in Society and History* 8: 269–80.

———. 1974. "Comparison of Histories: The Contribution of Henry Maine." *Comparative Studies in Society and History* 16: 232–62.

Bodelson, C. A. 1960. *Studies in Mid-Victorian Imperialism*. London: Heinemann.

Boell, Paul Victor. 1901. *L'Inde et le probleme indien*. Paris: Fontemoing.

Bourke, Richard. 2000. "Liberty, Authority, and Trust in Burke's Idea of Empire." *Journal of the History of Ideas* 61: 453–71.

Bourke, Richard. 2000. "Edmund Burke and Enlightenment Sociability: Justice, Honour, and the Principles of Government." *History of Political Thought* 21: 632–56.

———. 2007. "Edmund Burke and the Politics of Conquest." *Modern Intellectual History* 4: 403–32.

———. forthcoming. *From Empire to Revolution: The Political Life of Edmund Burke*. Princeton, NJ: Princeton University Press.

Bramson, Leon. 1961. *The Political Context of Sociology*. Princeton, NJ: Princeton University Press.

Breckenridge, Carol A., and Peter van der Veer, eds. 1993. *Orientalism and the Postcolonial Predicament: Perspectives on South Asia*. Philadelphia: University of Pennsylvania Press.

Bright, John. 1907. *Selected Speeches by Rt. Honble. John Bright, M.P., On Public Questions*. London: J. M. Dent.

Bromwich, David. 2009. "Moral Imagination." *Raritan* 27: 4–35.

Brown, Charles Philip, ed. 1852. *Three Treatises on Mirasi Right: By Francis W. Ellis, Lieutenant Colonel Blackburne, Sir Thomas Munro, with Remarks by the Court of Directors, 1822 and 1824*. Madras: D. P. L. C. Connor.

Brown, Wendy. 2006. *Regulating Aversion: Tolerance in the Age of Identity and Empire*. Princeton, NJ: Princeton University Press.

Bryce, James. 1901. *Studies in the History and Jurisprudence*. London: Oxford University Press.

Buckler, F. W. 1922. "The Political Theory of the Indian Mutiny." *Transactions of the Royal Historical Society*: 71–100.

Burke, Edmund. 1981. *The Writings and Speeches of Edmund Burke*, vol. 5, *India: Madras and Bengal, 1774–1785*. Oxford: Clarendon Press.

———. 1987. *Reflections on the Revolution in France*. Indianapolis: Hackett.

———. 1991. *The Writing and Speeches of Edmund Burke*, vol. 6, *India: The Launching of the Hastings Impeachment, 1786–1788*. Oxford: Clarendon Press.

———. 2000. *The Writings and Speeches of Edmund Burke*, vol. 7, *India: The Hastings Trial, 1789–1794*. Oxford: Clarendon Press.

Burrow, John W. 1967. "The Uses of Philology in Victorian England." In *Ideas and Institutions of Victorian Britain: Essays in Honour of George Kitson Clarke*, edited by Robert Robson. London: Bell.

———. 1968. *Evolution and Society: A Study in Victorian Social Theory*. Cambridge: Cambridge University Press.

———. 1974. "'The Village Community' and the Uses of History in Late Nineteenth-Century England." In *Historical Perspectives: Studies in English Thought and Society in Honour of J. H. Plumb*, edited by Neil McKendrick, 255–85. London: Europa Publications.

———. 2000. *The Crisis of Reason: European Thought, 1848–1914*. New Haven, CT: Yale University Press.

Bury, J. B. 1932. *The Idea of Progress: An Inquiry into Its Origins and Growth*. New York: Dover.

Cain, P. J., and A. G. Hopkins. 2001. *British Imperialism, 1688–2000*. London: Longman.

Cameron, Donald. 1930. *Principles of Native Administration and Their Application.* Tanganyika.

Campbell, George. 1853. *India as It May Be: An Outline of a Proposed Government and Policy.* London: John Murray.

——. 1853. *Modern India: A Sketch of the System of Civil Government with Some Accounts of the Natives and Native Institutions.* London: John Murray.

——. 1869. *The Irish Land.* London: Trubner.

——. 1881. "The Tenure of Land in India." In *Systems of Land Tenure in Various Countries. A Series of Essays Published under the Sanction of the Cobden Club,* edited by J. W. Probyn. London: Cassell et al.

——. 1893. *Memoirs of My Indian Career.* London: Macmillan.

Cannadine, David. 2001. *Ornamentalism: How the British Saw Their Empire.* Oxford: Oxford University Press.

Cannon, Garland Hampton. 1990. *The Life and Mind of Oriental Jones: Sir William Jones, the Father of Modern Linguistics.* Cambridge: Cambridge University Press.

Cell, John W. 1992. *Hailey: A Study in British Imperialism, 1872–1969.* Cambridge: Cambridge University Press.

Chakrabarty, Dipesh. 2000. *Provincializing Europe: Postcolonial Thought and Historical Difference.* Princeton, NJ: Princeton University Press.

——. 2002. *Habitations of Modernity: Essays in the Wake of Subaltern Studies.* Chicago: University of Chicago Press.

Chakravarty, Gautam. 2005. *The Indian Mutiny and the British Imagination.* Cambridge: Cambridge University Press.

Chakravarty-Kaul, Minoti. 1996. *Common Lands and Customary Law: Institutional Change in North India over the Past Two Centuries.* Delhi: Oxford University Press.

Chanock, Martin. 1982. "Making Customary Law: Men, Women, and Courts in Colonial Northern Rhodesia." In *African Women and the Law: Historical Perspectives,* edited by Margaret Hay and Marcia Wight. Boston: Boston University Press.

——. 1985. *Law, Custom, and Social Order: The Colonial Experience in Malawi and Zambia.* New York: Cambridge University Press.

Chapman, J. K. 1964. *The Career of Arthur Hamilton Gordon, First Lord Stanmore, 1829–1912.* Toronto: University of Toronto Press.

Chatterjee, Partha. 1994. *The Nation and Its Fragments: Colonial and Postcolonial Histories.* Delhi: Oxford University Press.

Chauduri, Sashi Bhusan. 1979. *English Historical Writings on the Indian Mutiny, 1857–1859.* Calcutta: World Press.

Chew, Ernest. 1968. "Sir Frank Swettenham and the Federation of the Malay States." *Modern Asian Studies* 2: 51–69.

Clammer, John. 1975. "Colonialism and the Perception of Tradition in Fiji." In *Anthropology and the Colonial Encounter,* edited by Talal Asad. London: Ithaca Press.

Clifford, James. 1988. *The Predicament of Culture: Twentieth-Century Ethnography, Literature, and Art.* Cambridge, MA: Harvard University Press.

Coats, A. W. 1954. "The Historist Reaction in English Political Economy, 1870–90." *Economica* 21: 143–53.

Cobden, Richard. 1853. *How Wars Are Got Up in India: The Origin of the Burmese War.* London: Cash.

Cocks, R. C. J. 1988. *Sir Henry Maine: A Study in Victorian Jurisprudence.* Cambridge: Cambridge University Press.

Cohn, Bernard. 1961. "From Indian Status to British Contract." *Journal of Economic History* 21: 613–28.

———. 1987. *An Anthropologist among the Historians and Other Essays.* Delhi: Oxford University Press.

———. 1998. *Colonialism and Its Forms of Knowledge.* Princeton, NJ: Princeton University Press.

Colaiaco, James A. 1983. *James Fitzjames Stephen and the Crisis of Victorian Thought.* New York: St. Martin's Press.

Collini, Stefan. 1979. *Liberalism and Sociology: L. T. Hobhouse and Political Argument in England, 1880–1914.* Cambridge: Cambridge University Press.

———. 1980. "Political Theory and the 'Science of Society' in Victorian Britain." *Historical Journal* 23: 203–31.

———. 1984. "Introduction." In *Essays on Equality, Law, and Education: Collected Works XXI,* edited by Stefan Collini. Toronto: University of Toronto Press.

———. 1991. *Public Moralists: Political Thought and Intellectual Life in Britain, 1850–1930.* Oxford: Clarendon Press.

Collini, Stefan, Donald Winch, and John Burrow. 1983. *That Noble Science of Politics: A Study in Nineteenth-Century Intellectual History.* Cambridge: Cambridge University Press.

Collins, Robert O., James MacDonald Burns, and Erik Kristopher Ching, eds. 1996. *Historical Problems on Imperial Africa.* Princeton, NJ: Markus Wiener.

Condorcet, Jean-Antoine-Nicolas de Caritat, Marquis de. 1979. *Sketch for a Historical Picture of the Progress of the Human Mind.* Westport, CT: Hyperion Press.

Conklin, Alice L. 1997. *A Mission to Civilize.* Stanford, CA: Stanford University Press.

Constant, Benjamin. 1988. *Political Writings.* Cambridge: Cambridge University Press.

Cook, S. B. 1993. *Imperial Affinities: Nineteenth Century Analogies and Exchanges between India and Ireland.* New Dehli: Sage.

Cooper, Frederick, and Ann Laura Stoler, eds. 1997. *Tensions of Empire: Colonial Cultures in a Bourgeois World.* Berkeley: University of California Press.

Darwin, Charles. 1859. *On the Origin of Species.* London: John Murray.

Darwin, John. 1997. "Imperialism and the Victorians: The Dynamics of Territorial Expansion." *Economic History Review* 112: 614–42.

Dasgupta, Uma. 1995. "The Ilbert Bill Agitation, 1883." In *We Fought Together for Freedom: Chapters from the Indian Nationalist Movement,* edited by Ravi Dayal. New Delhi: Oxford University Press.

Derrett, J. D. M. 1959. "Sir Henry Maine and Law in India." *Juridical Review* 4: 4–55.

————. 1968. *Religion, Law, and the State in India*. London: Faber and Faber.

Derrida, Jacques. 2002. *Without Alibi*. Stanford, CA: Stanford University Press.

Deschamps, H. 1963. "Et Maintentant, Lord Lugard." *Africa* 33.

Dewey, Clive. 1972. "Images of the Village Community: A Study in Anglo-Indian Ideology." *Modern Asian Studies* 6: 291–328.

————. 1973. "The Education of a Ruling Caste: The Indian Civil Service in the Era of Competitive Examination." *English Historical Review* 88: 262–85.

————. 1974. "Celtic Agrarian Legislation and the Celtic Revival: Historicist Implications of Gladstone's Irish and Scottish Land Acts, 1870–1886." *Past and Present* 64: 30–70.

————. 1974. "The Rehabilitation of the Peasant Proprietor in Nineteenth-Century Economic Thought." *History of Political Economy* 6: 17–47.

————. 1991. "A Brief Introduction to the Settlement Literature." In *The Settlement Literature of the Greater Punjab: A Handbook*, edited by Clive Dewey. Delhi: Manohar.

————. 1991. "The Influence of Sir Henry Maine on Agrarian Policy in India." In *The Victorian Achievement of Sir Henry Maine: A Centennial Reappraisal*, edited by Alan Diamond. Cambridge: Cambridge University Press.

Dharkar, C. D., ed. 1946. *Lord Macaulay's Legislative Minutes*. Oxford: Oxford University Press.

Diamond, Alan, ed. 1991. *The Victorian Achievement of Sir Henry Maine: A Centennial Reappraisal*. Cambridge: Cambridge University Press.

Dirks, Nicholas B., ed. 1992. *Colonialism and Culture*. Ann Arbor: University of Michigan Press.

————. 1993. *The Hollow Crown: Ethnohistory of an Indian Kingdom*. Ann Arbor: University of Michigan Press.

————. 2001. *Castes of Mind: Colonialism and the Making of Modern India*. Princeton, NJ: Princeton University Press.

Dobbin, Christine. 1965. "The Ilbert Bill: A Study in Anglo-Indian Opinion in India, 1883." *Historical Studies* 12: 87–104.

Dumont, Louis. 1966. "The 'Village-Community' from Munro to Maine." *Contributions to Indian Sociology* 9: 67–89.

————. 1986. *Essays on Individualism: Modern Ideology in Anthropological Perspective*. Chicago: University of Chicago Press.

————. 1998. *Homo Hierarchicus: The Caste System and Its Implications*. Delhi: Oxford University Press.

Dungen, P. H. M. van den. 1972. *The Punjab Tradition: Influence and Authority in Nineteenth-Century India*. London: George Allen and Unwin.

Durkheim, Émile. 1951. *Suicide: A Study in Sociology*. New York: Free Press.

————. 1965. *Montesquieu and Rousseau: Forerunners of Sociology*. Ann Arbor: University of Michigan Press.

————. 1984. *The Division of Labor in Society*. New York: Free Press.

————. 1995. *The Elementary Forms of Religious Life*. New York: Free Press.

————. 1997. *Montesquieu: Quid Secundatus Politicae Scientiae Instituendae Contulerit/Montesquieu's Contribution to the Establishment of Political Science*. Oxford: Durkheim Press.

Dutton, Geoffrey. 1977. *Edward John Eyre: The Hero as Murderer*. New York: Penguin Books.

Elias, Norbert. 1978. *The Civilizing Process: The History of Manners*. New York: Urizen Books.

Elphinstone, Mountstuart. 1839. *History of India*. London: John Murray.

Embree, Ainslee T. 1962. *Charles Grant and British Rule in India*. New York: Columbia University Press.

Emerson, Rupert. 1937. *Malaysia: A Study in Direct and Indirect Rule*. New York: Macmillan.

Engels, Friedrich. 1972. *The Origin of the Family, Private Property, and the State*. London: Lawrence and Wishart.

Erickson, Arvel B. 1959. "Empire or Anarchy: The Jamaica Rebellion of 1865." *Journal of Negro History* 44: 99–122.

Evans, Morgan O. 1896. *Theories and Criticisms of Sir Henry Maine*. London: Steven and Haynes.

Evans-Pritchard, E. E. 1981. *A History of Anthropological Thought*. London: Faber and Faber.

Fabian, Johannes. 1983. *Time and the Other: How Anthropology Makes Its Object*. New York: Columbia University Press.

Farmer, Lindsay. 2000. "Reconstructing the English Codification Debate: The Criminal Law Commissioners, 1833–45." *Law and History Review* 18: 397–425.

Farrell, H. P. 1917. *An Introduction to Political Philosophy*. London: Longmans, Green.

Feaver, George. 1965. "The Political Attitudes of Sir Henry Maine: Conscience of a 19th Century Conservative." *Journal of Politics*: 290–317.

———. 1969. *From Status to Contract: A Biography of Sir Henry Maine, 1822–1888*. London and Harlow: Longmans, Green.

———. 1991. "The Victorian Values of Sir Henry Maine." in *The Victorian Achievement of Sir Henry Maine: A centennial reappraisal*, edited by Alan Diamond. Cambridge: Cambridge University Press.

Filmer, Robert. 1991. *Patriarcha and Other Writings*. Cambridge: Cambridge University Press.

Finley, M. I. 1976. "Colonies: An Attempt at a Typology." *Transactions of the Royal Historical Society* 26: 167–88.

———. 1977. "The Ancient City: From Fustel de Coulanges to Max Weber and Beyond." *Comparative Studies in Society and History* 19: 305–27.

Firminger, W. K., ed. 1917. *The Fifth Report from the Select Committee of the House of Commons on the Affairs of the East India Company Dated 28th July, 1812*. Calcutta: R. Cambray.

Fisher, Michael. 1991. *Indirect Rule in India: Residents and the Residency System, 1764–1858*. Delhi: Oxford University Press.

Forbes, Duncan. 1951–52. "James Mill and India." *Cambridge Journal* 5: 19–33.

Fortes, Meyer. 1970. *Kinship and the Social Order: The Legacy of Lewis Henry Morgan*. London: Routledge and Kegan Paul.

Fortes, Meyer, and E. E. Evans-Pritchard, eds. 1940. *African Political Systems*. London: Oxford University Press.

Foucault, Michel. 1972. *The Archaeology of Knowledge*. New York: Barnes and Noble.

———. 1977. *Discipline and Punish: The Birth of the Prison*. London: Penguin Books.

———. 1978. *The History of Sexuality: An Introduction*. New York: Vintage.

———. 1991. "Faire vivre et laisser mourir: La naissance du racisme." *Les Temps Modernes* 46.

———. 1991. "Governmentality." In *The Foucault Effect: Studies in Governmentality*, edited by Graham Burchell, Colin Gordon, and Peter Miller. London: Harvester Wheatsheaf.

———. 1994. *The Order of Things: An Archaeology of the Human Sciences*. New York: Vintage.

Francis, Mark. 1980. "The Nineteenth-Century Theory of Sovereignty and Thomas Hobbes." *History of Political Thought* 1: 517–40.

Fredrickson, George. 2000. *The Comparative Imagination: On the History of Racism, Nationalism, and Social Movements*. Berkeley: University of California Press.

Fuller, C. J. 1989. "Misconceiving the Grain Heap: A Critique of the Concept of the Indian Jajmani System." In *Money and the Morality of Exchange*, edited by Jonathan P. Parry and Maurice Bloch. Cambridge: Cambridge University Press.

Furnivall, J. S. 1948. *Colonial Policy and Practice: A Comparative Study of Burma, Netherlands, India*. Cambridge: Cambridge University Press.

Fustel de Coulanges, Numa Denis. 1874. *The Ancient City: A Study on the Religion, Laws, and Institutions of Greece and Rome*. New York: Doubleday Anchor.

———. 1890. *The Origin of Property in Land*. London: George Allen and Unwin.

Galanter, Marc. 1989. *Law and Society in Modern India*. Delhi: Oxford University Press.

Gallagher, John. 1982. *The Decline, Revival, and Fall of the British Empire*. Cambridge: Cambridge University Press.

Gandhi, M. K. 1958. *The Collected Works of Mahatma Gandhi*. Delhi: Government of India.

———. 1997. *Hind Swaraj and Other Writings*. Cambridge: Cambridge University Press.

Geertz, Clifford. 1993. *The Interpretation of Cultures: Selected Essays*. London: Fontana.

Gierke, Otto Friedrich von. 1950. *Natural Law and the Theory of Society, 1500–1800*. Cambridge: Cambridge University Press.

Gilmour, David. 2005. *The Ruling Caste: Imperial Lives in the Victorian Raj*. New York: Farrar, Straus and Giroux.

Gluckman, Max. 1965. *The Ideas in Barotse Jurisprudence*. New Haven, CT: Yale University Press.

Goldberg, David Theo. 2005. "Liberalism's Limits: Carlyle and Mill on 'the Negro Question." In *Utilitarianism and Empire*, edited by Bart Schultz and Georgios Varouxakis. Lanham, MD: Lexington Books.

Gopal, S. 1965. *British Policy in India, 1858–1905.* Cambridge: Cambridge University Press.

Gordon, Arthur. 1883. "Native Councils in Fiji, 1875–80." *Contemporary Review* 43.

Gossman, Lionel. 1983. *Orpheus Philologus: Bachofen versus Mommsen on the Study of Antiquity.* Philadelphia: American Philosophical Society.

Grant, Charles. 1832. "Observations of the State of Society among the Asiatic Subjects of Great Britain, Particularly with Respect to Morals; and on the Means of Improving It, Appendix to Report of the Select Committee of the House of Commons on the Affairs of the East India Company." *Parliamentary Papers.*

Grant Duff, Sir Monstuart Elphinstone. 1892. *Sir Henry Maine: A Brief Memoir of His Life . . . With Some of His Indian Speeches and Minutes.* London: Murray.

Grant, James. 1791. *An Inquiry into the Nature of Zemindary Tenures in Landed Property in Bengal.* London: J. Debbit.

Grossi, Paolo. 1981. *An Alternative to Private Property: Collective Property in the Juridical Consciousness of the Nineteenth Century.* Chicago: University of Chicago Press.

Guha, Ranajit. 1963. *A Rule of Property for Bengal: An Essay on the Idea of Permanent Settlement.* Paris: Mouton.

Haakonsen, Knud. 1996. *Natural Law and Moral Philosophy: From Grotius to the Scottish Enlightenment.* Cambridge: Cambridge University Press.

Habibi, Don. 1999. "The Moral Dimensions of J. S. Mill's Colonialism." *Journal of Social Philosophy* 30: 125–46.

Hailey, Malcolm. 1943. *Great Britain, India, and the Colonial Dependencies in the Post-War World.* Toronto: University of Toronto Press.

———. 1943. *The Future of Colonial Peoples.* London: Oxford University Press.

———. 1956. *An African Survey: A Study of Problems Arising in Africa South of the Sahara.* London: Oxford University Press.

Halévy, Elie. 1966. *The Growth of Philosophic Radicalism.* Boston: Beacon Press.

Hall, Catherine. 2002. *Civilising Subjects: Metropole and Colony in the English Imagination, 1830–1867.* Cambridge: Polity Press.

Hall, Catherine, Keith McClelland, and Jane Rendall, eds. 2000. *Defining the Victorian Nation: Race, Class, Gender, and the British Reform Act of 1867.* Cambridge: Cambridge University Press.

Hamburger, Joseph. 1962. "James Mill on Universal Suffrage and the Middle Class." *Journal of Politics* 24: 167–90.

Harrison, Frederic. 1879. "The English School of Jurisprudence." *Fortnightly Review* 25: 114–30.

Hawthorn, Geoffrey. 1976. *Enlightenment and Despair: A History of Sociology.* Cambridge: Cambridge University Press.

Hay, Margaret, and Marcia Wright, eds. 1982. *African Women and the Law.* Boston: Boston University Press.

Herbert, Christopher. 1991. *Culture and Anomie: Ethnographic Imagination in the Nineteenth Century.* Chicago: University of Chicago Press.

———. 2008. *War of No Pity.* Princeton, NJ: Princeton University Press.

Heuman, Gad J. 1994. *"The Killing Time": The Morant Bay Rebellion in Jamaica*. London: Macmillan.

Hirschman, Albert. 1977. *The Passions and the Interests: Political Arguments for Capitalism before Its Triumph*. Princeton, NJ: Princeton University Press.

———. 1991. *The Rhetoric of Reaction: Perversity, Futility, Jeopardy*. Cambridge, MA: Belknap Press.

Hirschmann, Edwin. 1980. *"White Mutiny": The Ilbert Bill Crisis in India and the Genesis of the Indian National Congress*. New Delhi: Heritage Publishers.

Hobbes, Thomas. 1994. *Leviathan*. Cambridge: Cambridge University Press.

Hobsbawm, Eric, and Terence Ranger, eds. 1983. *The Invention of Tradition*. Cambridge: Cambridge University Press.

Hodgen, Margaret T. 1964. *Early Anthropology in the Sixteenth and Seventeenth Centuries*. Philadelphia: University of Pennsylvania Press.

Holdsworth, William. 1982. *A History of English Law*. London: Methuen.

Holt, Thomas. 1992. *The Problem of Freedom: Race, Labor, and Politics in Jamaica and Britain, 1832–1938*. Baltimore: Johns Hopkins University Press.

Hont, Istvan. 2005. *Jealousy of Trade: International Competition and the Nation-State in Historical Perspective*. Cambridge, MA: Belknap Press of Harvard University Press.

———. 2009. "Adam Smith's History of Law and Government as Political Theory." In *Political Judgement: Essays in Honour of John Dunn*, edited by Richard Bourke and Raymond Geuss. Cambridge: Cambridge University Press.

Horrut, Claude. 1982. *Frédéric Lugard et la pensée coloniale britannique de son temps*. Bordeaux: Institute d'études politiques de Bordeaux.

Hostettler, John. 1995. *Politics and Law in the Life of Sir James Stephen*. Chichester: Barry Rose Law Publishers.

Hunter, W. W. 1868. *The Annals of Rural Bengal*. London: Smith, Elder.

———. 1899. *A History of British India*. London: Longmans, Green.

Hunter, W. W., ed. 1876. *A Life of the Earl of Mayo, Fourth Viceroy of India*. London: Smith, Elder.

Hussain, Nasser. 2003. *The Jurisprudence of Emergency: Colonialism and the Rule of Law*. Ann Arbor: University of Michigan Press.

Hutchins, Francis G. 1967. *The Illusion of Permanence: British Imperialism in India*. Princeton, NJ: Princeton University Press.

Ibbetson, Denzil. 1974. *Punjab Castes*. Lahore: Mubarak Ali.

Inden, Ronald. 1990. *Imagining India*. Oxford: Oxford University Press.

Iyer, Raghavan. 1960. "Utilitarianism and All That (the Political Theory of British Imperialism in India)." *St. Antony's Papers* 8: 9–71.

Jhering, Rudolf von. 1880. "The Value of the Roman Law to the Modern World." *Virginia Law Journal* 4: 453–63.

Johnson, Douglas H. 1982. "Evans-Pritchard, the Nuer, and the Sudan Political Service." *African Affairs* 81: 231–46.

Johnson, Gordon. 1991. "India and Henry Maine." In *The Victorian Achievement of Sir Henry Maine: A Centennial Reappraisal*, edited by Alan Diamond. Cambridge: Cambridge University Press.

Johnson, Gordon. 1993. "India and Henry Maine." In *India's Colonial Encounter: Essays in Memory of Eric Stokes*, edited by Mushirul Hasan and Nrayani Gupta. Delhi: Manohar.

Jones, Gareth Stedman. 2002. "Introduction." In *The Communist Manifesto*, edited by Gareth Stedman Jones, 3–187. London: Penguin Classics.

Jones, Iva G. 1967. "Trollope, Carlyle, and Mill on the Negro: An Episode in the History of Ideas." *Journal of Negro History* 52: 185–99.

Jung, Courtney. 2001. "The Burden of Culture and the Limits of Liberal Responsibility." *Constellations* 8: 219–35.

———. 2008. *The Moral Force of Indigenous Politics: Critical Liberalism and the Zapatistas*. Cambridge: Cambridge University Press.

Kantorowicz, H. U. 1937. "Savigny and the Historical School of Law." *Law Quarterly Review* 53.

Kaviraj, Sudipta. 1991. "On State, Society, and Discourse in India." In *Rethinking Third World Politics*, edited by James Manor. London: Longman.

———. 1992. "Marxism and the Darkness of History." *Development and Change* 23: 79–102.

———. 2005. "Outline of a Revisionist Theory of Modernity." *European Journal of Sociology* 46: 497–526.

Kaviraj, Sudipta, and Sunil Khilnani, eds. 2001. *Civil Society: History and Possibilities*. Cambridge: Cambridge University Press.

Kelley, Donald R. 1978. "The Metaphysics of Law: An Essay on the Very Young Marx." *American Historical Review* 83: 350–67.

———. 1984. "The Science of Anthropology: An Essay on the Very Old Marx." *Journal of the History of Ideas* 45: 245–62.

———. 1990. *The Human Measure: Social Thought in the Western Legal Tradition*. Cambridge, MA: Harvard University Press.

Kelley, Donald R., and Bonnie G. Smith. 1984. "What Is Property? Legal Dimensions of the Social Question in France (1789–1848)." *Proceedings of the American Philosophical Society* 128: 200–230.

Kemble, John. 1849. *The Saxons in England: A History of the English Commonwealth till the Period of the Norman Conquest*. London: Green and Longmans.

Kennedy, Duncan. 2003. "Two Globalizations of Law and Legal Thought: 1850–1968." *Suffolk University Law Review* 36: 631–79.

Kennedy, Paul. 1989. *The Rise and Fall of the Great Powers: Economic Change and Military Conflict from 1500 to 2000*. New York: Vintage.

Kinzer, Bruce L. 2001. *England's Disgrace? J. S. Mill and the Irish Question*. Toronto: University of Toronto Press.

Kirk, Russell. 1953. "The Thought of Sir Henry Maine." *Review of Politics* 15: 86–96.

Kirk-Greene, A. H. M., ed. 1965. *The Principles of Native Administration in Nigeria: Selected Documents, 1900–1947*. London: Oxford University Press.

Kirshner, Alexander. 2002. "Character and the Administration of Empires in the Political Thought of Henry Maine." M.Phil thesis. University of Cambridge.

Koebner, Richard. 1961. *Empire*. Cambridge: Cambridge University Press.

Koebner, Richard, and Helmut Dan Schmidt. 1964. *Imperialism: The Story and Significance of a Political Word, 1840–1960*. London: Cambridge University Press.

Kolsky, Elizabeth. 2005. "Codification and the Rule of Colonial Difference: Criminal Procedure in British India." *Law and History Review* 23: 631–83.

Koskenniemi, Martti. 2002. *The Gentle Civilizer of Nations: The Rise and Fall of International Law, 1870–1960*. Cambridge: Cambridge University Press.

Kovalevsky, M. M. 1879. *Communal Landholding: Causes, Courses, and Consequences of Its Disintegration*. London: N.p.

Krader, Lawrence. 1975. *The Asiatic Mode of Production: Sources, Development and Critique in the Writings of Karl Marx*. Assen: Van Gorcum.

Krader, Lawrence, ed. 1972. *The Ethnological Notebooks of Karl Marx (Studies of Morgan, Phear, Maine, Lubbock)*. Assen: Van Gorcum.

Kroeber, A. L. 1952. *The Nature of Culture*. Chicago: University of Chicago Press.

Kroeber, A. L., and Clyde Kluckhohn. 1952. "Culture: A Critical Review of Concepts and Definitions." *Papers of the Peabody Museum of Archaeology and Ethnology* 47, Harvard University.

Kuklick, Henrika. 1991. *The Savage Within: The Social History of British Anthropology, 1885–1945*. Cambridge: Cambridge University Press.

Kuper, Adam. 1988. *The Invention of Primitive Society: Transformations of an Illusion*. London and New York: Routledge.

———. 1999. *Culture: The Anthropologist's Account*. Cambridge, MA: Harvard University Press.

Kuttner, Stephan. 1991. "The Revival of Jurisprudence." In *Renaissance and Revival in the Twelfth Century*, edited by Robert L. Benson, Giles Constable, and Carol D. Lanham. Toronto: University of Toronto Press.

Kymlicka, Will. 1995. *Multicultural Citizenship: A Liberal Theory of Minority Rights*. Oxford: Oxford University Press.

Lackner, Helen. 1973. "Social Anthropology and Indirect Rule. The Colonial Administration and Anthropology in Eastern Nigeria: 1920–1940." In *Anthropology and the Colonial Encounter*, edited by Talal Asad. New York: Humanities Press.

Laitin, David. 1986. *Hegemony and Culture: Politics and Religious Change among the Yoruba*. Chicago: University of Chicago Press.

Landauer, Carl. 2002. "From Status to Treaty: Henry Sumner Maine's *International Law*." *Canadian Journal of Law and Jurisprudence* 15: 219–54.

Lang, Maurice Eugen. 1924. *Codification in the British Empire and America*. Amsterdam: H. J. Paris.

Laveleye, Émile de. 1901. *De la propriété et de ses formes primitives*. Paris: F. Alcan.

Legge, J. D. 1958. *Britain in Fiji: 1858–1880*. London: Macmillan.

Leopold, Joan. 1974. "British Applications of the Aryan Theory of Race to India, 1850–1870." *English Historical Review* 276: 578–603.

Leslie, T. E. C. 1875. "Maine's *Early History of Institutions*." *Fortnightly Review* 17: 303–20.

Letourneau, Charles. 1892. *Property: Its Origins and Development*. London: W. Scott.

Lévi-Strauss, Claude. 1962. *The Savage Mind*. London: Weidenfeld and Nicolson.

Levine, Norman. 1987. "The German Historical School of Law and the Origins of Historical Materialism." *Journal of the History of Ideas* 48: 431–51.

Levitt, Cyril. 1975. "Anthropology and Historical Jurisprudence: An Examination of the Major Issues Raised in Marx's Excerpts from Henry Sumner Maine's 'Lectures on the Early History of Institutions.'" In *Philosophischen Fakultät*. Berlin: Freien Universität Berlin.

Lewis, Andrew, and Michael Lobban, eds. 2004. *Law and History: Current Legal Issues 2003, Volume 6*. Oxford: Oxford University Press.

Lewis, George Cornewall. 1841. *An Essay on the Government of Dependencies*. Oxford: Clarendon.

Lichtheim, George. 1963. "Marx and the 'Asiatic Mode of Production.'" *St. Antony's Papers* 14.

Lieberman, David. 1989. *The Province of Legislation Determined: Legal Theory in Eighteenth-Century Britain*. Cambridge: Cambridge University Press.

———. 2005. "Legislation in a Common Law Context." *Zeitschrift für Neuere Rechtsgeschichte* 27, nos. 1–2: 107–23.

Lingat, Robert. 1998. *The Classical Law of India*. Delhi: Oxford University Press.

Lippincott, Benjamin Evans. 1964. *Victorian Critics of Democracy: Carlyle, Ruskin, Arnold, Stephen, Maine, Lecky*. New York: Octagon Books.

Lobban, Michael. 1987. "Blackstone and the Science of Law." *Historical Journal* 30, no. 3: 11–35.

———. 1991. *The Common Law and English Jurisprudence, 1760–1850*. Oxford: Oxford University Press.

———. 2000. "How Benthamic Was the Criminal Law Commission?" *Law and History Review* 18: 427–32.

Locke, John. 1988. *Two Treatises of Government*. Cambridge: Cambridge University Press.

Lorimer, Douglas A. 1978. *Colour, Class, and the Victorians: English Attitudes to the Negro in the Mid-Nineteenth Century*. Leicester: Leicester University Press.

Louis, William Roger, ed. 1976. *Imperialism: The Robinson and Gallagher Controversy*. New York: New Viewpoints.

Low, D. A. 1973. *Lion Rampant: Essays in the Study of British Imperialism*. London: Frank Cass.

Lowith, Karl. 1949. *Meaning in History*. Chicago: University of Chicago Press.

Lubbock, John. 1978. *The Origin of Civilisation and the Primitive Condition of Man*. Chicago: University of Chicago Press.

Ludden, David. 1993. "Orientalist Empiricism: Transformation of Colonial Knowledge." In *Orientalism and the Postcolonial Predicament: Perspectives on South Asia*, edited by Carol A. Breckenridge and Peter van der Veer. Philadelphia: University of Pennsylvania Press.

Lugard, Lord. 1965. *The Dual Mandate in British Tropical Africa*. London: Frank Cass.

Lukes, Steven. 1973. *Émile Durkheim: His Life and Work*. London: Allen Lane.

Lyall, Alfred C. 1882. *Asiatic Studies: Religious and Social*. London: John Murray.

———. 1884. "Government of the Indian Empire." *Edinburgh Review* 325: 1–41.

———. 1888. "Sir Henry Maine." *Law Quarterly Review* 4: 129–38.

———. 1889. *Warren Hastings*. London: Macmillan.

———. 1893. "Life and Speeches of Sir Henry Maine." *Quarterly Review* 176: 287–316.

———. 1894. *The Rise and Expansion of the British Dominion in India*. London: John Murray.

Macarthy, Tom. 2009. *Race, Empire, and the Idea of Development*. Cambridge: Cambridge University Press.

Macaulay, T. B. 1970. *Macaulay: Prose and Poetry*. Cambridge, MA: Harvard University Press.

Macfarlane, Alan D. J. 1991. "Some Contributions of Maine to History and Anthropology." In *The Victorian Achievement of Sir Henry Maine: A Centennial Reappraisal*, edited by Alan Diamond. Cambridge: Cambridge University Press.

Macpherson, C. B. ed. 1978. *Property: Mainstream and Critical Positions*. Oxford: Basil Blackwell.

Mahmood, Syed. 1895. *A History of English Education in India, 1781–1893*. Aligarh: The Muhammadan Anglo-Oriental College.

Maine, Henry Sumner. 1855. "The Conception of Sovereignty and Its Importance in International Law." *Papers of the Juridical Society*: 26–45.

———. 1857. "Indian Government." *Saturday Review* 4 (3 October): 295.

———. 1857. "Indian Statesmen and English Scribblers." *Saturday Review* (24 October): 361.

———. 1857. "Mr. Disraeli on India." *Saturday Review* 4 (1 August): 97.

———. 1858. "The Middle Classes and the Abolition of the East India Company." *Saturday Review* 5 (9 January): 31.

———. 1858. "The Petition of the East India Company." *Saturday Review* 5 (23 January): 899.

———. 1875. *Lectures on the Early History of Institutions*. London: John Murray.

———. 1876. *Village-Communities in the East and West: Six Lectures Delivered at Oxford*. London: John Murray.

———. 1880. "Imaginary Indian Grievances." *St. James Gazette* 1 (27 July): 796.

———. 1886. *Dissertations on Early Law and Custom*. New York: Holt.

———. 1886. "Mr. Godkin on Popular Government." *Nineteenth Century*: 266–79.

———. 1886. "The Patriarchal Theory." *Quarterly Review* 162: 181–209.

———. 1887. "India." In *The Reign of Queen Victoria: A Survey of Fifty Years of Progress*, edited by Thomas Humphry Ward, 460–528. London: Smith, Elder.

———. 1888. *International Law: The Whewell Lectures*. London: John Murray.

———. 1892. *Minutes by Sir Henry Maine, 1862–69: With a Note on Indian Codification, Dated 17th July, 1879*. Calcutta: Government of India, Legislative Department.

———. 1976. *Popular Government*. Indianapolis: Liberty Classics.

———. 1986. *Ancient Law: Its Connection with the Early History of Society, and Its Relation to Modern Ideas*. Tucson: University of Arizona Press.

Majeed, Javed. 1992. *Ungoverned Imaginings: James Mill's* The History of British India *and Orientalism*. Oxford: Clarendon Press.

Majeed, Javed. 1999. "Comparativism and References to Rome in British Imperial Attitudes to India." In *Roman Presences: Receptions of Rome in European Culture, 1789–1945*, edited by Catherine Edwards, 88–109. Cambridge: Cambridge University Press.

Mamdani, Mahmood. 1996. *Citizen and Subject: Contemporary Africa and the Legacy of Late Colonialism*. Princeton, NJ: Princeton University Press.

Mamdani, Mahmood, ed. 2000. *Beyond Rights Talk and Culture Talk*. New York: St. Martin's Press.

Mandelbaum, Maurice. 1971. *History, Man, and Reason: A Study in Nineteenth-Century Thought*. Baltimore: Johns Hopkins University Press.

Mandler, Peter. 2000. "'Race' and 'Nation' in Mid-Victorian Thought." In *History, Religion, and Culture: British Intellectual History, 1750–1950*, edited by Stefan Collini, Richard Whatmore, and Brian Young. Cambridge: Cambridge University Press.

Mantena, Karuna. 2004. "Law and 'Tradition': Henry Maine and the Theoretical Origins of Indirect Rule." In *Law and History*, edited by Andrew Lewis and Michael Lobban. Oxford: Oxford University Press.

———. 2006. "Fragile Universals and the Politics of Empire." *Polity* 38.

———. 2007. "Mill and the Imperial Predicament." In *J. S. Mill's Political Thought: A Bicentennial Reassessment*, edited by Nadia Urbinati and Alex Zakaras. Cambridge: Cambridge University Press.

Manuel, Frank E. 1962. *The Prophets of Paris*. Cambridge, MA: Harvard University Press.

———. 1965. *Shapes of Philosophical History*. Stanford, CA: Stanford University Press.

Marcuse, Herbert. 1954. *Reason and Revolution: Hegel and the Rise of Social Theory*. New York: Humanities Press.

Marriott, McKim, ed. 1955. *Village India: Studies in the Little Community*. Chicago: University of Chicago Press.

Marshall, P. J. 1964. "The First and Second British Empires: A Question of Demarcation." *History* 49: 13–23.

———. 1965. *The Impeachment of Warren Hastings*. Oxford: Oxford University Press.

———. 1987. "Empire and Authority in the Later Eighteenth Century." *Journal of Imperial and Commonwealth History* 15.

———. 2005. *The Making and Unmaking of Empires: Britain, India, and America, c. 1750–1783*. Oxford: Oxford University Press.

Martin, David E. 1981. *John Stuart Mill and the Land Question*. Hull: University of Hull Publications.

Marx, Karl. 1964. *Pre-Capitalist Economic Formations*. London: Lawrence and Wishart.

———. 1968. *Karl Marx on Colonialism and Modernization*. New York: Doubleday.

———. 1971. *Marx's Grundrisse*. New York: Macmillan.

———. 1977. *Capital: A Critique of Political Economy*. New York: Vintage.

Marx, Karl, and Friedrich Engels. 1876. *Collected Works*. London.

————. 1960. *The First Indian War of Independence, 1857–1859.* Moscow: Foreign Languages Publishing House.

Matson, J. N. 1993. "The Common Law Abroad: English and Indigenous Laws in the British Commonwealth." *International and Comparative Law Quarterly* 42: 753–79.

Maurer, G. L. von. 1854. *Einleitung zur Geschichte der Mark-, Hof-, Dorf-, und Stadtverfassung und der offentlichen Gewalt.* Munich: Kaiser.

————. 1856. *Geschichte der Markenverfassung in Deutschland.* Erlangen: F. Enke.

Mauss, Marcel. 1990. *The Gift: The Form and Reason for Exchange in Archaic Societies.* New York: W. W. Norton.

Mazlish, Bruce. 1988. *James and John Stuart Mill: Father and Son in the Nineteenth Century.* New Brunswick, NJ: Transaction Books.

McGrane, Bernard. 1989. *Beyond Anthropology: Society and the Other.* New York City: Columbia University Press.

McLaren, Martha. 2001. *British India and British Scotland, 1780–1830: Career Building, Empire Building, and a Scottish School of Thought on Indian Governance.* Akron, OH: University of Akron Press.

McLennan, John. 1865. *Primitive Marriage: An Inquiry into the Origin of the Form of Capture in Marriage Ceremonies.* Edinburgh: A. & C. Black.

————. 1885. *The Patriarchal Theory.* London: Macmillan.

Meek, C. K. 1949. *Land Law and Custom in the Colonies.* London: Oxford University Press.

Meek, Ronald L. 1976. *Social Science and the Ignoble Savage.* Cambridge: Cambridge University Press.

Mehta, Pratap Bhanu. 1996. "Liberalism, Nation, and Empire: The Case of J. S. Mill." Unpublished paper presented at the Annual Meeting of the American Political Science Association. San Francisco.

————. 2000. "Cosmopolitanism and the Circle of Reason." *Political Theory* 28: 619–39.

————. 2003. *The Burden of Democracy.* New Delhi: Penguin.

Mehta, Uday Singh. 1992. *The Anxiety of Freedom: Imagination and Individuality in Locke's Political Thought.* Ithaca, NY: Cornell University Press.

————. 1999. *Liberalism and Empire: A Study in Nineteenth-Century British Liberal Thought.* Chicago: University of Chicago Press.

Menski, Werner F. 2003. *Hindu Law: Beyond Tradition and Modernity.* Delhi: Oxford University Press.

Metcalf, Thomas R. 1962. "The Struggle Over Land Tenure in India, 1860–1868." *Journal of Asian Studies* 21: 295–307.

————. 1964. *The Aftermath of Revolt: India, 1857–1870.* Princeton, NJ: Princeton University Press.

————. 1994. *Ideologies of the Raj.* Cambridge: Cambridge University Press.

————. 2007. *Imperial Connections: India in the Indian Ocean Arena, 1860–1920.* Berkeley: University of California Press.

Mill, James. 1990. *The History of British India.* New Delhi: Atlantic Publisher and Distributors.

Mill, James. 1992. *The Collected Works of James Mill: Essays from the Supplement to the Encyclopedia Britannica.* London: Routledge/Thoemmes Press.

———. 1992. *Political Writings.* Cambridge: Cambridge University Press.

Mill, John Stuart. 1859. *Dissertations and Discussions: Political, Philosophical, and Historical.* London: John W. Parker and Son.

———. 1871. "Mr. Maine on Village-Communities." *Fortnightly Review* 9: 543–56.

———. 1963–. *The Collected Works of John Stuart Mill.* Toronto: University of Toronto Press.

———. 1972. *Utilitarianism, On Liberty, Considerations on Representative Government.* London: Everyman.

———. 1973. *A System of Logic, Racionative and Inductive: Being a Connected View of the Principles of Evidence and the Methods of Scientific Investigation.* Toronto: University of Toronto Press.

———. 1982. *Essays on England, Ireland, and the Empire.* Toronto: University of Toronto Press.

———. 1984. *Essays on Equality, Law, and Education.* Toronto: University of Toronto Press.

———. 1990. *Writings on India.* Toronto: University of Toronto Press.

———. 1994. *Principles of Political Economy.* London: Oxford Classics.

Millar, John. 1986. *The Origin of the Distinction of Ranks: An Inquiry into the Circumstances Which Give Rise to the Influence and Authority in Different Members of Society.* Aalen: Scientia Verlag.

Miller, W. Watts. 1993. "Durkheim's Monstesquieu." *British Journal of Sociology* 44: 693–712.

Moir, Martin I., Douglas M. Peers, and Lynn Zastoupil, eds. 1999. *J. S. Mill's Encounter with India.* Toronto: University of Toronto Press.

Momigliano, Arnaldo. 1977. "The Ancient City of Fustel de Coulanges." In *Essays in Ancient and Modern Historiography,* 325–44. Middleton, CT: Wesleyan University Press.

———. 1994. *A. D. Momigliano: Studies on Modern Scholarship.* Berkeley: University of California Press.

Mommsen, Theodor. 1894. *A History of Rome.* London: R. Bently.

Mommsen, W. J., and J. A. de Moor, eds. 1992. *European Expansion and Law: The Encounter of European and Indigenous Law in 19th- and 20th-Century Africa and Asia.* Oxford: Berg.

Money, J. W. B. 1861. *Java: Or How to Manage a Colony; Showing a Practical Solution of the Questions Now Affecting British India.* London: Hurst and Blackett.

Montesquieu, Charles de Secondat, Baron de. 1989. *The Spirit of the Laws.* Cambridge: Cambridge University Press.

———. 1999. *Considerations on the Causes of the Greatness of the Romans and Their Decline.* Indianapolis: Hackett.

Moore, Sally Falk. 1986. *Social Facts and Fabrications: "Customary" Law on Kilimanjaro, 1880–1980.* Cambridge: Cambridge University Press.

Morefield, Jeanne. 2006. *Covenants without Swords: Idealist Liberalism and the Spirit of Empire.* Princeton, NJ: Princeton University Press.

————. 2008. "Empire, Tragedy, and the Liberal State in the Writings of Niall Ferguson and Michael Ignatieff. *Theory and Event* 11, no. 3.

Morgan, Lewis Henry. 1985. *Ancient Society*. Tucson: University of Arizona Press.

————. 1997. *Systems of Consanguinity and Affinity of the Human Family*. Lincoln: University of Nebraska Press.

Morley, John. 1884. "The Expansion of England." *Macmillan's Magazine* 49: 241–58.

————. 1886. "Sir H. Maine on Popular Government." *Fortnightly Review* 39: 152–73.

Morris, H. F., and James S. Read. 1972. *Indirect Rule and the Search for Justice: Essays in East African Legal History*. Oxford: Clarendon Press.

Mukerjee, Radhakamal. 1923. *Democracies of the East: A Study in Comparative Politics*. London: P. S. King and Son.

Mukherjee, Rudrangshu. 2001. *Awadh in Revolt, 1857–1858: A Study in Popular Resistance*. Delhi: Permanent Black.

Müller, F. Max. 1864. *Lectures on the Science of Language*. London: Longman.

————. 2002. *India: What Can It Teach Us?* Delhi: Rupa Publishers.

Murray, Robert H. 1929. *Studies in the English Social and Political Thinkers of the Nineteenth Century*. Cambridge: W. Heffer and Sons.

Muthu, Sankar. 2003. *Enlightenment against Empire*. Princeton, NJ: Princeton University Press.

Nasse, Erwin. 1872. *On the Agricultural Community of the Middle Ages: And Inclosures of the Sixteenth Century in England*. London: Williams and Norgate.

Niebuhr, Barthold Georg. 1835. *The History of Rome*. Philadelphia: Thomas Warble.

————. 1873. *Lectures on the History of Rome*. London: Lockwood.

Nielsen, Donald A. 1972. "The Sociological Theories of Sir Henry Maine: Societal Transformation, Cultural Modernization, and Civilization in Sociocultural Perspective." Ph.D. Thesis. New School for Social Research.

Nisbet, Robert A. 1943. "The French Revolution and the Rise of Sociology in France." *American Journal of Sociology* 49: 156–64.

————. 1952. "Conservatism and Sociology." *American Journal of Sociology* 58: 167–75.

————. 1966. *The Sociological Tradition*. New York: Basic Books.

O'Brien, Karen. 1997. *Narratives of Enlightenment: Cosmopolitan History from Voltaire to Gibbon*. Cambridge: Cambridge University Press.

O'Brien, Nick. 2005. "'Something Older than Law Itself': Sir Henry Maine, Niebuhr, and 'The Path Not Chosen.'" *Journal of Legal History* 26: 229–51.

O'Leary, Brendan. 1989. *The Asiatic Mode of Production: Oriental Despotism, Historical Materialism, and Indian History*. Oxford: Basil Blackwell.

Olender, Maurice. 1992. *The Languages of Paradise: Race, Religion, and Philology in the Nineteenth Century*. Cambridge, MA: Harvard University Press.

Otter, Sandra den. 2001. "Rewriting the Utilitarian Market: Colonial Law and Custom in mid-Nineteenth-Century British India." *European Legacy* 6: 177–88.

Otter, Sandra den. 2007. "'A Legislating Empire': Victorian Political Theorists, Codes of Law, and Empire." In *Victorian Visions of Global Order: Empire and International Relations in Nineteenth-Century Political Thought*, edited by Duncan Bell. Cambridge: Cambridge University Press.

Owen, Roger. 1965. "The Influence of Lord Cromer's Indian Experience on British Policy in Egypt, 1883–1907." *St. Antony's Papers* 17.

———. 1973. "Imperial Policy and Theories of Social Change: Sir Alfred Lyall in India." In *Anthropology and the Colonial Encounter*, edited by Talal Asad. Atlantic Highlands, NJ: Humanities Press.

———. 2004. *Lord Cromer: Victorian Imperialist, Edwardian Proconsul*. Oxford: Oxford University Press.

Owen, Roger, and Bob Sutcliffe, eds. 1972. *Studies in the Theory of Imperialism*. London: Longman.

Padmore, George. 1936. *How Britain Rules Africa*. London: Wishart Books.

Pagden, Anthony. 1982. *The Fall of Natural Man: The American Indian and the Origins of Comparative Ethnology*. Cambridge: Cambridge University Press.

———. 1995. *Lords of All the World: Ideologies of Empire in Spain, Britain, and France c. 1500–c. 1800*. New Haven, CT: Yale University Press.

Panikkar, K. M. 1969. *Asia and Western Dominance*. New York: Collier Books.

Parekh, Bhikhu. 1994. "The Narrowness of Liberalism from Mill to Rawls." *Times Literary Supplement*, 11–13.

Parel, Anthony, and Thomas Flanagan, eds. 1979. *Theories of Property: Aristotle to the Present*. Waterloo: Wilfrid Laurier University Press.

Pels, Peter, and Lorraine Nencel, eds. 1991. *Constructing Knowledge: Authority and Critique in Social Science*. London: Sage.

Pels, Peter, and Oscar Salemink, eds. 1999. *Colonial Subjects: Essays in the Practical History of Anthropology*. London: Sage.

Perham, Marjery. 1934. "A Re-Statement of Indirect Rule." *Africa* 7.

———. 1967. *Colonial Sequence, 1930–1949*. London: Methuen, 1967.

Perreau-Saussine, Amanda, and James Bernard Murphy, eds. 2007. *The Nature of Customary Law: Legal, Historical, and Philosophical Perspectives*. Cambridge: Cambridge University Press.

Phear, John B. 1880. *The Aryan Village in India and Ceylon*. London: Macmillan.

Philips, C. H., H. L. Singh, and B. N. Pandey, eds. 1962. *The Evolution of India and Pakistan, 1858–1947: Select Documents*. London: Oxford University Press.

Pilling, N. 1970. "The Conservatism of Sir Henry Maine." *Political Studies* 18: 107–20.

Pitts, Jennifer. 2005. *A Turn to Empire: The Rise of Imperial Liberalism in Britain and France*. Princeton, NJ: Princeton University Press.

Pocock, J. G. A. 1957. *The Ancient Constitution and the Feudal Law: A Study of English Historical Thought in the Seventeenth Century*. Cambridge: Cambridge University Press.

———. 1999. *Barbarism and Religion: The Enlightenments of Edward Gibbon, 1737–1764*. Cambridge: Cambridge University Press.

———. 1999. *Barbarism and Religion: Narratives of Civil Government*. Cambridge: Cambridge University Press.

————. 2003. *Barbarism and Religion: The First Decline and Fall*. Cambridge: Cambridge University Press.

————. 2005. *Barbarism and Religion: Barbarians, Savages, Empires*. Cambridge: Cambridge University Press.

Pollock, F. 1893. "Sir Henry Maine as a Jurist." *Edinburgh Review* 178: 100–121.

Porter, Andrew, ed. 1999. *The Oxford History of the British Empire: The Nineteenth Century*. Oxford: Oxford University Press.

Prakash, Gyan, ed. 1995. *After Colonialism: Imperial Histories and Postcolonial Displacements*. Princeton, NJ: Princeton University Press.

Probyn, J. W., ed. 1881. *Systems of Land Tenure in Various Countries: A Series of Essays Published under the Sanction of the Cobden Club*. London: Cassell.

Proudhon, Pierre-Joseph. 1994. *What Is Property?* Cambridge: Cambridge University Press.

Pufendorf, Samuel. 1991. *On the Duty of Man and Citizen According to Natural Law*. Cambridge: Cambridge University Press.

Radcliffe-Brown, A. R. 1965. *Structure and Function in Primitive Society: Essays and Addresses*. New York: Free Press.

Rai, Mridu. 2004. *Hindu Rulers, Muslim Subjects: Islam, Regional Identity and the Making of Kashmir*. Princeton, NJ: Princeton University Press.

Rana, Aziz. forthcoming. *Freedom Without Empire: The Paradox of America's Settler Legacy*. Cambridge, MA: Harvard University Press.

Ranger, Terence. 1983. "The Invention of Tradition in Colonial Africa." In *The Invention of Tradition*, edited by Eric Hobsbaum and Terence Ranger. Cambridge: Cambridge University Press.

Redfield, R. 1950. "Maine's *Ancient Law* in Light of Primitive Societies." *Western Political Quarterly* 3: 574–89.

Rich, Paul B. 1986. *Race and Empire in British Politics*. Cambridge: Cambridge University Press.

Richter, Melvin. 1963. "Tocqueville on Algeria." *Review of Politics* 25.

————. 2006. "The Comparative Study of Regimes and Societies." In *The Cambridge History of Eighteenth-Century Political Thought*, edited by Mark Goldie and Robert Wokler. Cambridge: Cambridge University Press.

Roach, John. 1957. "Liberalism and the Victorian Intelligentsia." *Cambridge Historical Journal* 13: 58–81.

Robb, Peter. 1997. *Ancient Rights and Future Comfort: Bihar, the Bengal Tenancy Act of 1885, and British Rule in India*. London: Curzon.

Robb, Peter, ed. 1995. *The Concept of Race in South Asia*. Delhi: Oxford University Press.

Roberts, Richard, and Kristin Mann, eds. 1991. *Law in Colonial Africa*. Portsmouth, NH: Heinemann Educational Books.

Robertson, William. 1822. *An Historical Disquisition concerning the Knowledge Which the Ancients Had of India, and the Progress of Trade with Country Prior to the Discovery of the Passage to It by the Cape of Good Hope*. Albany: E. & E. Hosford.

Robinson, Ronald. 1950. "Why 'Indirect Rule' Has Been Replaced by 'Local Government' in the Nomenclature of British Native Administration." *Journal of African Administration* 2.

———. 1972. "Non-European Foundations of European Imperialism: Sketch for a Theory of Collaboration." In *Studies in the Theory of Imperialism*, edited by Roger Owen and Bob Sutcliffe. London: Longman.

Robinson, Ronald, and John Gallagher, with Alice Denny. 1961. *Africa and the Victorians: The Official Mind of Imperialism*. London: Macmillan.

Rose, Gillian. 1981. *Hegel Contra Sociology*. London: Atholone.

Roth, G. K. 1951. *Native Administration in Fiji during the Past 75 Years*. London: The Royal Anthropological Institute of Great Britain and Ireland.

Rousseau, Jean-Jacques. 1997. *The Discourses and Other Early Political Writings*. Cambridge: Cambridge University Press.

———. 1997. *The Social Contract and Other Later Political Writings*. Cambridge: Cambridge University Press.

Rumble, Wilfrid E. 1985. *The Thought of John Austin: Jurisprudence, Colonial Reform, and the British Constitution*. London: Athlone Press.

———. 1988. "John Austin and His Nineteenth-Century Critics: The Case of Sir Henry Sumner Maine." *Northern Ireland Legal Quarterly* 39: 119–49.

Runciman, Walter G. 1963. *Social Science and Political Theory*. Cambridge: Cambridge University Press.

Ryan, Alan. 1984. *Property and Political Theory*. Oxford: Basil Blackwell.

———. 1987. *The Philosophy of John Stuart Mill*. London: Macmillan.

Ryan, Alan, ed. 1979. *The Idea of Freedom: Essays in Honour of Isaiah Berlin*. Oxford: Oxford University Press.

Said, Edward. 1979. *Orientalism*. New York: Vintage Books.

———. 1994. *Culture and Imperialism*. New York: Knopf.

Sangari, Kumkum, and Sudesh Vaid, eds. 1989. *Recasting Women: Essays in Colonial History*. New Delhi: Kali for Women.

Sartori, Andrew. 2006. "The British Empire and Its Liberal Mission." *Journal of Modern History* 78: 623–42.

Sarvadhikari, Rajkumar. 1985. *The Taluqdari Settlement in Oudh*. New Delhi: Usha.

Savigny, Friedrich Karl von. 1831. *Of the Vocation of Our Age for Legislation and Jurisprudence*. London: Littlewood.

———. 1848. *Von Savigny's Treatise on Possession; Or, the Jus Possessionis of the Civil Law*. Westport, CT: Hyperion Press.

———. 1979. *The History of the Roman Law during the Middle Ages*. Westport, CT: Hyperion Press.

———. 1979. *System of the Modern Roman Law*. Westport, CT: Hyperion Press.

Sawer, Marian. 1977. *Marxism and the Question of the Asiatic Mode of Production*. The Hague: Martinus Nijhoff.

Schofield, Philip. 1991. "Jeremy Bentham and Nineteenth-Century Jurisprudence." *Journal of Legal History* 12: 58–88.

Schwab, Raymond. 1984. *The Oriental Renaissance: Europe's Rediscovery of India and the East, 1680–1880*. New York: Columbia University Press.

Scott, David. 1995. "Colonial Governmentality." *Social Text* 43: 191–220.

————. 1999. *Refashioning Futures: Criticism after Postcoloniality*. Princeton, NJ: Princeton University Press.

————. 2003. "Culture in Political Theory." *Political Theory* 13: 92–115.

————. 2004. *Conscripts of Modernity: The Tragedy of Colonial Enlightenment*. Durham, NC: Duke University Press.

Schultz, Bart, and Georgios Varouxakis, eds. 2005. *Utilitarianism and Empire*. Lanham, MD: Lexington Books.

Seeley, J. R. 1883. *The Expansion of England*. London: Macmillan.

Seidman, Steven. 1983. *Liberalism and the Origins of European Social Theory*. Berkeley: University of California Press.

Semmel, Bernard. 1969. *Democracy versus Empire: The Jamaica Riots of 1865 and the Governor Eyre Controversy*. New York: Anchor.

————. 1993. *The Liberal Ideal and the Demons of Empire: Theories of Imperialism from Adam Smith to Lenin*. Baltimore: Johns Hopkins University Press.

Sen, Sudipta. 2002. *Distant Sovereignty: National Imperialism and the Origins of British India*. New York: Routledge.

Shanin, Teodor, ed. 1983. *Late Marx and the Russian Road: Marx and the "Peripheries of Capitalism."* New York: Monthly Review Press.

Shils, Edward. 1991. "Henry Sumner Maine in the Tradition of the Analysis of Society." In *The Victorian Achievement of Sir Henry Maine: A Centennial Reappraisal*, edited by Alan Diamond. Cambridge: Cambridge University Press.

Singha, Radhika. 1998. *A Despotism of Law: Crime and Justice in Early Colonial India*. Delhi: Oxford University Press.

Sinha, Mrinalini. 1995. *Colonial Masculinity: The "Manly Englishman" and the "Effeminate Bengali."* New York: Manchester University Press.

Skorupski, John, ed. 1998. *The Cambridge Companion to Mill*. Cambridge: Cambridge University Press.

Skuy, David. 1998. "Macaulay and the Indian Penal Code of 1862: The Myth of the Inherent Superiority and Modernity of the English Legal System Compared to India's Legal System in the Nineteenth Century." *Modern Asian Studies* 32: 513–57.

Smith, Adam. 1978. *Lectures on Jurisprudence*. Indianapolis: Liberty Fund.

————. 1981. *An Inquiry into the Nature and Causes of the Wealth of Nations*. Indianapolis: Liberty Fund.

Smith, K. J. K. 1988. *James Fitzjames Stephen: Portrait of a Victorian Rationalist*. Cambridge: Cambridge University Press.

Smuts, J. C. 1930. *Africa and Some World Problems, Including the Rhodes Memorial Lectures Delivered in Michaelmas Term, 1929*. Oxford: Clarendon Press.

Spencer, Herbert. 1897. *The Principles of Sociology*. New York: Appleton.

————. 1981. *The Man versus the State: With Six Essays on Government, Society, and Freedom*. Indianapolis: Liberty Classics.

Spivak, Gayatri Chakravorty. 1999. *A Critique of Postcolonial Reason: Toward a History of the Vanishing Present*. Cambridge, MA: Harvard University Press.

Srinivas, M. N. 1975. "The Indian Village: Myth and Reality." In *Studies in Social Anthropology*, edited by J. Beattie and R. Lienhardt. Oxford: Clarendon Press.

Steele, E. D. 1968. "Ireland and the Empire in the 1860s: Imperial Precedents for Gladstone's First Irish Land Act." *Historical Journal* 11: 64–83.

———. 1970. "J. S. Mill and the Irish Question: The Principles of Political Economy, 1848–1865." *Historical Journal* 13: 216–36.

———. 1970. "J. S. Mill and the Irish Question: Reform, and the Integrity of the Empire, 1865–1870." *Historical Journal* 13: 419–50.

Stein, Burton. 1989. *Thomas Munro: The Origins of the Colonial State and His Vision of Empire*. Delhi: Oxford University Press.

———. 1992. *The Making of Agrarian Policy in British India, 1770–1900*. Delhi: Oxford University Press.

Stein, Peter. 1980. *Legal Evolution: The Story of an Idea*. Cambridge: Cambridge University Press.

Stepan, Nancy. 1982. *The Idea of Race in Science: Great Britain, 1800–1860*. London: Macmillan.

Stephen, James Fitzjames. 1861. "English Jurisprudence." *Edinburgh Review* 114: 456–86.

———. 1872. "Codification in India and England." *Fortnightly Review* 12: 644–72.

———. 1876. "Legislation under Lord Mayo." In *The Life of the Earl of Mayo, Fourth Viceroy of India*, edited by W. W. Hunter. London: Smith, Elder.

———. 1883. "Foundations of the Government of India." *Nineteenth Century* 80: 541–68.

———. 1885. *The Story of Nuncomar and the Impeachment of Sir Elijah Impey*. London: Macmillan.

———. 1991. *Liberty, Equality, Fraternity, and Three Brief Essays*. Chicago: University of Chicago Press.

Stephen, Leslie. 1900. *The English Utilitarians*. London: Duckworth.

Stern, Jacques, ed. 1973. *Thibaut und Savigny*. Munich: Vahlen.

Stocking, George W., Jr. 1982. *Race, Culture, and Evolution: Essays in the History of Anthropology*. Chicago: University of Chicago Press.

———. 1987. *Victorian Anthropology*. New York: Free Press.

Stocking, George W., ed. 1991. *Colonial Situations: Essays on the Contextualization of Ethnographic Knowledge*. Madison: University of Wisconsin Press.

———. 1996. *Volksgeist as Method and Ethic: Essays on Boasian Ethnography and the German Anthropological Tradition*. Madison: University of Wisconsin Press.

Stokes, Eric. 1959. *The English Utilitarians and India*. Oxford: Oxford University Press.

———. 1960. *The Political Ideas of English Imperialism: An Inaugural Lecture Given in the University College of Rhodesia and Nyasaland*. London: Oxford University Press.

———. 1961. "The Administrators and Historical Writing on India." In *Historians of India, Pakistan and Ceylon*, edited by C. H. Philips, 385–403. London: Oxford University Press.

———. 1978. *The Peasant and the Raj: Studies in Agrarian Society and Peasant Rebellion in Colonial India*. Cambridge: Cambridge University Press.

Stokes, Whitley. 1891. *The Anglo-Indian Codes*. Oxford: Clarendon.

Stoler, Ann Laura. 1995. *Race and the Education of Desire: Foucault's History of Sexuality and the Colonial Order of Things*. Durham, NC: Duke University Press.

Strachey, John. 1892. *Hastings and the Rohilla War*. Oxford: Clarendon Press.

———. 1903. *India: Its Administration and Progress*. London: Macmillan.

Sullivan, Eileen P. 1983. "Liberalism and Imperialism: J. S. Mill's Defense of the British Empire." *Journal of the History of Ideas* 44: 599–617.

Swettenham, Frank. 1948. *British Malaya: An Account of the Origin and Progress of British Influence in Malaya*. London: George Allen and Unwin.

Tacitus. 1999. *Germania*. Oxford: Clarendon.

Tambiah, Stanley. 2002. *Edmund Leach: An Anthropological Life*. Cambridge: Cambridge University Press.

Taylor, Charles. 1994. "The Politics of Recognition." In *Multiculturalism: Examining the Politics of Recognition*, edited by Amy Gutmann. Princeton, NJ: Princeton University Press.

Taylor, Miles. 1991. "Imperium et Libertas? Rethinking the Radical Critique of Imperialism during the Nineteenth Century." *Journal of Imperial and Commonwealth History* 19: 1–23.

Thom, Martin. 1995. *Republics, Nations, and Tribes*. London: Verso.

Thorner, Daniel. 1966. "Marx on India and the Asiatic Mode of Production." *Contributions to Indian Sociology* 9: 33–66.

Thornton, A. P. 1985. *The Imperial Idea and Its Enemies: A Study in British Power*. London: Macmillan.

Tigor, Robert L. 1963. "The 'Indianization' of the Egyptian Administration under British Rule." *American Historical Review* 68: 636–61.

Tocqueville, Alexis de. 1955. *The Old Regime and the French Revolution*. New York: Doubleday.

———. 2000. *Democracy in America*. New York: Perennial Classics.

———. 2001. *Writings on Empire and Slavery*. Baltimore: Johns Hopkins University Press.

Tod, James. 1972. *The Annals and Antiquities of Rajasthan or the Central and Western Rajpoot States of India*. London: Routledge and Kegan Paul.

Todorov, Tzvetan. 1993. *On Human Diversity: Nationalism, Racism, and Exoticism in French Thought*. Cambridge, MA: Harvard University Press.

———. 1999. *The Conquest of America: The Question of the Other*. Norman: University of Oklahoma Press.

Tönnies, Ferdinand. 2001. *Community and Civil Society (Gemeinschaft und Gesellschaft)*. Cambridge: Cambridge University Press.

Trautmann, Thomas R. 1987. *Lewis Henry Morgan and the Invention of Kinship*. Berkeley: University of California Press.

———. 1997. *Aryans and British India*. Berkeley: University of California Press.

———. 2006. *Languages and Nations: The Dravidian Proof in Colonial Madras*. Berkeley: University of California Press.

Travers, Robert. 2007. *Ideology and Empire in Eighteenth-Century India: The British in Bengal*. Cambridge: Cambridge University Press.

Tuck, Richard. 1979. *Natural Rights Theories: Their Origin and Development*. Cambridge: Cambridge University Press.

Tuck, Richard. 1994. "Rights and Pluralism." In *Philosophy in the Age of Pluralism: The Philosophy of Charles Taylor in Question*, edited by James Tully. Cambridge: Cambridge University Press.

———. 1997. "The Dangers of Natural Rights." *Harvard Journal of Law* 20: 683–93.

———. 1999. *The Rights of War and Peace: Political Thought and the International Order from Grotius to Kant*. New York: Oxford University Press.

Tully, James. 1980. *A Discourse on Property: John Locke and His Adversaries*. Cambridge: Cambridge University Press.

———. 1993. *An Approach to Political Philosophy: Locke in Contexts*. Cambridge: Cambridge University Press.

———. 1995. *Strange Multiplicity: Constitutionalism in an Age of Diversity*. Cambridge: Cambridge University Press.

Tupper, Charles Lewis. 1898. "India and Sir Henry Maine." *Journal of the Society of Arts* 46: 390–405.

Tylor, E. B. 1871. "Maine's *Village-Communities*." *Quarterly Review* 131: 176–89.

———. 1877. *Primitive Culture: Researches into the Development of Mythology, Philosophy, Religion, Language, Art, and Custom*. New York: Henry Holt.

Unger, Roberto Mangabeira. 1976. *Law in Modern Society: Towards a Criticism of Social Theory*. New York: Free Press.

———. 1987. *Social Theory: Its Situation and Its Task*. Cambridge: Cambridge University Press.

Urbinati, Nadia, and Alex Zakaras, eds. 2007. *J. S. Mill's Political Thought: A Bicentennial Reassessment*. Cambridge: Cambridge University Press.

Varouxakis, Georgios. 2005. "Empire, Race, Euro-Centrism: John Stuart Mill and His Critics." In *Utilitarianism and Empire*, edited by Bart Schultz and Georgios Varouxakis. Lanham, MD: Lexington Books.

Vinogradoff, Paul. 1904. "The Teaching of Sir Henry Maine." *Law Quarterly Review* 20.

Viswanathan, Gauri. 1998. *Outside the Fold: Conversion, Modernity, and Belief*. Delhi: Oxford University Press.

———. 1998. *Masks of Conquest: Literary Study and British Rule in India*. New York: Columbia University Press.

Ward, Thomas Humphry, ed. 1887. *The Reign of Queen Victoria: A Survey of Fifty Years of Progress*. London: Smith, Elder.

Washbrook, David A. 1981. "Law, State, and Agrarian Society in Colonial India." *Modern Asian Studies* 15: 649–721.

———. 1999. "India, 1818–1860: The Two Faces of Colonialism." In *The Oxford History of the British Empire*, vol. 3, *The Nineteenth Century*, edited by Andrew Porter. Oxford: Oxford University Press.

Weber, Max. 1946. *From Max Weber: Essays in Sociology*. New York: Oxford University Press.

———. 1978. *Economy and Society: An Outline of Interpretive Sociology*. Berkeley: University of California Press.

Welch, Cheryl. 2003. "Colonial Violence and the Rhetoric of Evasion: Tocqueville on Algeria." *Political Theory* 31.

Whelan, Frederick G. 1996. *Edmund Burke and India: Political Morality and Empire*. Pittsburgh: University of Pittsburgh Press.

Whitman, James Q. 1990. *The Legacy of Roman Law in the German Romantic Era: Historical Vision and Legal Change*. Princeton, NJ: Princeton University Press.

Wilks, Mark. 1930. *Historical Sketches of the South of India in an Attempt to Trace the History of Mysoor from the Origins of the Hindoo Government of That State to the Extinction of the Mohammedan Dynasty in 1799*. Mysore: Government Press.

Williams, Raymond. 1958. *Culture and Society, 1780–1950*. New York: Columbia University Press.

Wilson, Jon E. 2008. *The Domination of Strangers: Modern Governance in Colonial India, c. 1780–1835*. London: Palgrave.

Wilson, Woodrow. 1898. "A Lawyer with a Style." *Atlantic Monthly* 82: 363–74.

Wolff, Hans Julius. 1951. *Roman Law: An Historical Introduction*. Norman: University of Oklahoma Press.

Wolff, Larry, and Marco Cipolloni, eds. 2007. *The Anthropology of the Enlightenment*. Stanford, CA: Stanford University Press.

Wolin, Sheldon S. 1960. *Politics and Vision: Continuity and Innovation in Western Political Thought*. Boston: Little, Brown.

Woolf, Leonard. 1920. *Empire and Commerce in Africa: A Study in Economic Imperialism*. London: Labour Research Department.

Yack, Bernard. 1997. *The Fetishism of Modernities: Epochal Self-Consciousness in Contemporary Social and Political Thought*. Notre Dame, IN: University of Notre Dame Press.

Yavetz, Zvi. 1976. "Why Rome? Zeitgeist and Ancient Historians in Early 19th Century Germany." *American Journal of Philology* 97: 276–96.

Young, Crawford. 1994. *The African Colonial State in Comparative Perspective*. New Haven, CT: Yale University Press.

Zammito, John H. 2002. *Kant, Herder, and the Birth of Anthropology*. Chicago: University of Chicago Press.

Zastoupil, Lynn. 1983. "Moral Government: J. S. Mill on Ireland." *Historical Journal* 26: 707–17.

———. 1994. *John Stuart Mill and India*. Stanford, CA: Stanford University Press.

索　引

（页码为原书码，即本书方括号内数字）

对共同祖先的原始祭祀, 66,
128; recognition of common In-
do-European heritage diffusing
na tional prejudice 对印欧语系
共同点的承认对民族偏见的传
播, 158; study of Indian so ciety
and institutions casting light up-
on 对印度社会和制度研究的意
义, 51, 75, 132; substantiated
through Indo-European linguis-
tic family 通过印欧语系证明,
132

Assimilation 同化, 10, 17—18, 28,
170—71, 176

Austin, John 奥斯丁, 90, 100, 115

Bachofen, Johann Jakob 巴霍芬, 64

Barbarism 未开化: caste system as
evidence of 作为例证的种姓制
度, 156; civilization/barbarism
duality 文明/未开化的二元性,
6, 202—3n6; despotism as legit-
imate mode of dealing with 作为
合法模式的专制主义, 30, 47;
England's civilizing duty to
erase 消除英国的文明化责任,
41; Maine's reevalua tion of 对
梅因的重新评价, 74, 158;
Mill's analyses as soci opsycho-
logical or culturally oriented 密
尔的社会心理学分析或文化导
向的分析, 32—36; as pre-agri-
cultural, pastoral and shepher-

ding stage 前农业阶段和田园
牧歌阶段, 26, 59; as product of
political despotism and religious
tyranny 政治专制与宗教暴政
的结果, 27; reevaluation of 重新
评价, 158; Smuts's fear of
"hordes of detribalized natives"
史末资对"当地部落解体"的担
忧, 175; Stephen's argument for
vigorous authori tarianism 斯蒂
芬对精力充沛的维权主义的讨
论, 41, 42—43; as superstition
and moral degradation 迷信与道
德堕落, 28

Bayly, Chris 贝利, 191n24

Belich, James 百利赫, 190n14

Bentham, Jeremy and Benthamism
边沁与边沁主义, 31, 94, 95,
100, 105, 112, 162

Bentinck, Lord William [William
Henry Cavendish] 本廷克, 29

Black Act [1836]《布莱克法案》,
95—96, 198n83

Blackstone, Sir William 布莱克斯
通, 100, 125

Boas, Franz 博厄斯, 84, 85

Boell, Paul 博伊尔, 149, 200n99,
219n3

Brahminical norms and texts 婆罗门
规范与文本, 108, 113, 155

burial grounds 墓地, 128

Burke, Edmund 伯克, 22—25, 159,
194n17

译 后 记

本书译事之缘起，不得不说是个偶然。

2014年初，我正在思考博士论文的选题，一段时期迷恋于梅因的历史法学思想。正当此时，我的师兄黄涛博士与我联系，邀我自选作品，列入译丛，翻译出版。在诸多关于梅因的研究著述中，我最终选择了本书，是为翻译此书的缘起。本书作者曼特娜在英帝国治理的宏大语境下呈现了"语境中的梅因"，本书的刊行无疑将为学界同仁认识和理解梅因的学术思想提供了一个整全的视野。对译者本人来说，能够翻译出版一部具有丰厚学术价值的著述，可谓幸甚至哉！

关于本书的出版，我要感谢华东师范大学出版社编辑彭文曼女士和陈哲泓先生，正是他们辛劳和热心的编辑工作，本书才得以最终顺利出版。

由于正值博士论文写作的关键时期，本书的翻译时作时辍，断断续续，前后大约耗费了两年多时光。在本书的翻译过程中，好友汪小棠、张永强和王永祥校读了全部译稿，并倾情斧正。因此，本书得以出版刊行，也有他们的一份功劳，于此深表谢忱！

中译者导言中的文字是我对曼特娜这本书的一个评论，原题为"梅因与自由帝国主义的终结"（发表于《读书》2016年第3期），将其作为中译本导言，权当抛砖引玉之用，希望能够使更多的读者对梅因产生兴趣。

另外，本书的翻译出版还得到了西北师范大学法学院"法学重点学科建设"项目的支持，特致谢忱！

最后，由于译者对梅因思想的认识尚不够深入，加之中英文水平有限，虽经反复校对，但译文在理解与表达方面难免存在错漏和失当之处，这些瑕疵一概由译者本人负责。我热切希望学界同仁、读者诸君不吝批判指正，以促进中译本的完善！鄙人电邮：junyiheswupl@163.com。

何俊毅

2017 年 3 月 1 日

于西北师范大学法学院

图书在版编目(CIP)数据

帝国的辩解:亨利·梅因与自由帝国主义的终结/(美)卡鲁娜·曼特娜著;
何俊毅译.--上海:华东师范大学出版社,2018

ISBN 978-7-5675-7635-3

Ⅰ.①帝… Ⅱ.①卡… ②何… Ⅲ.①亨利·梅因(1922—1888)—
法学-思想评论 Ⅳ.①D909.561

中国版本图书馆 CIP 数据核字(2018)第 069777 号

华东师范大学出版社六点分社

企划人 倪为国

Alibis of Empire: Henry Maine and the Ends of Liberal Imperialism
by Karuna Mantena
Copyright © 2010 by Princeton University Press
Simplified Chinese Translation Copyright © 2018 by East China Normal University Press Ltd.
Published by arrangement with Princeton University Press through Bardon Chinese Media Agency
All Rights reserved. No part of this book may be reproduced or transmitted in any form or by any means,
electronic or mechanical, including photocopying, recording or by any information storage and retrieval system,
without permission in writing from the Publisher.
上海市版权局著作权合同登记 图字:09-2015-269 号

帝国的辩解:亨利·梅因与自由帝国主义的终结

著　　者　(美)卡鲁娜·曼特娜
译　　者　何俊毅
责任编辑　陈哲泓
封面设计　刘怡霖
出版发行　华东师范大学出版社
社　　址　上海市中山北路 3663 号　邮编　200062
网　　址　www. ecnupress. com. cn
电　　话　021－60821666　行政传真　021－62572105
客服电话　021－62865537
门市(邮购)电话　021－62869887
地　　址　上海市中山北路 3663 号华东师范大学校内先锋路口
网　　店　http://hdsdcbs. tmall. com
印　刷　者　上海盛隆印务有限公司
开　　本　890×1240　1/32
插　　页　1
印　　张　11
字　　数　246 千字
版　　次　2018 年 4 月第 1 版
印　　次　2018 年 4 月第 1 次
书　　号　ISBN 978-7-5675-7635-3/D·220
定　　价　58.00 元

出　版　人　王　焰

(如发现本版图书有印订质量问题,请寄回本社客服中心调换或电话 021－62865537 联系)